山东省社会科学规划研究项目（05JDM07）

西欧社会民主党
执政理论与实践研究

张有军 著

中国社会科学出版社

图书在版编目(CIP)数据

西欧社会民主党执政理论与实践研究／张有军著 . —北京：
中国社会科学出版社，2016.5
ISBN 978 - 7 -5161 - 7927 - 7

Ⅰ.①西…　Ⅱ.①张…　Ⅲ.①社会民主主义—政党—
研究—西欧　Ⅳ.①D756.064

中国版本图书馆 CIP 数据核字(2016)第 070578 号

出　版　人　赵剑英
责任编辑　田　文
特约编辑　陈　琳
责任校对　张爱华
责任印制　王　超

出　　版　中国社会科学出版社
社　　址　北京鼓楼西大街甲 158 号
邮　　编　100720
网　　址　http://www.csspw.cn
发　行　部　010 - 84083685
门　市　部　010 - 84029450
经　　销　新华书店及其他书店

印　　刷　北京君升印刷有限公司
装　　订　廊坊市广阳区广增装订厂
版　　次　2016 年 5 月第 1 版
印　　次　2016 年 5 月第 1 次印刷

开　　本　710×1000　1/16
印　　张　15.25
字　　数　242 千字
定　　价　58.00 元

目　　录

导　言

对任何一个政党来说，获取执政地位，执掌公共权力，都是最基本的目标。第一次世界大战后，西欧社会民主党步入执政舞台，在少数国家短期单独执政或联合执政。第二次世界大战后，社会民主党开始在西欧多数国家长期单独执政或联合执政。执政期间，社会民主党以民主社会主义（社会民主主义）作为指导思想，主张对资本主义进行改良，倡导政治民主、经济民主、社会民主和国际民主，推动了社会生产力的发展，提高和改善了人民的物质文化生活水平，扩大了社会主义运动在西方的影响。目前，社会民主党已经成为西欧国家政治舞台的重要力量，在世界政党政治中也扮演了重要角色。系统研究西欧社会民主党执政的理论与实践，具有重要的理论和现实意义。

一　选题研究的意义

（一）有利于丰富马克思主义政党执政理论

马克思主义政党执政理论首先要立足于社会主义建设的实践，依靠各国的马克思主义政党在社会主义现代化建设的实践中，科学地总结经验，发现规律，并上升为执政理论。但马克思主义理论是开放的理论，它只有在不断地吸收和借鉴世界各国包括发达资本主义国家政党执政经验的基础上才能获得进一步的丰富和发展。马克思主义本身就是在其创始人马克思和恩格斯批判地吸收了当时人类最优秀的思想成果的基础上创立的。社会民主党是当今发达资本主义国家的主流政党，长期以工人阶级和其他劳动人民的代表身份自居，在执政实践中，它积累了丰富的执政经验，这些经验经过去粗取精、去伪存真的改造，理应成为马克思主义政党执政理论的重要组成部分。

（二）有利于从社会民主党的实践中吸取教训

社会民主党在长期的执政实践中固然积累了丰富的成功经验，但其执政失败的教训也是深刻的。20 世纪 70 年代中期至 90 年代初以及 21 世纪伊始，社会民主党纷纷在大选中落马，这与其执政时期执政理论的失误分不开。作为有着 60 多年执政历史的中国共产党，及时吸取社会民主党执政失误的教训，对加强党的执政能力，巩固党的执政地位，有着重要的现实意义。

（三）有利于加深对资本主义的认识

列宁指出："把资本主义所积累的一切最丰富的、从历史的角度讲对我们是必然需要的全部文化、知识和技术由资本主义的工具变成社会主义的工具。"① 这就是说，社会主义文明是对资本主义文明的继承和超越。中国的发展离不开世界，在发展的过程中必须充分吸收世界上一切国家，尤其是发达资本主义国家的有益的东西，为我所用。西欧既是资本主义的发源地，又是西方社会民主党的核心力量所在。西欧资本主义的发展，尤其是 20 世纪以来资本主义的发展，深深地打上了社会民主党的印记，与此同时，资本主义也在塑造着社会民主党。研究西欧社会民主党执政的理论与实践，分析社会民主党执政或下野的社会影响因素，有利于我们加深不同时期资本主义发展的认识。

二　选题国内外研究现状

（一）国内研究现状

由于受时代条件和认识水平的限制，改革开放之前，我国理论界侧重于对西欧社会民主党的理论与实践进行批判，揭示其服务于西方

---

① 《列宁选集》第 3 卷，人民出版社 1995 年版，第 547 页。

资本主义的本质，研究成果较少，一些译著主要是供批判使用。如：《右翼社会党》、《论现代右翼社会党》、《德国社会民主党与世界大战》，等等。

党的十一届三中全会以后，学术界对西欧社会民主党的研究日益活跃。20世纪80年代，学术界侧重于基础性的介绍，出版了一批有关社会民主党和社会民主主义的文献和理论著作。具有代表性的如张契尼、潘琪昌编的《当代西欧社会民主党》（1987）和殷叙彝主编的《当代世界社会主义研究丛书》（首批五本书包括李兴耕编《当代西欧社会党的理论和实践》，黄安森、张小劲编《"瑞典模式"初探》，张小劲、李天庆编译《从职能社会主义到基金社会主义》，殷叙彝编《当代西欧社会党人物传》和集体翻译的《社会党国际文件集》）。前者对社会党国际以及西欧各主要社会民主党予以详细介绍；后者有论有译，资料完备，论点突出。

90年代初期，受苏东剧变和国内局势的影响，国内学术界出现了一次批判西欧社会民主党及其指导思想民主社会主义的浪潮，随着形势的缓和，这次批判浪潮趋向平息。

90年代中期以后，西欧社会民主党纷纷赢得大选，或单独执政，或参加联合政府，出现了所谓"社会民主主义神奇回归"。伴随社会民主党人政治上的成功，他们所提出的一些政策主张、理论纲领和发展模式也引起人们极大的关注。这一时期，中国共产党与西欧社会民主党的关系也不断得到改善。国际国内形势的变化促使我国学术界开始对西欧社会民主党进行深入研究。从方法论角度而言，主要有如下特点：

一是进行综合性研究。如金重远著《战后西欧社会党》（1997），王学东、陈林等著《九十年代西欧社会民主主义的变革》（1999），李宏著《另一种选择：欧洲民主社会主义研究》（2003），顾俊礼主编《欧洲政党执政经验研究》（2005），刘成、马约生著《欧洲社会民主主义的缘起与演进》（2006），史志钦著《全球化与欧洲社会民主党的转型》（2007），焦凤梅著《挑战与应对：西欧社会民主主义变革论析》（2009），刘玉安、蒋锐等著《从民主社会主义到社会民主主义：当代欧洲社会民主党的理论与实践》（2010），等等。

二是进行专题性研究。如杨雪东、薛晓源主编《"第三条道路"与新的理论》（2000），陈林、林德山主编《第三道路：世纪之交的西方政治变革》（2000），王振华、刘绯等主编《重塑英国：布莱尔主义与"第三条道路"》（2000），罗云力著《西方国家的一种新的治理方式：社会民主主义第三条道路研究》（2003），郑伟著《全球化与"第三条道路"》（2003），裘援平等著《当代社会民主主义与"第三条道路"》（2004），侯衍社著《"超越"的困境："第三条道路"价值观述评》（2010），涂用凯著《社会民主主义的全球治理研究》（2007），等等。

三是进行个案性研究。如向文华著《斯堪的纳维亚的民主社会主义研究》（1999），赵永清著《德国民主社会主义模式研究》（2005），袁群著《瑞典社会民主党的历史、理论与实践》（2009），高锋、时红编译《瑞典社会民主主义模式：述评与文献》（2009），等等。

四是进行比较研究。如曹长盛主编《民主社会主义模式比较研究》（1996），汪恩健主编《民主社会主义与科学社会主义比较研究》（1998），赵明义等主编《20世纪社会主义的抉择：科学社会主义和民主社会主义》（2000），韩灵著《战后西欧社会党与共产党比较研究：以法意为个案》，等等。

就研究内容而言，侧重于从执政的角度对西欧社会民主党进行研究的著作主要包括：林建华等著《冷战后欧盟诸国社会民主党政坛沉浮研究》（2010），李华锋著《英国工党政坛沉浮与主导思想的关系研究》（2013）及《英国工党执政史论纲》（2014），等等。

总体而言，国内学术界对西欧社会民主党进行了广泛而深入的研究，取得了比较丰富的研究成果，为本项目的开展提供了宝贵的资料，奠定了良好的基础。但从执政角度而言，这方面的研究成果还不是特别丰富，已有研究成果，要么只是研究某一时期西欧社会民主党的执政历程，要么只是研究某一国家的社会民主党的执政状况，要么在研究其他问题时涉及这一问题。因此，在已有研究成果的基础上，从总体上比较全面系统地阐述西欧社会民主党执政的理论与实践显得十分必要。

（二）国外研究现状

国外对西欧社会民主党的研究主要从两方面展开：一是整体性研究，即从总体角度探讨社会民主党的发展演变；二是个案研究，即针对个别社会民主党进行研究。

对社会民主党进行综合性研究的代表性著作包括：［苏］尼基京著《民主社会主义思想体系批判》（1985——中文版，下同），［苏］费多谢耶夫主编《什么是"民主社会主义"》（1984），［苏］萨雷切夫著《寻求第三条道路——现代社会民主党思想发展史》（1991），［法］雅克·德罗兹著《民主社会主义（1864—1960年）》（1985），［德］托玛斯·迈尔（又译为托马斯·迈尔）著《社会民主主义导论》（1996）和《社会民主主义的转型：走向21世纪的社会民主党》（2001），［英］安东尼·吉登斯著《第三条道路：社会民主主义的复兴》（2000），［英］斯图亚特·汤普森著《社会民主主义的困境：思想意识、治理与全球化》（2008），［德］麦克尔等著《社会民主党的改革能力：西欧六国社会民主党执政政策比较》（2009），［英］安德鲁·格林著《新自由主义时代的社会民主主义：1980年以来的左翼和经济政策》（2010），等等。

对社会民主党进行个案性研究的代表性著作包括：［苏］弗·希什金娜著《现代斯堪的纳维亚社会民主党的理论和实践》（1983），［英］威廉·E.佩特森等著《西欧社会民主党》（1982），［德］苏珊·米勒等著《德国社会民主党简史（1848—1983）》（1984），［德］托马斯·迈尔等著《论民主社会主义》（1987），［法］让·马雷等著《社会党历史》（2000），［英］菲利普·怀曼著《瑞典与"第三条道路"：一种宏观经济学的评价》（2008），［英］马丁·鲍威尔编《新工党，新福利国家：英国社会政策中的"第三条道路"》（2010），［荷］耶莱·费舍、安东·黑姆耶克著《荷兰的奇迹：荷兰的新业增加、福利改革、法团主义》（2008），［德］弗兰茨·瓦尔特著《德国社会民主党：从无产阶级到新中间》（2008），［法］阿兰·贝尔古尼欧、吉拉德·戈兰博格著《梦想与追悔：法国社会党与政权关系100年（1905—2005）》（2013），等等。

　　国外学者的著作对西欧社会民主党从多个方面进行了研究探讨，为进一步研究社会民主党执政的理论与实践提供了重要的素材，但是由于作者观察问题的方法与基本立场与我们有很大的差别，其研究的结论我们不能全盘接受。

三　研究内容

　　第一部分：政党执政的一般理论。本部分运用政治学研究方法，阐述政党的含义、特征、功能以及政党执政权力的获得与运行，并进一步阐述借鉴外国政党执政经验的必要性。

　　第二部分：社会民主党的历史变迁。本部分运用历史与文献研究方法，以重大的历史事变为线索，考察社会民主党的产生、分化以及重新联合的过程。

　　第三部分：社会民主党的执政理念。本部分运历史与逻辑相结合的方法，阐述社会民主党执政理念的两大内容。为何执政：价值诉求；如何执政：民主诉求。

　　第四部分：社会民主党的执政实践。本部分运用总体与个案相结合、历史与现实相结合的方法，考察社会民主党执政的总体概况，以及其在英国、法国、德国、瑞典的执政实践。

　　第五部分：社会民主党的执政经验。本部分运用实践与理论、历史与逻辑相结合的方法，从执政主体、执政理念、执政方式三个方面总结社会民主党的执政经验。

四　研究思路与方法

（一）研究思路

　　以马克思主义为指导，以社会民主党的文献为依据，以社会民主党的执政实践为线索，以中外学者的研究成果为借鉴，综合运用政治学研究法、文献研究法、历史与逻辑相结合研究法、总体与个案研究法，阐述政党执政的一般理论以及社会民主党的历史变迁、执政理念、执政实践，总结社会民主党的执政经验。

（二）研究方法

本课题研究的根本方法是马克思主义的辩证唯物主义和历史唯物主义。它要求我们在研究过程中一是要坚持"实事求是"的原则，客观公正地对待研究对象；二是要坚持辩证的观点，用联系、发展的眼光看待研究对象。除此之外，本课题还采用如下一些具体方法：

1. 文献研究法。一是研读马克思、恩格斯、列宁等经典作家的相关著作，掌握他们对社会民主党的基本评价；二是研读社会党国际及西欧主要社会民主党历次代表大会决议、代表会议决议，掌握社会民主党思想、政策的演变和内容实质。

2. 历史分析法。将社会民主党放在西欧社会历史发展中进行考察。在社会历史发展的大背景下，考察其存在的历史依据，以及其产生、发展、变化的历史过程。

3. 系统分析法。采用系统分析的方法，阐述和分析社会民主党的历史演变、执政理念、社会实践和执政经验，尽量避免研究的片面性和局限性。

4. 整体与个案相结合的方法。西欧社会民主党由西欧诸多国家的社会民主党组成，对它们的研究不可能做到面面俱到。在研究的过程中，采用整体与个案相结合的方法，首先对它们的执政状况进行总体考察，描绘出一个整体图景；然后对一些具有重要影响力的社会民主党进行重点剖析，做到点面结合，突出重点。

五　创新之处

（一）形式创新

如前所述，国内外学者对西欧社会民主党进行了多视角、宽领域的研究，取得了丰富的成果。但这些研究多数不是从执政的角度进行的，只是在研究其他问题时，对此有所涉及。《冷战后欧盟诸国社会民主党政坛沉浮研究》是第一部从执政的视角系统研究欧盟诸国社会民主党的著作，但时限主要是冷战以后，冷战以前的执政状况，只是概括地作了历史性的回顾。其他一些相关研究视角的著作，主要是个案性研究，仅就某一政党的状况进行探讨。本课题第一次从政党执政视角对西欧社会民主党进行比较系统的研究，从政党执政的一般理论入手，比较详细地阐述了西欧社会民主党的历史演变、执政理念、执政实践和执政经验。

（二）内容创新

长期以来，西方社会民主党人一直谋求用一种制度来代替资本主义，认为在资本主义制度下，剥削造成社会的分裂，社会民主党人的目标在于消灭这种剥削，以实现社会自由与公正。二战后，社会民主党人一方面强调制度替代，同时又突出基本价值的重要地位，把基本价值作为追求的重要目的。冷战以后，社会民主党人在执政理念上基本放弃了制度替代的目标，转变为把基本价值作为目标追求，并赋予基本价值以新的内容。对社会民主党人执政理念的演变，有些学者已经提出了问题，但并未进行深入研究，本课题分三个阶段对此进行了系统的考察。

（三）观点创新

西方社会民主党人的执政理念是什么？对此问题，学术界认为社会民主党在不同时期执政理念是不同的，需要作具体的分析。这是有道理的，因为不同时期社会民主党所处的环境不同，需要解决的问题各异，其执政理念也会存在差异。但这样一来，往往有时会把执政理念与执政政策混淆起来。我们认为，执政政策是执政党为实现一定历史时期的任务和目标而规定的行动准则和行动方向。而执政理念是指政党建立在对执政规律认识基础上的党的执政宗旨和指导思想，是关于为何执政、如何执政的理性认识，是用以指导党的执政活动的根本原则。就此而论，我们认为，在一个多世纪的发展中，西方社会民主党为适应环境变化，不断调整执政理念，逐步实现了从制度替代到价值追求的蜕变，把自由、公正、团结等价值作为其执政的价值诉求，在社会民主党的理论体系中处于核心地位，同时强调把民主贯穿于国家生活各领域，从而衍生出政治民主、经济民主、社会民主和国际民主等诸多执政理念。虽然在不同时期各个国家的社会民主党具体的执政目标和执政政策有所不同，但这些执政理念却是相对固定的。

第一章　政党执政的一般理论

在当代世界，除了为数极少的实行传统君主政体的国家没有政党以外，绝大多数国家都存在着名目繁多的政党组织。有的国家只存在一个政党，一般的是一个国家有几个或十几个政党，有的甚至同时存在上百个政党。据统计，目前全世界有一千多个政党①，其中，有的政党已存在几十年甚至上百年，但大多数是新近组建的，其中也有从原来的党派中分化演变而来。可以说，当今世界民主政治的时代就是政党政治的时代。政党是当代世界各国最重要、最活跃、最有力量的政治主体，它对一个国家的发展起着非常重要的作用。大凡政府的组成与更迭、权力的分配与行使、政策的制定与执行，几乎都离不开政党的介入和参与。政党以不同的方式和在不同程度上参与国家或国际政治、经济和社会生活，特别是围绕国家政权这个中心展开的政治活动，对国家和社会发展产生了深刻的影响。

一　政党的内涵

政党和政党政治是当今世界各种类型国家中最普遍、最重要的政治现象，绝大多数国家通过政党活动来推动国家政治生活的运转。政党是以结社自由为法律基础建立起来的社会政治组织，是人类历史发展到一定时期产生的重大历史现象。

（一）政党的定义

虽然政党政治现在已经成为非常普遍的政治现象，但它并不是自

①　梁琴等：《中外政党制度比较》，商务印书馆 2004 年版，第 1 页。

古就有的。与政治和国家的历史比较，政党的产生要晚得多。政党只是近代政治发展的产物。作为一种新的政治现象，政党产生于 17 世纪 70 年代的英国。1679 年，英国国会讨论王位继承权时发生了冲突，代表资产阶级和新贵族的议员要求取消王位法定继承人詹姆士的继承权，形成为辉格党；代表地主、贵族利益的议员，支持詹姆士的继承权，形成为托利党。19 世纪 30 年代以后，辉格党逐步演化为代表英国工商业资产阶级利益的自由党，托利党逐步演变为代表英国垄断资本家、大地主和贵族利益的保守党。与英国情况不同，美国近现代意义上的政党，形成于 19 世纪二三十年代。它最早的来源则是 18 世纪中叶美国独立战争胜利初期。由于对国家结构形式以及对民众的权利保障等问题出现歧见，美国议会中产生了以亚历山大·汉密尔顿（Alexander Hamilton）为代表的"联邦党人"，主张国家权力应集中于政府，对人民权力加以限制；另一派称之为"反联邦党人"，以托马斯·杰斐逊（Tomas Jefferson）为代表，主张地方分权，反对国家过分集中，要求以宪法的形式确认人民的权利。两党于 19 世纪 30 年代演变为民主党和共和党。近代政党在英、美形成以后，陆续在欧美各国建立，并扩展到世界其他地区。

由于现实中的政党及政党政治千差万别，关于政党的定义也各不相同。基于西方政党体制内生成的背景和实践，西方学者大多从权力目的性、中间媒介作用和党派等要素视角来界定政党的概念，把政党视作联系公共权力与社会的沟通渠道。

《国际社会百科全书》中对"政党"的解释是："'政党'一词在 19 世纪随着欧美代议制的发展和选举权的扩大而产生。它指的是与一个或更多的政党竞争而赢得公职选举为目标的组织。后来'政党'的意义逐渐引申，亦包括并非从事竞争选举的政治组织，诸如无法通过选举而取得公职的小党，寻求废止选举竞争的革命组织，以及极权国家的统治集团。"[1]

《韦氏大辞典》解释政党为"一群人以指导政府政策为目的而组

---

[1] *International Encyclopedia of the Social Sciences* Vol. 11, New York: The Macmillan Company & The Free Press, 1968, p. 428.

成的团体"①。

《布莱克维尔政治学百科全书》认为，政党在政府与"市民社会"的各种不同成分相联系的过程中能够起到大的作用，这种联系作用在实施反应和控制功能的导向方面明显相差甚大。然而，所有政党好像都表现为两种功能的结合：一方面政党对社会作出反应；另一方面由政党对社会施以控制。进而，政党运行于政治体制的正式部分（合法、立宪的）和非正式部分（社会的）之间的交界上。②

奥·艾普斯坦认为政党是"在一定标识下尽管也许组织分散，但追求当选政府职位的任何团体"③。

萨托利认为："政党是一种在大选中向政治体系的代表议会同时也向其他政治职位推荐候选人的一种组织。"④ "政党首先是执行表达功能的表达工具"，"而且还整理，实际上是操纵（manipulate）意见。"⑤

法国著名政治学者莫里斯·迪韦尔热还曾从最宽泛的意义上给政党下过定义。他说："我们以政党一词来描写一切党派，包括分裂古代共和国的朋党（fraction）、再生时期意大利围绕着一位首领的部曲（troops）、法国大革命时期议会集会的国民俱乐部、选举权仍受财产限制而施行君主立宪的国家准备竞选工作的委员会，以及许多民主国家形成公意的庞大平民组织。它们之所以共有这个名词，系因其有一种基本关系，就是这些团体都是以取得政治权力而运用之为目的的。"⑥

西方学者关于政党所给出的诸多定义，主要是从政党的组成、作用、目的和地位等方面来理解和阐述政党的含义，因此往往偏重于政

① *Webster Third New International Dictionary*，Massachusetts：G & C. Merriam Company，Publishers，1971.

② ［英］戴维·米勒等：《布莱克维尔政治学百科全书》，邓正来等译，中国政法大学出版社 1992 年版，第 520 页。

③ Leon Epstein, *Political Parties in West Democracies*，New York：Praeger，1967，p. 9.

④ Sartori，G，*Parties and Party systems*：*A Framework for Analysis*，Cambridge University Press，1976，p. 63.

⑤ 荣敬本等：《政党比较研究资料》，中央编译出版社 2002 年版，第 218—219 页。

⑥ 《云五社会科学大辞典·政治学》，台湾商务印书馆 1974 年版，第 203 页。

党的外部特性，而未能揭示出政党的本质特征。他们尽管也承认政党是以控制国家权力为其活动的主要目标，但基本上都回避政党的阶级性。

与西方学者不同，马克思主义经典作家对政党含义的理解和阐述，毫不掩饰或回避政党的阶级性。在马克思主义看来，政党不是从来就有的，而是阶级和阶级斗争发展到一定历史阶段的产物，根本原因在于隐藏在阶级斗争背后的经济地位的事实上的不平等。马克思恩格斯虽然没有直接给政党下过明确的定义，但在有关政党的论说中深刻地揭示了政党的阶级本质。1885 年 11 月，恩格斯在《关于共产主义者同盟的历史》一文中回顾他早年对英国阶级斗争所作的考察时指出："我在曼彻斯特时异常清晰地观察到，迄今为止在历史著作中根本不起作用或者只起极小作用的经济事实，至少在现代世界中是一个决定性的历史力量；这些经济事实形成了产生现代阶级对立的基础；这些阶级对立，在它们因大工业而得到充分发展的国家里，因而特别是在英国，又是政党形成的基础，党派斗争的基础。"① 马克思也曾讲道："经济条件首先把大批的居民变成劳动者。资本的统治为这批人创造了同等的地位和共同的利害关系。所以，这批人对资本说来已经形成一个阶级，但还不是自为的阶级。在斗争（我们仅仅谈到它的某些阶段）中，这批人联合起来，形成一个自为的阶级。他们所维护的利益变成阶级的利益。而阶级同阶级的斗争就是政治斗争。"② 马克思恩格斯的论述表明，在经济生活中具有不同利益的人群分裂为阶级，为了维护本阶级的利益，各阶级展开阶级间的斗争，而政党就是适应这种斗争的需要，在阶级斗争的一定阶段产生出来的。

在马克思恩格斯有关论述的基础上，列宁结合政党的组织和活动内容，对政党作了全面和深入的阐述。列宁指出："在通常情况下，在多数场合，至少在现代的文明国家内，阶级是由政党来领导的；政党通常是由最有威信、最有影响、最有经验、被选出担任最重要职务

---

① 《马克思恩格斯选集》第 4 卷，人民出版社 1995 年版，第 196 页。
② 《马克思恩格斯选集》第 1 卷，人民出版社 1995 年版，第 193 页。

而被称为领袖的人们所组成的比较稳定的集团来主持的。"① "党是阶级的先进觉悟阶层,是阶级的先锋队。"② "在以阶级划分为基础的社会中,敌对阶级之间的斗争在一定的发展阶段上势必变成政治斗争。各阶级政治斗争的最严整、最完全和最明显的表现就是各政党的斗争。"③

毛泽东也曾指出,政党就是一种社会,是一种政治的社会。政治社会的第一类就是党派。党是阶级的组织。④

马克思主义经典作家的有关论述告诉我们,阶级是政党产生的基础。阶级性是党的本质属性。任何一个政党都必然从属于一定的阶级。

值得指出的是,政党作为一种世界性的政治现象,对其含义的理解和阐述,无论偏重于其阶级本质还是偏重于其选举功能都是不够全面的,不能适应当今世界政党发展的趋势,因此,随着现代政治社会的发展,政党是指"代表一定阶级、阶层或集团的利益,旨在执掌或参与国家政权以实现其政纲的政治组织"⑤。

(二) 政党的特征

政党属于政治组织,但又有别于一般政治派别;政党属于政治上层建筑,但又不同于国家政权机关;政党属于社会组织,但又区别于一般社会团体。作为一种独特的社会政治现象,政党具有自己的特征和标志。正是这些特征,使政党与其他社会政治组织区别开来。

1. 反映一定阶级或阶层的共同利益

西方政治学者基于其既得的中上层社会经济地位及其维护现存政治体制的政治价值倾向,一般都讳言或否定政党的阶级性或其所代表的社会利益倾向性。事实上,政党产生和发展的历史,以及当代各国政治现实都证明了政党是社会一定阶级或阶层或某种特殊政治利益集

---

① 《列宁全集》第 39 卷,人民出版社 1986 年版,第 21 页。
② 《列宁全集》第 24 卷,人民出版社 1990 年版,第 38 页。
③ 《列宁全集》第 12 卷,人民出版社 1987 年版,第 127 页。
④ 毛泽东在省市自治区党委书记会议上的讲话,1957 年 1 月 27 日。
⑤ 《中国大百科全书》(政治学卷),中国大百科全书出版社 1992 年版,第 470 页。

团的代表。无产阶级政党自诞生之日就公开宣告其阶级代表性，而资产阶级政党的政治纲领、社会基础及其政策措施等，也都有其社会利益的倾向性和代表性。尽管科技进步、经济增长和政治民主进程使西方发达国家的社会结构发生了很大变化，政党所代表的社会利益倾向呈现出错综复杂的局面，但并不意味着政党的阶级属性已经消失、政党变成了超阶级的社会政治组织。

2. 有明确的政治目标和政治纲领

这是政党区别于其他社会组织的主要标志。政党主要的政治目标是取得政权或参与政权或维护政权。为此政党积极参加选举，提出各种治国方略和口号，为选民提供政策选择，动员选民投票，通过选举执掌国家立法权和行政权。执政党还负责组织政府，制定政府政策并予以实施；在野党或提出各种政治主张，迫使执政党实行某些有利于自己的政策，或争取本党的代表进入议会和政府，参与政权管理。在社会主义国家，尽管法律不允许民主党派掌握国家政权，但也可通过参政议政的方式影响国家大政方针的制定和执行。因此，政党的全部活动都是围绕和服务于影响或控制国家政权这个主要政治目标。

政党的政治目标通常通过政治纲领展示出来。"政党的政治纲领即党纲，是政党正式通过的成文的或不成文的总政策纲领，是根据政党所奉行的主义，为适应时代与国家环境的需要，针对现实存在的各项内政、外交、经济、军事、文化等问题，所揭示的解决纲领和努力目标。"① 各个政党的纲领的表现形式是多种多样的。有的纲领是对各项重大问题系统地表示意见，具有根本路线的性质；有的纲领是对当前某些重大问题表示的政策性见解。从形式上来说，有些政党的纲领是正式的、成文的，有些政党的纲领则包含在领导人的声明或报告里或表现在竞选纲领之中。

3. 有较严密的组织系统和组织纪律

政党的组织系统是政党存在的表现形式，它与政党的组织纪律相结合，是政党聚合和动员政治力量、统一行动以实现其政治目标的制度保障。全国性政党通常在中央或联邦设有本党全国代表大会、

① 周淑真：《政党和政党制度比较研究》，人民出版社 2001 年版，第 64 页。

中央执委会或中央委员会，以及主席、主席团等领导机构，有些在议会设有议会党团组织，在地方各级行政区及基层选区设有党的基层组织。政党组织系统的严密程度与政党的组织纪律的严格程度成正比，不同国家和不同性质的政党有所差别。一般而言，无产阶级或左翼政党的组织系统和组织纪律比较严密，资产阶级或右翼政党的组织系统和组织纪律则比较松散。但具体情况需要具体分析。如英国保守党就要求本党议员服从议会党团的指示，支持本党政策，尤其是在进行分组投票时不要使本党为难。否则，除非有悔改表现，将面临在下次议会选举中失去本党提名的风险。相比而言，美国的共和、民主两党则组织松散，缺乏党纪约束。选民只要在选民登记时自我声明拥护某党，即可成为该党党员。党员可不参加政党集会，不交纳党费，在投票时也可以随意交换党籍或跨党投票而无须征得政党同意。

4. 有较稳定的组织成员

政党作为政治组织，组织成员是构成政党的基本细胞。任何政党若要履行一定的政治功能，发挥一定的政治影响，达到一定的政治目的，都离不开党员的工作，党员是政党借以实现政治纲领的主要力量来源。由于政党代表一定的阶级阶层利益，并为某一特定的阶级阶层服务，其党员来源往往也体现这种阶级阶层分野。一般而言，传统的资产阶级政党，其党员多以工商业资本家和高级专业技术管理人员为主；而无产阶级政党党员多来源于工人阶级、农民阶级和一些要求革命进步的知识分子。但是，政党的这种阶级基础和阶级性质并非一成不变。如有的政党成立时是工人阶级政党，但它可能随着历史的发展和形势的变化向中间阶级政党方向转变。这样，党员来源也会发生相应的变化。

（三）政党的类型

当今世界的政党，数量众多，庞乱芜杂。为了对这些政党进行较为全面的认识和总体的把握，就需要对其进行分类。尽管政党经常处于变动与发展之中，然而，从整体上看，这些政党在组织结构、纲领政策等方面具有相对的稳定性，这就为我们进行政党分类提供了可能性。

1. 按政党的政治倾向分类，可分为左翼政党、右翼政党和中间政党

政党的政治倾向主要是针对其对现实社会政治生活的态度而言的，它主要体现在政党的政治纲领和政治活动中。不同政治倾向的政党对现实社会生活的态度是有显著区别甚至是截然相反的。①

左翼政党一般也称激进政党，是指对现实社会政治生活不满或比较不满，要求对其进行改革或改造的政党，一般代表社会中下阶层利益。左翼政党一般具有超前意识，能够主动对社会所存在的问题和矛盾进行分析并寻求解决办法。左翼政党一般强调社会进步、社会革命或社会改革，关注社会平等和社会民主；政策上一般主张福利国家、国家干预或国有经济、充分就业、社会保障等。② 目前西方一般将共产党列为左翼政党（激进政党）。

右翼政党也称为保守政党，是指对现实社会政治生活比较满意，希望能够保持和维护现状的政党。通常情况下，右翼政党很少对社会现状进行主动改革，当社会矛盾积累到一定程度后被迫进行改革，以适应社会进一步发展的需要。右翼政党的主要特点是：代表雇主和既得利益阶层的利益；主张维护私有制和自由市场经济，反对国家干预，政策上主张减税和自由贸易；反对社会激进变革，信守保守主义、自由主义的价值理念。③ 目前西方各国老牌的资产阶级传统政党大多属于右翼政党，如英国的保守党、德国的基民盟—基社盟。

中间政党是指在政治倾向上处于左翼政党和右翼政党之间，对现实社会政治生活基本满意，同时希望对某些不尽如人意之处进行适当改良的政党。中间政党一般不主张对现有社会经济体制进行根本性的变革，而只是在现有框架内进行某些局部的改良，以主动适应社会进一步发展的需要。目前西方各国的社会党、社会民主党和工党等大多属于中间政党。

---

① 赵晓呼：《政党论》，天津人民出版社 2002 年版，第 76 页。
② 高鹏怀：《比较政党与政党政治》，知识产权出版社 2008 年版，第 55 页。
③ 同上书，第 56 页。

需要指出的是，左、中、右的划分是相对而言的，如站在保守的立场上，就很自然把中间政党也划进左翼，如英国的保守党称工党为左翼政党，德国社会民主党被基民盟称为左翼政党等；同样，从左翼的角度，通常会认为其他的政党都是比较"右"的政党。在当代西方社会，由于选举的需要，政党往往在左、中、右之间做出不同程度的摇摆，以扩大选民认同，某种程度上也会使它们在政治光谱中的定位发生改变。

2. 以政党在议会中占有议席的数量为标准，可分为多数党和少数党

议会是政党参政议政的场所，是政党政治活动的中心。一个政党在议会中所得议席的多少，既是其政治力量大小的反映，也关系到其能否上台执政。多数党是指在议会中占有半数以上议席或相对多数议席的政党。在议会制国家，多数党可以单独组阁或以其为主联合其他政党共同组阁，并由其领袖担任内阁首相或总理。少数党是指在议会中占有少数席位的政党。在议会制国家中，少数党一般无权单独组阁，只能参加由多数党主导的联合政府或沦为在野党。在实行总统制的国家中，总统与国会是一种制约关系，总统所在的党如果获得国会中的多数席位，就能获得强有力的支持，如果只获得少数席位，就会受到获得多数席位政党的牵制。在实行半总统制的国家，拥有多数国会席位的政党就有更好的机会获得总理职位来行使政府权力。

3. 以政党是否掌握政权为标准，可分为执政党和在野党（反对党）

政党作为以夺取和巩固政权为主要目标的政治组织，其政治活动主要是围绕政权展开。一个政党是否掌握政权，直接反映了其政治影响力的大小，是其政治地位的重要体现。

在内阁制国家，在议会取得多数席位的政党是执政党。有些在议会中力量较大的政党依靠本党的力量在议会选举中得到多数席位，可以单独组阁，还有一些国家议会中任何一个政党都无法单独取得多数席位，为了执政，一些政党往往结成执政联盟，联合组阁。

在总统制国家，执政党与在野党不是以获得议席多少划分，而是取决于总统的政党归属。总统掌握最高行政权，其所属政党即为执政

党，其他党为在野党。需要指出的是，在总统制国家，由于实行三权分立，执政只是意味着掌握最高行政权，而立法权既可能被执政党掌握，也可能掌握在其他党的手中，所以并没有严格的在野党。

在野党理论上指所有不执政的政党，一般范围较广，数量较多，但政治影响大小不一，相差悬殊。影响最大的在野党当属反对党。反对党是指议会中不执政的最大政党，而不包括其他在野党。在议会内阁制国家，如英国和日本，反对党是指议会中的次多数党，它们在议会中享有与其他在野党不同的"法定权利"，即组织影子内阁。影子内阁是一套类似政府组织的班子，与政府各部相对应，对执政党和政府起到重要的监督作用。影子内阁随时可能通过合法选举或政治危机上台执政，因此也被称为后备内阁。如英国自卡梅伦上台执政后，保守党成为执政党，工党成为法定的反对党。由此可见，在野党与反对党之间既有联系也有区别，不可简单地画等号。

4. 以现实的政党地位特别是法律地位为标准，可分为体制内政党与体制外政党

在当代，不管是反对党还是在野党，只要它们在现在的宪法与法律范围内活动、认可现有的政治制度，就属于体制内政党。而体制外政党，一般不认可或反对现有的政治体制、政治制度，试图通过各种方式包括暴力革命来改变现有的政治体制、政治制度，追求其理想的政治制度。因此，体制外政党一般都受到当局的法律禁止或受到现在的政治制度排斥。其中，被当局法律禁止的政党属于"非法政党"，无法参与政治选举等政治活动。但被现有的政治制度或大党所排斥的政党，并不一定是非法政党①。如英国，因为现实法律中并没有关于政党的禁止性条款，所有政党都是合法政党，但合法政党也有体制内外之分，体制外政党的得票率在一定程度上反映了现有政治体制的合法性程度。可以说，体制外政党必然是反对党，但反对政府的反对党与反体制的反对党不同②；"体制外与体制内政党"与"合法政党、

---

① 参见刘红凛《政党政治与政党规范》，上海人民出版社2010年版，第102页。
② 参见雷飞龙《政党与政党制度之研究》，韦伯文化国际出版有限公司2002年版，第39—46页。

非法政党"并不是对等的概念。在西方，"反制度政党"就是体制外政党的一种。"反制度政党"通常是指那些在一个政治体系中拒绝接受正常的民主的政党竞争规则的政党，这一概念常被用来指那些右翼或左翼的极端主义政党，这些政党会对民主的秩序构成威胁。①

（四）政党的功能

政党之所以能够作为整个现代民主政治的中心环节起作用，是由它的基本功能决定的。政党在现代民主政治中有许多重要的甚至是不可替代的功能。

1. 利益表达功能

在阶级社会里，人们总是分属于不同的阶级和阶层，他们无论作为个体还是作为利益群体，都有自己的利益、要求和愿望，希望得到国家的承认和法律的保障。把这些利益、愿望和要求表达、反映出来的过程，就叫利益表达。尽管利益表达的渠道有很多，如个人、利益团体、政府机构等，但历史和现实表明，能够有效地承担这种利益表达的组织就是政党。萨托利指出："政党首先且最重要的是表达的手段：它们是工具，是代理机构，通过表达人民的要求而代表他们。"②由于政党是国家和社会的中介，它一端连着民众，因为只有得到相当一部分民众的支持，政党才能生存和发展；另外一端连着国家、政府、权力，因为只有掌握权力，或对政府的运作施加影响，政党才有存在的价值。③ 经验证明，政党若不能从政治、经济、文化等各个方面全面反映广大民众的根本利益，并通过国家政权去保护它，经由国家法律去体现它，经由自身的先进性去发展它，就等于丧失了其存在的社会价值，因此也就动摇了其存在、发展与发挥作用的社会基础。

2. 利益整合功能

现代社会是一个多元分化的社会，各个阶级和社会团体都有自己

---

① 参见［英］戴维·米勒等《布莱克维尔政治学百科全书》修订版，邓正来等译，中国政法大学出版社 2002 年版，第 30 页。

② ［意］G. 萨托利等：《政党与政党体制》，王明进译，商务印书馆 2006 年版，第56 页。

③ 赵宬斐：《政党政治与政治现代性》，中央编译出版社 2010 年版，第 67 页。

的利益要求和愿望，各个民族和地区也有其特殊的价值追求和利益偏好。各种不同的利益要求的摩擦与碰撞，不仅无法形成共同的价值取向和目标认同，而且也会导致社会的混乱和无序。如果社会中的一些团体、组织为了自己的利益而与其他团体和组织进行斗争，并试图以自己的偏好改变政府的方向，这种做法将使整个社会不可能形成共同的价值、目标或意识形态，因而不会获得全国性的支持。这就需要政党发挥利益整合的功能，把社会上不同的利益需求进行筛选，以形成全社会共同的利益和愿望，使各种不同的利益主体的利益都能得到保障。这样不但会平息各个利益团体的冲突，而且还会使各个利益团体为了政党的目标而相互妥协与合作。作为回报，政党至少可以部分实现他们的要求。

3. 政治录用功能

现代民主社会基本上都是大型社会，不能像古希腊城邦那样在小国寡民中实行直接民主，也不能像各类专制帝国一样由一人或一个集团实行专制统治，而必须是按照民主程序委托一批政治精英来治理国家。这种选拔政治精英的职能就理所当然地落到了具有广泛的社会基础和民意支持的政党身上。①

政党的政治录用功能主要表现在两个方面：

一是发现、培养为国家政治和社会生活所需要的各类人才。作为一定阶级的利益代表者，政党的各种组织活动和社会政治活动，需要有较高政治素质的骨干分子进行领导。这样的骨干分子虽然要从实际的政治斗争中产生，但政党的有意识的培养，也是造就政党的骨干分子的有效途径。

二是通过参加和组织各级各类的选举，争取使本党推荐和提出的候选人当选政府公职人员。西方国家中，推举候选人是一个政党最重要的活动。"提名在推选公职人员的过程中扮演着极重要的角色，而政党几乎独占了提名的活动。所以它在组织政府和制定政策方面有着非常大的影响力，即使选民要求进行自由选举，摆脱政党的影响，也

---

① 郭定平：《政党与政府》，浙江人民出版社 1998 年版，第 15—16 页。

无法改变政党体制的这一现状。"① 许多政党为了在选举中推出自己最具有竞争力的候选人,都纷纷改革和完善各自候选人提名程序,力争将其培养的最具实力的政治精英选拔出来,进而通过选举将其输送到政府最重要的位置上。

现实政治表明,现代各民主国家的主要领导人都是由各国主要政党培养和选拔的政治精英。随着民主化进程的推进,政党必将为国家和社会培养和选拔更多更优的政治精英。

4. 政治社会化功能

政治社会化就是通过社会政治组织与社会个体之间的交流与互动,传播社会的政治文化,培养政治人格的过程。政党的政治社会化,是指政党凭借一定的方式和途径向社会传播本党的政治纲领、主张以及一定的政治意识形态,以提高人们的政治素养、培养具有一定政治立场的政治人,从而推动社会的政治发展。

政党的社会化功能,源于代议制民主对广泛政治参与的要求。政党的政治社会化功能主要表现在两个方面:政治教育和政治动员。

现代政治常常令人眼花缭乱,有些公民既不了解政治的某些基本知识和运作程序,也不懂得那些政治原则、政治价值和政治主张。在这种情况下,一个政党为了使本党的立场、态度和主张获得最大限度的支持,也为了使普通公民和广大党员了解政治参与、政党支持、意见表达、利益维护的方法与途径,就要进行大量的政治灌输和教育活动。有时这种教育活动是无意识的,比如"政党的领袖的关于说明本党政策或者批评反对党政策讲话,他们在立法机构中的辩论,以及这些活动在报刊、无线电广播和电视上的报道,乃是对选民进行教育的一部分,因为选民必须对各种争论点和候选人做出选择"。②

政治动员是将民众组织起来参与政治生活的过程,它力图以强有力的宣传、鼓动,来唤起公众的政治参与热情,使他们认同和支持本党的主张,进而积极投入到政治生活中来,自觉地维护和实现自身的

---

① 杨光斌:《政治学导论》,中国人民大学出版社 2000 年版,第 141 页。
② 〔美〕哈罗德·F. 戈斯内尔等:《美国政党和选举》,复旦大学国际政治系译,上海译文出版社 1980 年版,第 6 页。

政治利益。这是任何政党都共同遵循的规律。但不同的政党，宣传、鼓动的方式不同，无产阶级政党一般把着眼点放在教育群众、提高群众觉悟上。

二 政党执政权力的获取与运行

政党从诞生之日起，就与国家权力结下了不解之缘。从一定意义上讲，政党的终极目标就是获得国家权力与运用国家权力，也就是通常所说的执政。"在现代民主政治的前提下，一般意义上的执政都是指一个政党通过合法途径进入国家的权力机构、并以该政党的代表为主掌握国家权力机构、从事对整个国家的公共事务的管理活动。或者说执政是一个政党通过合法的途径在国家权力中占主导地位、并通过国家权力将自己的治国主张贯彻于国家的政务管理过程中的活动。"[①]也就是说，政党执政包含两个基本要素：一是掌握国家权力；二是行使国家权力。所以，政党执政可以简单地定义为政党掌握和行使国家权力的行为和过程。

（一）政党执政权力的获取

在实行代议制民主政治的国家里，政党要想谋取政权，主要的手段不是进行武装斗争，革命夺权，而要通过竞选争取执政地位。西方国家政党执掌国家政权的标志主要表现为通过立法选举或总统选举获取议会多数或占据总统职位。由于西方国家一般都存在几个具有平等竞争关系的政党，其中有两个或两个以上的政党具有单独执政或联合执政的机会。在这种竞争性政党体制[②]之下，成为执政党的唯一途径是参加选举，选举获胜是西方政党执掌国家政权的最重要的合法性依据。为赢得选举，各政党都会全力以赴，推出本党候选人，提出本党

---

① 张恒山：《中国共产党的领导与执政辨析》，《中国社会科学》2004 年第 1 期，第8—9 页。

② 意大利学者萨托利在《政党与政党体制》一书中把政党体制划分为"竞争性"和"无竞争性"两类。一党极权制、一党权威制和一党多元制被归入无竞争性政党体制，两党制和多党制被列入竞争性政党体制。

竞选纲领，筹措选举经费，制定选举策略，进行选前动员和选举协调等。由于西方各国政体千差万别，各国政党竞选的方式、方法、重点和采取的手段也都各式各样，主要表现为两种情况：竞选总统或是争取议会多数，前者主要发生在总统制国家，后者集中于议会制（责任内阁制）国家。

1. 总统选举

在西方一些实行总统制的国家，总统作为国家元首，其选举的方式、程度、总统候选人的提名和条件等，都与议会议员的选举不同。同时，由于各国的国情不同，各国总统产生的方式也不一样，主要有直接选举和间接选举之分。

实行半总统制的法国，总统所属政党或政党联盟是执政党或执政联盟。执政党的地位取决于总统选举的结果。由于法国政党众多，力量分散，很难有一个政党有绝对的优势单独竞选总统成功，一般都由几个利益相关、政见相近的政党经过磋商、妥协，联合推出总统候选人。例如，1974 年，社会党、共产党、左翼激进党共同推举密特朗作为左翼联盟总统候选人，而包括保卫共和联盟、法国民主联盟等党在内的右翼联盟共同推举德斯坦作为总统候选人。

法国总统选举在第五共和国初期采取间接选举制。1958 年宪法第六条规定：共和国总统由总统选举团选举之，任期 7 年；选举团由议会议员、省议会议员、海外领地议会议员，以及市议会选出的代表组成之。选举采用两轮多数投票制，在第一轮投票中采用绝对多数制，如果第一轮投票后没有一个候选人能够胜出，在第二轮投票中则根据相对多数制选出。1962 年，戴高乐建议修改宪法第六条，对总统的选举方式进行重大改革。戴高乐认为选举团选举总统的方式不能表达法国人民对总统的信任，为了使总统"有充分的能力和义务担负最高责任"，必须改革总统选举方式，改由直接普遍选举产生。1962 年 10 月，蓬皮杜政府就宪法第六条修改稿举行公民投票，取得 62% 的赞成票，法案获得通过。此后，法国的总统选举都是采用直接普遍选举的方式。第五共和国现行的选举制度被称为"多数两轮投票制"。根据宪法第七条规定，总统候选人在第一轮投票中要取得绝对多数票即 50% 以上的有效票，才能当选。如果在第一轮投票中没有一人取得多数票，则由第一轮投票中得票最多的两位候选人参加第二轮竞选，若进入第二轮的两名候选人中有一名退出竞选，则由候选人中依第一轮得票多少的顺序递补，但在第一轮中得票不足5％的，在第二轮中不得作为候选人。第二轮投票在第一轮投票后的第二个星期日举行。自1962年宪法修正案确定总统普选制以来，还没有出现过某个候选人在第一轮中就以绝对多数票当选的情况。

除法国外，俄罗斯、芬兰、波兰和许多拉丁美洲国家的总统选举都使用这种二轮决选制。这种选举方式，"可避免选出最差的候选人，但它却不能保证一定会选出最理想的候选人，在很多情况下会加剧当选人和落选人之间的矛盾，在组阁的过程中和解决急迫的政治难题上较难获得共识"①。

实行总统制的美国，国家的最高行政权力掌握在总统手中，总统既是国家元首，又是政府首脑，总统所属的政党，即使在国会中是少数党，也是全国的执政党。由于总统拥有组阁权以及其他许多权力，总统职位就成了各党竞相猎取的对象，总统选举成了比国会选举更重要的大选。

美国的总统由选举人团以间接方式产生。总统产生的过程大致可分为预选和大选两个阶段。第一阶段即预选是本党内的竞争，主要是完成党内总统候选人的提名，固定在大选年的2—8月间进行。在6月之前，各州的各党代表大会选出本党参加全国党代表大会的代表。7月（在野党）和8月（执政党）分别召开各党的全国代表大会，正式选出本党的总统候选人。代表大会同时确定本党的竞选纲领和副总统候选人。第二阶段即大选是各党之间的竞争。首先在11月初由各州选民投票选出选举人②。候任选举人由各州党代表大会或党的骨干会议提名。然后将候任选举人及其支持的总统候选人名字分别印在同一张选票上，交由有选举权的选民投票。在各州选民投票后，按

---

① 王韶兴：《政党政治论》，山东人民出版社2011年版，第453页。
② "选举人"或"选举人团"（Electoral College）是美国特有的一种选举机构。按规定，每个州的选举人数同该州在国会参、众两院的总数相等。"选举人"票共538张，就全国而言，获得270张以上选票者即可成为总统。

"胜者全得"① 的原则，最终确定正式的选举人。至此，谁当选总统事实上已经一目了然。12 月由选举人投票选举总统，在一般情况下它只是确认选举投票结果。美国的总统选举制度"提供了一种推举为公民所能接受的政治领导人的方法，为资产阶级党政关系的良性互动提供一定的保障，但这种选举制度也是有局限的：使得票较多的候选人有可能落选"②。

"从竞选的全过程来看，各党总统候选人之间的竞争，不仅仅是党内外个人之间的竞争，而且是两大政党之间的激烈搏斗。"③ 在总统选举的各个阶段，政党的身影都会出现。第一，在总统提名程序中，对于候选人来说，政党就是一种标签。想角逐总统宝座的候选人首先必须争取到某一政党标签的使用权。第二，政党对总统候选人的经费支持。政党在总统正式选举中的经费支出越来越大，对于候选人保持优势起了很大的作用。第三，政党认同和政党的意识形态会对选举产生一定影响。政党认同是指选民对政党的信任与忠诚，它为选举中的选民提供了预设立场，选民的政策立场及他所感觉到的候选人的政策立场，对候选人的评价都会受到它的影响。

2. 议会选举

除了实行总统制和半总统制的国家外，西方大多数国家实行的是议会制（英国、德国、意大利、加拿大、比利时、丹麦、荷兰、芬兰、爱尔兰、奥地利、冰岛、卢森堡、挪威、葡萄牙、西班牙、希腊、瑞典、瑞士、澳大利亚、新西兰等西方主要国家都实行议会制）。西方各国的议会一般实行两院制，即上院或下院，有的国家也称为参议院和众议院。一般下院或众议院的议员选举由选民直接选举产生，所以，议会选举多指下院或众议院议员的选举。政党参选的直接目的是夺取议会下院多数席位，以取得组阁权。在英国，下院议员的选举被称为大选。下院每届任期 5 年，根据 1948 年制定的《人民代表选举法》进行。任期届满后要延长任期须征得上院同意。在特

---

① "胜者全得"原则，是指任何一个政党在选举中只要获得过半多数票便占有该州的全部选举人的名额，否则就全部输掉。

② 王韶兴：《政党政治论》，山东人民出版社 2011 年版，第 452 页。

③ 梁琴等：《中外政党制度比较》，商务印书馆 2004 年版，第 188 页。

殊情况下也可以提前进行大选，比如内阁的重要政策或重要议案得不到下院多数议员的支持，或者议会和内阁在国内外重大问题上发生严重分歧，议会对内阁提出并通过不信任案，这些情况都会导致内阁总理辞职或提请国王解散议会，重新举行大选。英国执政党常常在任期内选择最佳时机举行大选，很少按期选举。德国是实行两院制的联邦国家。联邦议院是国家最高立法机关，德国的议会选举制度主要是指关于联邦议院（下院）议员的选举制度，联邦议院选举被称为大选。德国的议会选举制度是直接选举与间接选举结合在一起的。每一张选票被分为第一票与第二票两个部分。第一票是直选，选民选举自己信赖的候选人；第二票为间接选举，选民选出自己所信赖的政党。第二票决定各党派在议会中所占席位的百分比。

3. 政党对选举的组织和活动方式

在西方实行民主政治的国家，政党不仅不是选举活动的旁观者，而且是各种选举活动的重要参加者。政党在选举中的活动主要包括：推出本党候选人、组织竞选班子、提出本党竞选纲领、筹措选举经费等。

大多数西方国家规定候选人的提名权属于选民和政党。然而，从各国的政治选举实践来看，候选人以政党成员的身份被政党提名的情况更为普遍。因为，以党员名义参加选举，能够获得政党在政治上和物质上的有力支持。西方各国有关总统选举的法律，基本都规定了政党在选举中具有候选人的提名权，甚至规定只有政党才有权提出总统候选人。虽然有的西方国家的宪法或选举法并不排斥选民自己提出总统候选人的规定，但在事实上，政党政治在国家政治生活中的主导作用，以及烦琐的提名办法和高额的保证金，没有政党作为后台的人，很难被提名为总统候选人并获得广大选民支持。① 对于议员候选人，西方许多国家尽管法律也规定选民和政党都有提名权，但议员候选人以政党身份被政党提名的情况更为普遍。政党提名议员候选人的方式通常有两种：一是某个议员候选人获得政党提名，该候选人以党员名义参选，如果竞选获胜，即当选议员。二是由参加选举的政党提出本

---

① 　胡盛仪等：《中外选举制度比较》，商务印书馆 2005 年版，第 173—174 页。

党候选人名单，政党对进入名单的候选人有决定权；选民投票选的是政党，然后，政党再根据其所获选票分配议席。

竞选是候选人的事情，但竞选者的背后却有众多的人帮助他做竞选工作，其中最为重要的是为候选人出谋划策的竞选班子。在英国，除候选人自己组织竞选班子外，政党还帮助候选人组织竞选班子。政党组织竞选班子实行专门的政党选举代理人制度。选举代理人的职务通常由党的中央机关驻各地的总办执行。在许多选区内，代理人的职务由地方党组织的专职秘书执行。英国的政党选举代理人通常都进行过专门的训练，已经成为职业性的代理人。代理人的具体职责是：①熟悉选举法的各项规定，从而指导整个党组织参加选举，注意使自己的政党不违反有关选举法的法定程序；②在两次选举之间要进行加强本党力量的工作；③在竞选中，委派组织人员到重要的地方去监督反对党的计划和活动，研究选民的情绪，尽力预防意外事件发生；④在选举活动中，负责召开选民大会、收集和监督征集签名和填写选举登记表格，保证安排好选举委员会的房间和选民大会的地点、印刷和散发文件、布告等工作。

西方国家举行大选时，各政党为赢得选举的胜利，都要制定本党的竞选纲领。竞选纲领一般由党的领导机构拟定，形式上须经党的全国代表大会通过，再公布于全国。党的领袖在全国代表大会上的演讲，往往被认为是对竞选纲领的进一步解释和补充。"政党通过提出竞选纲领表明本党对内政外交事务的基本立场，批评对方政策，争取选民支持，赢得与竞争对手的比较优势。"① 竞选纲领公布后，各政党都会大张旗鼓地对选民进行宣传，运用的宣传工具包括广播、电视、互联网、出版物等；宣传的方式也多种多样，传统的竞选方式通常是张贴标语、登门拜访选民、给选民写信拉选票、召开公共集会进行演讲、在报纸上做广告等。由于现代信息资讯技术的应用以及大众传媒的广泛普及，政党的宣传方式也日益现代化。借助电视、互联网等媒体，候选人与选民的交流更为便利。

竞选是需要资金支持的。在西方国家，用于竞选的费用也比较可

---

① 高鹏怀：《比较政党与政党政治》，知识产权出版社 2008 年版，第 103 页。

观。尤其是当代社会，由于大量使用现代通信等宣传手段，使竞选投入的成本也不断上升。比如，1860 年林肯竞选美国总统时共花费 10 万美元；100 年后的 1960 年，10 万美元只能购买电视播放黄金时段的 10 个小时。① 竞选费用不断上涨是当代西方国家选举中的一个显著问题。竞选费用与选举经费不同。选举经费是各级政府为了组织选举拨出的一笔专门资金。而竞选经费则是竞选者个人或支持他的政党为竞选筹措的资金。在西方国家，候选人的经费主要来源于政党的提供，而政党这笔经费主要是各垄断财团、工会和在职官员以及个别公民的捐献。例如，1968 年大选时，杜邦、梅隆、洛克菲勒等 11 个大财团，共捐给共和党 258 万美元，捐给民主党 149 万美元，芝加哥美国联合保险公司老板克莱门特·斯通以个人名义给尼克松 100 万美元作为竞选经费。1975 年大选时，美国劳联—产联的"政治教育委员会"和其他一些附属工会的委员会，为民主党捐助经费 500 万美元。② 由于经济利益、政治关系和历史沿袭，西方政党都有自己相对稳定的团体捐赠单位。如英国联合企业家、工业目标、经济同盟等都是长期向保守党提供捐赠的组织，保守党 70% 的经费来源于这些组织。德国基社盟的经费主要依靠汉斯、塞德尔基金会，而基民盟的政治捐赠主要来源于康拉德、阿登纳基金会。③ 尽管有些国家的法律禁止企业、财团、利益集团的政治捐款，但它们仍然可以采用许多有效办法避开相关法律规定。

（二）政党执政权力的运行

控制政府或对政府运用权力的过程施加影响，几乎是所有的政党都倾力追求的首要目标。政党通过选举等方式掌管了国家最高行政权之后就成为执政党。"和所有政党一样，执政党最主要的功能，仍然是利益表达和利益综合。所不同的是，这时政党通过手中掌握的公共权力来实现这种功能。"④ 在西方民主国家，政党执政权力的运行，

---

① ［英］维尔：《美国政治》，王合等译，商务印书馆 1981 年版，第 145 页。
② 陈其人等：《美国两党制剖析》，商务印书馆 1984 年版，第 229 页。
③ 高鹏怀：《比较政党与政党政治》，知识产权出版社 2008 年版，第 104—105 页。
④ 王长江：《现代政党执政方式比较研究》，上海人民出版社 2002 年版，第 64 页。

通常涉及执政党与代议机构、政府和司法机构的关系，即执政党对立法、行政和司法这三个部分进行控制所采取的方式方法问题。

1. 执政党对议会的控制和影响

西方国家的议会是西方国家公民通过选举、委托自己的政治代表参与国家政治决策的重要场所。议会是代议制民主的关键与权力中心，是西方国家的最高立法机构。议会的主要职能是立法和监督，但议会的地位和职权因各国政体的不同、议会的法律地位不同而各有差异。一般来说，在总统制国家，议会拥有立法权、政府预算批准权、高级政府官员的批准弹劾罢免权、对政府工作的监督权四大权力与功能；但在美国，立法权与行政权相互制约、相互监督，总统与议会实际上"共享决策权"。而在议会制国家，议会还具有组阁权、倒阁权、咨询权。① 由于议会在国家的政治生活中具有重要地位，因而议会就成为政党角逐权力的主要舞台，政党都把议会看作是为本党谋利益，使本党开启最高权力之门的钥匙。但执政党与在野党在议会中的地位与作用有很大的差别。"执政党或多数党在议会的各项工作中起着主导、控制作用，而反对党只能起影响、牵制与监督作用。"②

政党对议会的控制和影响，主要是通过在议会中组建议会党团来实现的。在西方国家的议会中，不论是多数党还是少数党，也不管是执政党或者在野反对党，都会在议会中建立议会党团，以协调本党在议会中的活动。所谓议会党团，是指议会中同一政党或政党联盟的议员所组成的党派组织。由于西方政党的一切活动的目标是执掌政权，因此，各党虽然还保留着从中央到地方的组织系统，其中央机构仍称"全国委员会"，设有主席职务和适当人数的班子，但在非大选年，党的全国组织机关只从事党务、财务的管理，与党的大事和活动却无多大关联。就议会制国家而言，党的工作重心随着党的领袖及骨干当选议员而转移到了议会。这样，议会党团就成了党的首脑或心脏部分，通过党团组织而实现政党对议会乃至对内阁的领导或指导的

---

① 在英国，由于实行议行合一的议会制，英国议会拥有很大权力，下院与上院还共享司法权。德国则不同，司法权由宪法法院负责。

② 刘红凛：《政党政治与政党规范》，上海人民出版社 2010 年版，第 230 页。

作用。①

　　议会党团作为各政党或政党联盟在议会中的最高权力机构，大致可分为三种类型：一是一个政党单独组成议会党团。大多数具有一定数量议员的政党都采取这一组织形式，并以该党名称命名。二是由两个以上的政党的议员联合组成一个议会党团。如联邦德国基督教民主联盟和基督教社会联盟联合组成一个议会党团，称为基督教党团。三是跨国议会党团。在某些区域性的国际组织的议会（如欧洲议会）中，由各成员国的有关政党的议员组成的政党组织。②

　　议会党团是政党在议会中的代表组织，是政党与议会连接的中介组织。议会党团的作用主要表现在：第一，在新的议会召开前夕，选举产生本党的议会领袖。第二，协调本党议员的立场和行动，把他们组成一个有机的整体，借以贯彻本党的路线、方针、政策。由于大多数议员都是依靠政党的支持、资金、助选而进入议会的，所以他们在议会中的活动不可避免地要受到本党的影响和控制，一般都要参加议会党团。第三，维护本党的权益，并代表本党在议会中从事各项立法活动，促使议会通过有利于本党的议案。③

　　议会党团的主要活动是以党团的身份参与议长提名、内阁人选的审议、议会活动程序的安排、专门委员会的组成以及各项法案的提出、审议、协商和表决，等等。通常在议会正式表决之前，各政党通过议会党团实际上已经预先决定了各自的立场和态度。一般来讲，执政党议会党团的任务就是保证本党政府地位的稳固和各项法案获得通过，反对党的议会党团则视政府议案与自己的利害关系而决定反对或有条件支持。④ 总之，"议会党团作为政党的政治组织代表机构，在议会活动中形成了一种特殊的政治权力实体，从而对议会的立法权、行政权起着强有力的制约作用"⑤，议会党团主导着议

---

　　① 梁琴等：《中外政党制度比较》，商务印书馆 2004 年版，第 154 页。
　　② 权伟太：《执政党论》，中共党史出版社 2004 年版，第 111—112 页。
　　③ 李景治：《当代资本主义政党制度》，福建人民出版社 1983 年版，第 114 页。
　　④ 权伟太：《执政党论》，中共党史出版社 2004 年版，第 113 页。
　　⑤ 宋惠昌：《德国议会民主政治的权力制约机制》，《中共中央党校学报》1998 年第 3 期，第 52 页。

会活动，没有议会党团的议会是难以想象的。

2. 执政党对政府的控制和影响

西方国家政党活动的主要目标不仅是通过选举获取政权，还在于通过控制政府以行使国家行政权力。不论是内阁制还是总统制国家都把直接掌握行政权力的政党称为执政党。所谓执政，从纵向上看，主要是指执政党执掌了国家最高行政权，却不一定执掌地方的行政权；从横向上看，仅指执掌行政权，而不论是否为议会中的多数党，是否控制了议会立法权或掌握了其他国家机关和地方政权机关的权力，更不管辖政府以外的社会团体、文化事业及企业的事务。

西方国家执政党对政府的控制主要通过两种途径：一是控制政府的组成，二是影响政府的决策。而每一种途径，由于各国政治体制各异，又会呈现不同的形式。

（1）执政党控制政府的组成

在议会内阁制国家，通常是在议会大选中获得多数席位的政党或政党联盟成为执政党，它拥有组阁权并实施组阁。执政党领袖为内阁首相（总理），具体负责组织内阁。执政党组阁主要采取三种模式：第一种是多数党一党组阁，由在议会选举中获得过半数席位的政党单独组成内阁，自行决定政府组建原则和具体人选，并主要由本党的成员担任政府要职。在英国，内阁首相由执政党领袖担任，他以党的领袖和政府首相的身份挑选内阁成员和各部大臣。这个名单一般都会获得议会同意，并得到国王的批准。而且内阁成员的调整、更换或内阁改组，都是党的领袖即首相一人说了算，可以说是大权独揽。当然，也有的执政党的领袖在组阁时权限比较小，需要党组织的整体安排。例如，根据澳大利亚工党的组织原则，在其组阁时工党的领袖只有建议权，没有完全组阁权。内阁部长人选由工党议会党团投票决定，并且按得票率的高低安排职务。20 世纪 80 年代以来，工党政府总理在组阁问题上的建议权有所增强。第二种是联合组阁。有的国家由于在议会选举中没有任何一个政党获得半数以上的席位，无法单独组成内阁，因而几个政党联合组阁，并按各党的实力来分配政府的职位。德国在选举制度上规定了"5%"条款来限制小党执政，从而形成了以基督教民主联盟—基督教社会联盟或社会民主党为主，联合自由民主党执政的"两个半党制"，保持着"两大一小"的政党格局。既然是联合组阁，执政联盟中的多数党在政策主张方面都会与执政伙伴实行协商和相互妥协的方针，达到执政联盟内部的利益平衡，从而保障政局的平衡运行。第三种是少数党组阁，即由在议会中的席位不超过半数的政党单独组阁。例如在瑞典，从 1932 年到 1976 年社会民主党连续执政 44 年，其中有相当一些时间是社会民主党作为少数党在其他政党的支持（但不入阁）下执政。西方将这种少数党执政方式称为"瑞典模式"。

在总统制国家中，凡是在总统大选中获胜的总统，其所属的政党或政党联盟，自然而然地成为执政党或执政联盟。在美国，总统掌握着最高国家行政大权。总统所属的政党即使在国会中占有少数席位，它也是执政党。由于总统拥有组阁权和其他重要权力，所以各政党都竞相获取总统宝座。虽然美国执政党组阁是由总统来进行的，但组阁过程本身也受到执政党的指导与影响。总统在任命政府官员时，基本上都是从本党的党员中挑选。这些人要么为总统的当选立下过汗马功劳，从而得到总统以要职相许的回报；要么是执政党的领导骨干和各实权人物。由于政府要员的名单经国会同意才会生效，所以总统为了使人选名单能够顺利通过，必须事先与本党的国会党团领袖协商，有时还要安排与国会党团密切的人物入阁，以防止他们在国会中联合反对党的力量进行刁难。

在半总统半议会制的法国，总统由全民普选产生，总统所属政党或政党联盟成为执政党或执政联盟。法国是多党制国家，政党林立，力量分散，很难有一个政党以绝对优势单独赢得大选的胜利，一般都是由几个政见差异不大的政党组成竞选联盟，经磋商后联合推出总统候选人。例如 1974 年，密特朗以包括社会党、共产党、左翼激进党在内的左翼联盟候选人的身份竞选总统，而德斯坦则以包括保卫共和联盟、法国民主联盟等党在内的右翼政党联盟的候选人进行竞争，结果后者胜利登上了总统宝座。竞选总统成功后，接下来就是组阁问题。总统组阁权力的大小与其联盟在议会中所占议席多少直接相关。当总统所属的政党联盟是议会多数党联盟时，总统就必然要从本党人士中任命政府总理以便使总统和总理能协调一致。另外，内阁的成员也可以从各政党联盟中挑选产生，这样内阁受来自议会和其他反对党的掣肘就会相对较小。而如果反对党在议会中是多数党，总统一般来讲就要从反对党中间选任总理和阁员，这样就会形成总统与总理"共治"的局面。

政党体制不同，将会影响执政党对政府的控制程度。西方国家在两党制条件下，执政党往往由一个政党单独组成，执政党对政府的控制是比较有效的。但在多党的条件下，由于一个政党在议会选举中经常不能单独获得多数，往往需要和其他政党联合才能取得执政资格，因此行政机构（总统）往往是多党妥协的产物，执政党对政府的控制力要弱得多，并且面临由于各党之间的政见不同而导致政府垮台的危险。

（2）执政党间接影响政府决策

在竞选中获胜的政党进入政府之后，执政党的决策就体现为在政府运作过程中的决策。在政府的决策中，执政党领袖的作用举足轻重。但是，西方国家采用政党政治并不等于由政党代替政府管理国家事务。大多数西方国家实行党政分开的原则，主要体现在以下三点：首先，政党和政府在组织结构上是分开的。政党有政党的一套组织结构，政府有政府的结构序列，二者相互独立，各成体系。党的组织结构和政府组织结构之间，在法律上没有直接的领导与被领导、支配与被支配的领属关系。其次，党和政府在组织职能上是分开的。政党的主要职能是将选民的政治意愿转化为政策，也即充当公民与政府之间利益和政策的"转换器"的角色，而不是直接代替政府作出各种政治决策，大多数国家政府的决策一般由政府官员独立作出。最后，文官的"政治中立"同样体现着党政分开的原则。西方国家通常在相关法律中规定，文官不得参加党派组织及其活动，不得在其行政行为中有党派政治倾向。基于上述因素，西方国家的执政党对政府决策的影响，大都采取间接的方式进行。一是由进入政府的党员个人来体现。在政府机关里的执政党党员，担负着贯彻和执行党的政策和主张的任务。进入政府的党员，由于他们对党的忠诚和日后继续当选的需要而对党具有依赖性，在工作中往往能够较好地贯彻本党的意图。执政党的成员进入政府后，常常利用执政地位，把党的主张转变成国家的政策和措施。当然这种"转变"必须依照法律程序进行，而不能越俎代庖由执政党自己制定方针政策，再由党的机构自己执行。二是执政党决定大政方针，给进入政府的党员留下充分的余地。执政党把党员输送进政府以后，这些党员就以政府官员的身份进行活动。如果政党对当政党员的行动要求非常具体，那么二者之间产生矛盾的概率就会很大。为避免这种情况的发生，执政党就不能过多地对当政党员加以干预。一般而言，西方国家的执政党通常只制定基本的政策主张，对当政党员的具体行动，则给予相当大的自主权。除非特殊情况，执政党在执政期间一般不会通过政府外党的决策机构重新制定政策，改变纲领，并要求在政府任职的党的官员强制执行。

（3）执政党直接影响政府决策

在当代西方各国中，日本执政党对政府运作的影响别具一格，这尤其表现在自民党长期执政的过程中。1955 年 10 月，自由党与民主党合并，组成自民党。从此，自民党在议会中形成了稳定的多数，掌握政权，直到 1993 年被以社会民主党为首的多党联合政府取代，但很快又重掌政权。由于自民党长期把持政权，日本内阁在几十年制定法律和政府政策的过程中，与自民党的政党政治密切结合，形成了一套具有日本特色的决策体系。在实际决策过程中，内阁与自民党互相利用，全面控制日本的行政决策过程。

第一个程序是政府职能部门草拟和提出议案。日本实行内阁制，内阁以下设若干省厅，省厅下设局和课。这一程序整个都在政府部门自下而上地进行，表面上似乎与自民党无关，但实际上每进行一步都与自民党密切联系在一起。首先，作为公务员的政府主管课长，虽然依照日本有关法律，不许加入任何政党，但他们多数成为自民党笼络了的党友，① 遵循自民党的政治原则，听从自民党的指示。其次，内阁大臣及其他省厅首脑均为自民党的骨干，其自身任免升迁全取决于

---

① 日本法律不允许公务员参加党派组织，但自民党却接受持相同政见的公务员为非正式党员。他们除不能担任党内职务外，与一般党员一样交纳党费，享有选举权，被称为"党友"。

自民党的决定。这样，他们自然按照自民党的利益来制定议案，代表执政党的观点、主张和意志，领导该省厅的运作。因此，可以这样说，政府各级部门草拟和提出议案的全过程都是在自民党的直接监控下进行的。

第二个程序是自民党中央机构审议和修订议案。在多数西方国家，政府职能部门草拟和提出的议案只要经过总统或政府首脑的批准便可作为政府的正式议案直接提交国会审议通过，不需要送交执政党领导机构审核修订。日本则不同，省厅提出的议案不能直接经内阁总理大臣送交国会，而首先必须呈报自民党中央机构审议和修订，为此日本自民党设立了一整套常设机构。省厅提出的议案首先要送交自民党政调会的有关部会审议，再由自民党最权威决策机关总务会复审、决定，然后转至自民党国会对策委员会批准，最后由内阁首相代表自民党向国会正式提出。

由于自民党作为执政党对政府决策的影响如此彰显，所以有人把自民党执政的模式概括为"党政合一"。但这种说法并不完全正确。因为，日本执政党不具体介入、干预政府行政运作和政府内部事务是十分明显的。如果称其为"党政合作"也许更为恰当。日本自民党把执政的重点放在内阁的组建和政府方针政策的制定上，并不具体领导政府的施政过程和管理政府部门的各项工作。这主要表现在以下三个方面：第一，在官员任免问题上，自民党只提名内阁成员及政府各部门负责人的人选，而政府在高级文官和国家公务员的任免上，有很大的自主权。无论自民党中央领导机构还是它的地方组织均无权决定国家文官的任免、晋升和降职。第二，在职务问题上，除自民党总裁兼任首相外，党内的其他领导人，均不兼任政府职务。这些人一旦入阁，便自动放弃党内的高级职务。这也是党政分开原则的体现。第三，在机构设置问题上，自民党和政府的机构设置互相分开。自民党中央政务调查会中也设立与政府部门相对应的各部会，但它们不直接领导和管理这些部门的工作。主要职责是调查、审议、修订政府各部门提交给国会的议案，而政府可以依据宪法和法律以及国会授权独立地行使自己的各项职权，不必事无巨细都请示自民党。

3. 执政党对司法的控制和影响

西方国家有关分权的古典表述和近代理论孕育了司法独立的思想。在古希腊的亚里士多德和古罗马的波里比阿提出分权和制衡的思想 1000 多年之后，英国的洛克，开创了现代意义上的分权学说，法国的孟德斯鸠给予"三权分立"以完满的结构和理论形态，[①] 尤其是对司法独立地位的确认和制衡理论的阐述，使司法独立作为一个学说最终孕育成形。司法独立作为一种体制，最早出现于英国，但第一个将司法独立原则写入宪法的却是美国。1787 年《美国宪法》第 3 条第 1 款规定："合众国的司法权属于最高法院及国会随时规定和设立的下级法院。最高法院法官和下级法院的法官如忠于职守，得终身任职，于规定的期间应受职务的报酬，该项报酬在任职期间不得减少之。"自此，司法权从一个政治口号，一种思想观念，一个学说内容，变成了一个实实在在的法律规定。

在美国的示范下，其他西方国家在近现代宪法中均对司法权由法院独立行使予以了明确规定。如《西德基本法》第 92 条规定：司法权赋予法院，它由联邦宪法法院、联邦最高法院及基本法所规定的各联邦法院、各州法院行使。《日本国宪法》第 76 条规定：一切司法权属于最高法院及由法律规定设置的下级法院。所有法官依良心独立行使职权，只受本国宪法及法律的约束。《意大利宪法》第 101 条规定：司法权以人民名义行使，法官只服从法律。

西方国家的历史和现实表明，政党，即使是执政党都不可能完全操纵司法机构及其审判活动。法官不论是委任、选任还是考任，不论他们的政党背景有多深，他们一般都不能参加任何政党和政党活动；政党组织没有也不可能对法院或法官发出指令，即使是总统、总理、部长也很难牢固地控制住自己委任的法官。[②] 但是，也必须看到，西方国家的"司法独立"是相对的，更不意味着"司法至上"，最高法院可以为所欲为。实际上，司法领域也不是铁板一块，政党特别是执政党会通过各种方式对司法活动施加影响。

---

① 赵震江：《分权制度和分权理论》，四川人民出版社 1988 年版，第 41—43 页。
② 梁琴等：《中外政党制度比较》，商务印书馆 2004 年版，第 237 页。

　　西方国家的法院的法官，一般由委任、选任和考任等办法产生。就委任制而言，各国在程序上大多由国家元首或政府首脑委任。在美国，联邦法院法官全部是经国会同意由总统任命的，少数州法院的法官是由州长任命的。表面上看，法官的任命与政党没什么关系，但是由于国会是政党斗争的场所，总统是执政党的领袖，法官的任命往往会打上政党的烙印。事实证明，总统在考虑人选时，总是会考虑到任命对象与总统所属政党的关系，也总是会首先从长期追随、支持或同情本党的那些法官中进行挑选和提名。据统计，"自1860年以来，共和党总统任命29人，其中9人是民主党人；民主党总统任命29人，其中3人是共和党人"[1]。一些法官个人的经历也能够说明这个问题。例如，20世纪二三十年代以保守著称的最高法院法官范·德万特，是由塔夫脱总统任命的，他本人早年做过铁路公司的律师，曾担任过怀俄明州的共和党主席。同时期的乔治·萨瑟兰法官则曾任犹他州共和党参议员，是由哈定总统任命为最高法院法官的；而当时的首席法官休斯早年做过纽约州的州长，1910年被塔夫脱总统任命为最高法院法官，1916年因充当共和党总统候选人而离开最高法院，后又出任过哈定政府的国务卿，1930年由胡佛总统任命为最高法院首席法官。更有甚者，1921年，哈定总统还把前任总统塔夫脱任命为最高法院首席法官，主持最高法院长达十年之久。[2] 在英国，大法官、上院上诉审议员和上诉法院法官，由内阁首相征求本党意见后提名，由英王任命。在法国，宪法委员会是司法系统中监督总统和议会选举的合法性、仲裁选举中的争议、维护宪法实施的特别机构。它的成员分别由总统、国民议会议长、参议院议长各任命3名共9人组成，此外，历届总统都是其理所应当的委员。由此可见，在选择高级法官或地方法官的过程中，政党倾向是其中考虑的重要因素之一，法官没有摆脱政治性考量。

　　此外，政党可以通过议会对司法权施加影响。议会通过立法规定了司法机关的组成和职能，并能通过实体法和程序法的实施来贯彻议

---

① 李道揆：《美国政府和美国政治》上册，商务印书馆2004年版，第509页。
② 陈其人等：《美国两党制剖析》，商务印书馆1984年版，第58页。

会的政治意图，这一切都是由执政党控制的，因为离开了执政党的支持，议会的立法就无法进行。西方国家的宪法一般都赋予司法机关以司法审查权，显示了司法权的崇高地位。但宪法同时又规定议会拥有修改宪法条款的最后权力。如果司法机构经常利用宪法中的这些条款来阻止议会有关法案的生效实施，议会认为有必要时便会利用宪法的有关条文，使法案通行无阻。另外，在外交问题上，如果政府认为某案涉及"国家利益"，司法机构对有关案件的审判要维护国家利益，服从行政机关的决策，以政府对外政策为准绳，绝不容许自行其是，按自己的见解来判案。这种情况在间谍案中屡见不鲜，在国际经济贸易纠纷案中也很常见。这些情况都无法拂去来自政党特别是执政党的影响，从而使司法独立原则受到削弱。①

三　善于借鉴国外政党执政经验

从世界政党政治的实践看，虽然各国政党的执政模式不同，它们的性质、信仰、纲领、执政理念、社会基础等千差万别，但作为执政党，它们在执政能力建设方面仍存在一些共同规律。尤其是在当前的形势下，全球化、信息化、市场化、民主化迅猛发展，一些执政党顺应时代发展潮流，加大自身建设力度，取得显著成效，其做法和经验值得借鉴。

（一）借鉴国外政党执政经验的必然性

首先，政党政治中某些共同特点，客观上决定了不同执政党之间能够相互吸收和借鉴。政党和政党政治是当今世界各国政治生活中的一种普遍现象，政党政治问题成为包括社会主义国家在内的当今世界各国政治的首要基本问题。所谓政党政治，从狭义理解，是指一个国家的政权通过政党来行使。从广义上讲，是指政党掌握或参与国家政权，并在国家政治生活中及政治体制的运行中处于重要地位的政治现

---

① 梁琴等：《中外政党制度比较》，商务印书馆 2004 年版，第 241 页。

象。① 从执政党的功能来看，不论是社会主义国家执政党还是资本主义国家执政党，都具有某些共同特征。前面已经讲到，尽管各国政党性质不同，纲领各异，但它们的一些功能是相同的，如利益整合功能、政治社会化功能、政治录用功能，等等。一般而言，凡是具有共同特性的事物，都是可以相互比较、相互借鉴的。从人类社会历史来看，通过对不同执政党之间的比较和借鉴，从中获得治国理政的有益经验，巩固和发展自己的执政地位和执政成果，是人类政治文明发展的一个必然现象。

其次，借鉴国外执政党的执政经验是发展社会主义市场经济的必然要求。在发展市场经济方面，西方国家的市场经济已经走过了两个多世纪的发展历程，在理论和实践上积累了大量宝贵的精神财富。微观经济主体理性化行为理论、市场机制理论、宏观经济均衡运作理论构成了市场经济的三大理论基石。保持与市场经济相适应的微观经济基础，充分发挥市场机制与政府宏观调控"多只手"的积极作用，建立与完善相关的政治、文化、社会保障体系是现代西方国家市场经济的主要成功经验。② 改革开放以来，我国经济体制改革的目标模式经历了"有计划的商品经济"等一系列变换，直到党的十四大以后，把建立社会主义市场经济体制确定为我国社会主义初级阶段经济体制改革的根本目标。当前，我国经济体制改革已进入深层次攻坚阶段，尽管党的十四大以来中央关于社会主义市场经济体制的目标框架已经作出了一系列基本的规定，但是，在某些关键环节的具体目标上还有待探讨。我国社会主义市场经济体制的建立与完善既要立足国情，又要合理地借鉴西方国家执政党发展市场经济积累的成功经验。

最后，借鉴国外政党执政经验是我们党几代领导人的共识。在半个多世纪的执政实践中，中国共产党始终是一个善于总结经验，积极学习创新，勇于追求真理的党。在 20 世纪 50 年代，除了向苏共学习执政经验外，党的领导人对西方国家资产阶级政党执政经验也采取了

---

① 高鹏怀：《比较政党与政党政治》，知识产权出版社 2008 年版，第 5 页。
② 韩立宏等：《当代西方国家市场经济的成功经验及其对我国的启示》，《理论观察》2001 年第 2 期，第 40 页。

比较实事求是的态度。毛泽东在《论十大关系》中讲到"中国与外国的关系"时指出："我们的方针是，一切民族、一切国家的长处都要学，政治、经济、科学、技术、文学、艺术的一切真正好的东西都要学。"① 周恩来在一次谈人民代表大会对党和政府的批评和监督时讲道："资本主义国家的制度我们不能学，那是剥削阶级专政的制度，但是，西方议会的某些形式和方法还是可以学的，这能够使我们从不同方面来发现问题。"② 刘少奇在 1956 年党的八届二中全会的报告中，举出瑞典首相坐公共汽车上班，华盛顿做了八年总统之后退为平民，艾森豪威尔在当了总司令、总统之后还去当大学校长等例子，认为"资产阶级政党的有些制度也可以参考"。③ 这些思想充分肯定了不同政党、不同政治制度之间在提高执政能力方面相互比较、相互借鉴的可能性和必要性，反映了我们党在这个问题上的马克思主义唯物辩证态度。遗憾的是，这些重要思想在后来的实践中未能得到发扬光大。在以后的年代里，客观上由于西方国家对我们实行封锁政策，更由于我们自己陷入"左"的泥潭，洋奴哲学、卖国主义等大帽子满天飞，严重地阻碍了对资本主义国家文明成果的借鉴吸收，从而影响了我国社会主义建设事业的发展。党的十一届三中全会以来，我们在指导思想上纠正了"左"的错误，制定了对外开放的基本国策，大步走向世界，自觉地借鉴吸收世界各国特别是西方发达国家的文明成果。邓小平强调："必须大胆吸收和借鉴人类社会创造的一切文明成果，吸收和借鉴当今世界各国包括资本主义发达国家的一切反映现代社会化生产规律的先进经营方式、管理方法。"④ 江泽民在总结社会主义改革开放经验教训的基础上也明确指出："社会主义作为一种崭新的社会制度，只有在继承和利用资本主义社会已经创造出来的全部社会生产力和全部优秀文化成果的基础上，并结合新的实际进行新的创造，才能顺利建设成功。"他说，在对待资本主义问题上，我们过去"往往只看到或更多看到的是社会主义同它对立和斗争的一面，

---

① 《毛泽东著作选读》下册，人民出版社 1986 年版，第 740 页。
② 《周恩来选集》下卷，人民出版社 1984 年版，第 208 页。
③ 《刘少奇论党的建设》，中央文献出版社 1991 年版，第 647 页。
④ 《邓小平文选》第 3 卷，人民出版社 1993 年版，第 373 页。

很少看到社会主义同它还有学习、借鉴、合作的一面"。他认为，"这种认识上的片面性，不符合社会历史发展的辩证法，不利于社会主义经济文化的进步"。现在"我们必须树立一个明确认识，不管是哪种社会制度下创造的文明成果，只要是进步的优秀的东西，都应学习和运用"①。2004 年 6 月，胡锦涛在中共中央政治局第十四次集体学习时的讲话中进一步指出："对世界上其他政党执政的一些做法和措施，我们不能照抄照搬。但对它们在治国理政方面的有益做法，我们要研究和借鉴，以开阔眼界，打开思路，更好地从世界政治经济发展的大格局中把握加强党的执政能力建设的规律。"② 习近平总书记在 2013 年亚洲博鳌论坛开幕式的讲话中重申了积极借鉴其他国家和地区发展经验，共享发展资源的开放精神。

（二）科学对待国外政党的执政经验

借鉴国外政党建设的经验教训，必须坚持科学的态度，要注意防止片面性。一是要坚持正确的思想导向。要始终坚持以马克思列宁主义、毛泽东思想和中国特色社会主义理论为指导，全面贯彻党的基本路线、基本纲领、基本经验，以保持党同人民群众的血肉联系为核心，以建设高素质队伍为关键，以改革和完善党的领导体制和工作机制为重点，以加强党的基层组织和党员队伍建设为基础，努力体现时代性，把握规律性，富于创造性。要紧紧围绕新的历史条件下提高党哪些执政能力和如何提高党的执政能力两个相互关系的基本问题来学习和借鉴，使党的执政方略更加完善，执政体制更加健全，执政方式更加科学，执政基础更加巩固。二是要善于把西方政党的执政经验与西方国家的根本政治制度区别开来。西方执政党的执政经验不等于西方国家的根本政治制度。在政党执政活动中，既存在与政党性质或政权性质密切相关的因素，也存在本来就与"姓资姓无"或"姓资姓社"无关的因素。执政党共同面临的问题，西方执政党探索出的有

---

① 《江泽民论有中国特色社会主义》，中央文献出版社 2002 年版，第 205—206 页。
② 胡锦涛：《认真总结执政能力建设经验，大力加强党的执政能力建设》，《人民日报》2004 年 7 月 1 日。

益做法，应成为世界各国政党共同的财富加以吸收与借鉴，而不应把这些有益做法与资本主义制度人为地捆绑在一起，不加分析地一概否定或排斥。同时，也不能把对我们来说"不适用"的某些西方政党的做法简单地认定为"不合理"而加以批判，否则，就难以科学地把握政党的执政规律。① 三是要善于把借鉴西方政党的执政经验同中国国情有机地结合起来。国外政党的执政行为离不开它们所处的特定历史环境和人文环境，它们的执政经验我们不能照搬，但可以学习，"学习一定要与中国实际相结合"②，"学习的时候用脑筋想一下，学那些和我国情况相适合的东西，即吸取对我们有益的经验"③。"吸收外国的东西要把它改变成中国的"④。我们有我们的历史传统、文化习惯和政治理念，在借鉴国外政党的执政经验时，不能无视这些传统、习惯和理念，更不能把它们的政治模式搬来套用，而要把人类政治文明的优秀成果与本国实际有机地结合起来，在学习和借鉴中推陈出新，完善自己，从而有效地提高我们党的执政能力。总之，一个成熟的执政党，不是照搬照抄别国治理模式的政党，而是能够把人类文明的优秀成果与本国实际有机地结合在一起，创造更先进的执政体制与机制的政党。中国共产党应该是这样一个政党，也有能力成为这样一个政党。

---

① 李军等：《借鉴西方政党执政经验：加强党执政能力建设的又一视角》，《理论探讨》2005 年第 4 期，第 148 页。

② 《毛泽东选集》第 5 卷，人民出版社 1977 年版，第 286 页。

③ 同上书，第 401—402 页。

④ 《毛泽东著作选读》下册，人民出版社 1986 年版，第 753 页。

第二章　西欧社会民主党的历史变迁

社会民主党这一名称最早出现于 19 世纪 40 年代，"民主党"当时在法国指无产阶级社会主义者，"社会党"指具有社会主义色彩的民主共和主义者，两者联盟，合称社会民主党或民主社会党。1869 年德国建立了社会民主工党，后来各国建立的无产阶级政党大都用社会民主党这一名称，并于 1889 年共同组成了第二国际。后来，第二国际各国党内的机会主义日益滋长。第一次世界大战爆发后，各国社会民主党纷纷支持本国政府进行战争，第二国际破产。一些社会民主党内的左派另建新党，取名为共产党，此后，在工人运动中，共产党和社会民主党成为两类不同性质的政党。在当代，社会民主党通常是对以民主社会主义或社会民主主义为指导思想的政党的泛称，其中包括社会民主党、社会党、工党、独立社会党、社会劳动人民党等。社会党国际是这些政党和组织的国际联合体。

一　社会民主党的诞生

社会民主党或社会民主主义者一词最早出现在 1848 年欧洲革命时期。19 世纪 60 年代以后，欧洲各国陆续发展起来的独立的工人运动和工人政党，袭用了社会民主主义一词。1890 年德国社会主义工人党改称社会民主党。此后各国建立的社会主义工人政党通常也命名为社会民主党或社会民主工党。在这一时期，社会民主主义的概念起初比较模糊，后来随着马克思主义的传播而经常被当作科学社会主义的同义词使用。

（一）内涵不确定的概念：19 世纪 40—70 年代的社会民主主义

社会民主党或社会民主主义者一词最早出现于 19 世纪 40 年代的欧洲。这时的社会民主主义几乎包括了所有反对资本主义的力量和这些力量对未来社会的不同主张。这时的社会民主党人既有主张"资产阶级社会主义"的资产阶级激进民主主义者，也有主张"乌托邦社会主义"的小资产阶级社会主义者，就连马克思、恩格斯有时也以此自称。因此，这个时期的社会民主主义是一个内涵庞杂、伸缩性极大的不确定概念，它既有工人阶级彻底革命的主张，也有小资产阶级的改良要求。

1. 1848 年欧洲革命时期的法国社会民主党人

1848 年，马克思和恩格斯在《共产党宣言》中提到了法国社会民主党人。《宣言》指出："共产党人为工人阶级的最近的目的和利益而斗争，但是他们在当前的运动中同时代表运动的未来。在法国，共产党人同社会主义民主党联合起来反对保守的和激进的资产阶级，但是并不因此放弃对那些从革命的传统中承袭下来的空谈和幻想采取批判态度的权利。"① 恩格斯在 1888 年英文版上加了一个注："当时这个党在议会中的代表是赖德律—洛兰，在著作界的代表是路易·勃朗，在报纸方面的代表是《改革报》。'社会主义民主党'这个名称在它的发明者那里是指民主党或共和党中或多或少带有社会主义色彩的一部分人。"恩格斯在 1890 年德文版的注释中再次指出："当时在法国以社会主义民主党自称的政党，在政治方面的代表是赖德律—洛兰，在著作界的代表是路易·勃朗；因此，它同现今的德国社会民主党是有天壤之别的。"②

法国七月王朝时期，社会上存在着众多的思想派别。既有工人的秘密组织，也有空想共产主义和空想社会主义等团体，资产阶级内部还有保王派和共和派之分，同时保王派又分正统派和奥尔良派，共和派分为《国民报》派和《改革报》派，前者属于共和派的右翼，后

---

① 《马克思恩格斯选集》第 1 卷，人民出版社 1995 年版，第 306 页。
② 同上书，编者注。

者属于共和派的左翼。

　　赖德律—洛兰是《改革报》的创办人，该报主编为弗洛孔。他们不仅要求选举改革，还主张建立共和制度，以进行社会经济改造，改善广大群众的生活状况。他们认为选举改革和议会改革是社会改革的必不可少的前提。1848 年革命前夕，他们主张与工人阶级结成政治联盟，故也主张实现劳动权，建立工人生产合作社，但并不希望对社会进行根本性的改造。

　　1848 年革命前，在各个流派的社会主义者当中，路易·勃朗是最负盛名者之一。1839 年发表的《劳动组织》是勃朗空想社会主义的代表作。他在书中阐述了自己一系列的经济观点和改造社会的基本设想。他批判自由竞争，认为有竞争就谈不上自由、平等、博爱，因为竞争阻止了弱者发展自己的能力，使之成为强者的战利品。竞争是不平等本身的行动表现，竞争是一场战斗。对人民来说，竞争是一种毁灭性的制度，是拍卖劳动，迫使劳动者互相残灭；另一方面，竞争又是使资产阶级崩溃的一个原因。由于竞争，富裕的资产者打倒了不太富裕的资产者，为了几个工业寡头的利益而毁灭资产阶级。竞争对无产阶级和资产阶级都没有好处。因此，他所制订的社会改良方案就是通过作为新型的社会生产组织的"社会工场"逐渐地代替私人工场，最终建立一个普遍经济平等和社会平等的理想社会。

　　1848 年 2 月，法国人民起来推翻了腐朽的奥尔良七月王朝，并组成了临时政府。该政府由十一名内阁成员组成，七名属于资产阶级保守共和派，两名属于小资产阶级激进共和派（即赖德律—洛兰、弗洛孔），一名属于小资产阶级社会主义者（路易·勃朗），一个是工人代表阿尔伯。虽然这些阶级曾经团结在一起并共同努力推翻了旧的统治，但他们的利益却是相互敌对的。[①] 当临时政府中占绝大多数的资产阶级代表在其统治地位稳固以后，当他们感到不再需要社会其他阶层的支持时，便一再地反对无产阶级提出的革命要求，并把工人代表从政府中驱除出去。同时，1848 年六月事变以后，小资产者发觉自己受到了亏待，它的物质利益受到威胁，而那些应当保证它有可

---

　　① 参见《马克思恩格斯选集》第 1 卷，人民出版社 1995 年版，第 382 页。

能捍卫这种利益的民主保障，也受到了反革命的危害。① 马克思在《1848 年至 1850 年的法兰西阶级斗争》一文中具体描述了联合的过程。"在联合的反革命资产阶级面前，小资产阶级和农民阶级中一切已经革命化的成分，自然必定要与享有盛誉的革命利益代表者，即与革命无产阶级联合起来。我们看到，议会里的小资产阶级的民主主义代言人，即山岳党，如何由于议会中的失败而去与无产阶级的社会主义代言人接近，而议会外的真正的小资产阶级又如何由于友好协议被否决，由于资产阶级利益被蛮横坚持以及由于破产而去与真正的无产者接近。1 月 27 日，山岳党与社会主义者庆祝了他们的和解；而在 1849 年的二月大宴会上它们又再次采取了这种联合行动。社会党与民主党，工人的党与小资产者的党，就结合成社会民主党，即结合成红党。"② 这是世界上第一个以"社会民主党"命名的政党。③ 经过和解与妥协，"无产阶级的社会要求已被磨掉革命的锋芒，从而发生了民主主义的转折，小资产阶级的民主主义要求则丢掉了纯政治的形式而显露出社会主义的锋芒。"④ 马克思指出了这个派别的特殊性质："它要求把民主共和制度作为手段并不是为了消灭两极——资本和雇佣劳动，而是为了缓和资本和雇佣劳动之间的对抗并使之变得协调起来。无论它提出什么办法来达到这个目标，无论目标本身涂上的革命颜色是淡是浓，其内容始终是一样的：以民主主义的方法来改造社会，但是这种改造始终不超出小资产阶级的范围。"⑤

为迎接 1849 年 5 月的立法议会选举，社会民主党在地方设立了数百个地方组织，并提出 6 条纲领作为该派候选人的共同纲领。主要内容包括：（1）共和国高于多数人的权利；（2）如果宪法遭到侵犯，定作反抗的榜样；（3）法国应援助被压迫民族，法国如使用武力反对他国人民的自由，就是违背宪法，是犯罪；（4）承认劳动权，劳动权是生存权，资本权是一切暴政中最残酷的暴政。劳动权是战胜资本暴

① 参见《马克思恩格斯选集》第 1 卷，人民出版社 1995 年版，第 613 页。
② 《马克思恩格斯选集》第 1 卷，人民出版社 1995 年版，第 429—430 页。
③ 林建华等：《当代西欧社会民主党论纲》，中国工人出版社 1995 年版，第 6 页。
④ 《马克思恩格斯选集》第 1 卷，人民出版社 1995 年版，第 613—614 页。
⑤ 同上书，第 614 页。

政的手段；（5）对儿童实行全面的、免费的义务教育；（6）收回复辟王朝时期补偿给流亡贵族的10亿法郎。① 选举结果，社会民主党得到195万5千张选票（占投票者选票的28%，登记者选票的19%），180名议员。② 对于这次选举的成功，马克思作了如下的评述："这次选举结果给我们揭示了民主社会主义党的秘密。如果说，一方面，山岳党这个民主派小资产阶级在议会中的先锋，不得不与无产阶级的社会主义空谈家联合——无产阶级在6月遭受了沉重的物质失败，不得不通过精神上的胜利重新振作起来，又由于其余各阶级的发展使它无力实行革命专政，它就势必投入幻想无产阶级解放的空谈家的怀抱，即投入那些社会主义流派的创始人的怀抱——，那么，另一方面，革命的农民、军队和外省都站到了山岳党方面。于是山岳党就成了革命营垒的指挥官，而它与社会主义者的谅解就消除了革命派内部的任何对立。"③

胜利的喜悦并没有持续很长时间。"由于内部分裂，态度暧昧，平庸无奇和陶醉于选举的胜利，'山岳派'的领导人于1849年6月13日组织了一次向议会的和平示威。秩序党便利用这种笨拙的做法，来消灭'山岳派'（其领导人遭到流放），瓦解人民的运动（实行新闻法和俱乐部法）。"④ 此次镇压使小资产阶级民主派遭到致命打击，主要领导人流亡国外，国内力量一蹶不振，这也标志着法国社会民主主义运动走向衰退。

2. 1848年欧洲革命时期的德国社会民主主义者

早期社会民主主义运动的另一个主要分支在德国。谁是社会民主主义的代表人物？按照伯恩斯坦的说法，"在1848年革命年代，社会主义概念进入政治，点缀了一些政党的名称。在法国，激进共和国的带有社会主义色彩的拥护者自称为 democrat socialistes——社会主义的

---

① 孙娴：《法兰西第二共和国史》，社会科学文献出版社1995年版，第175页。
② ［法］维拉尔：《法国社会主义简史》，曹松豪译，中共中央党校出版社1992年版，第34页。
③ 《马克思恩格斯选集》第1卷，人民出版社1995年版，第431页。
④ ［法］维拉尔：《法国社会主义简史》，曹松豪译，中共中央党校出版社1992年版，第35页。

民主主义者——而在德国，民主主义诗人哥特弗里德·金克尔据此创造了社会民主主义者这一说法。这个词就是在这里第一次出现的"。关于这个金克尔，伯恩施坦说，今天大多数人仅仅知道他的名字罢了。① 另据中国学者张世鹏的考证，在德国，最早的有影响的社会民主主义代表人物是巴登的民主派弗里德里希·黑克尔，他在 1848 年革命前夜，在巴登邦议会上提出了什么是社会主义的问题。他说"这个词汇所强调的是那些使我们的民族变得十分强大的东西，它就是人们当中天然固有的推动力，通过财富的积累和个人力量的联合即社会化，形成使所有人都能获得同样享受的权利"。在回答什么是社会主义主张的时候，他说："为了阻止资本的权力欺侮商人和手工业者，以及以最低的工资雇用工人，社会主义者就说，他希望大家有工作，希望支持手工业。"1848 年 3 月 5 日，弗里德里希·黑克尔在有 51 人参加的在海德堡举行的爱国者大会上公开自称"社会民主主义者"。在这次会议上，有人反对共和制的国家政体，称它是可怕的暴民统治。黑克尔回答说，我希望自由，这必须是所有人的完全的自由，它同样需要在某种国家形式中实现，它不是仅仅赋予特权者或者富人的自由。如果要我用一个词来概括的话，那么，我是一名社会民主主义者。据此人们把他看作是在德国第一个自称社会民主主义者的人。②

在同一时期，全德工人兄弟会的成立及其活动则是社会民主主义在德国工人运动中的主要体现。1848 年 4 月，共产主义者同盟盟员波尔恩受同盟派遣回到德国，组织工人运动。8 月，在波尔恩的努力下，全德工人代表大会在柏林召开，会上成立了"全德工人兄弟会"，波尔恩当选为主席。波尔恩及兄弟会以社会民主主义者的身份开展活动，波尔恩在 1849 年 1 月 23 日《博爱报》中声称，从创刊号起，该报编辑部就宣布他们是社会民主主义者。③ "全德工人兄弟会"在组

---

① ［德］爱德华·伯恩施坦：《什么是社会主义》，生活·读书·新知三联书店 1963 年版，第 4 页。

② 张世鹏：《社会民主党与社会民主主义起源探究》，《科学社会主义》2008 年第 3 期，第 134—135 页。

③ 苏绍智等：《社会主义在当代世界上》，光明日报出版社 1985 年版，第 169 页。

织工人、支持罢工、建立工人协作社等方面，在要求缩短工时、提高工资、反对解雇工人的斗争中，取得了不少成绩，并一度产生广泛影响。但由于该组织存在明显的行会习气和行会愿望，对政治斗争表现出极度的冷漠，"对无产阶级的伟大政治运动采取袖手旁观的态度"，这使它"成为一个宗德崩德"，"作用小到极点"，直到 1850 年被反对派取缔。① 波尔恩也被迫离开德国，进入瑞士，开始了他的终身侨居生活。以后，他逐渐抛弃了政治，不再关心德国工人的斗争，在瑞士担任大学教授。工人兄弟会的分支虽然仍存在了一段时期，但影响式微。

3. 马克思和恩格斯曾经自称社会民主党人或社会民主主义者

1848 年革命前后，马克思和恩格斯也曾多次使用过社会民主主义的概念。1848 年革命发生时，《共产党宣言》已经发表，共产主义者同盟已经成立，马克思和恩格斯无论是在文章中还是在实际斗争中，他们一般用"共产主义"、"共产主义者"来自称。但在个别时候，他们也使用"社会民主主义者"之类的概念，或自称为社会民主党人、社会民主主义者。出现这一情况是由 1848 年革命的资产阶级民主革命性质，特别是由德国当时的现实情况决定的。德国革命的任务是推翻封建专制制度，消灭小邦分立状态，建立统一的民主共和国。而软弱的德国自由资产阶级不能在这场革命中起作用，小资产阶级民主派又动摇不定，只有无产阶级是代表整个民族的真正的和被正确理解的利益的，但是它们的力量还不够壮大，在政治上和组织上还不够成熟。因此，马克思恩格斯认为，德国无产阶级的先进分子，即为数不多的共产主义者同盟的成员，只能以民主主义者的身份开展活动，并推动业已进行着的革命斗争，否则就会脱离群众，就会"只好在某一偏僻地方的小报上宣传共产主义，只好创立一个小小的宗派而不是创立一个巨大的行动党了"。② 为此，马克思、恩格斯和他们的战友在德国三月革命爆发后不久陆续回到德国，以科隆为基地，创办《新莱茵报》，以民主派机关报的面貌出现，参与并指导革命

---

① 《马克思恩格斯选集》第 4 卷，人民出版社 1995 年版，第 204—205 页。
② 《马克思恩格斯全集》第 21 卷，人民出版社 1965 年版，第 19 页。

运动。

1848 年革命失败以后，马克思和恩格斯先后来到伦敦，为了抵制流亡伦敦的德国小资产阶级民主派的影响，马克思和共产主义者同盟的另一些领导人改组了德国流亡者救济委员会，把它改名为社会民主主义德国流亡者救济委员会，亦称社会民主主义流亡者委员会。在马克思署名的该委员会报告中说："我们再次请求在德国国内的党给予一些经济上的帮助"①，"我们再次号召德国社会民主党不要使流亡者处于困境之中，尽可能快些把自己的捐款寄给伦敦索荷广场英王街 21 号卡·普芬德会计。"② 这里所说的"德国国内的党"、"德国社会民主党"，很显然，指的就是共产主义者同盟。因为共产主义者同盟是一个秘密的非法的地下组织，当它需要一个合法名称的时候，就采用了社会民主党的名字。后来弗兰茨·梅林的《德国社会民主党史》也把共产主义者同盟看作是最早的德国社会民主党组织。③

尽管马克思恩格斯出于策略考虑，曾经自称社会民主党人或社会民主主义者，但当时德国多数自称为社会民主党人的主要是共和派的小资产者，二者只是名称的相同，含义却有很大差别。马克思恩格斯在 1850 年 3 月合写的《中央委员会告共产主义者同盟书》中，详述了共和派小资产者社会民主主义者的主张以及与马克思恩格斯思想的主要区别。他们写道："共和派小资产者，他们的理想是建立一个瑞士式的德意志联邦共和国，他们现在由于好心好意地想消除大资本对小资本的压迫、大资产者对小资产者的压迫而自称为红色党人和社会民主党人。这一派的代表是历次民主大会和民主委员会的成员，民主协会的领导者和民主报纸的编辑。"④ 他们认为："民主派小资产者根本不愿为革命无产者的利益而变革整个社会，他们要求改变社会状况，是想使现存社会尽可能让他们感到日子好过而舒服。"⑤ "至于工

---

① 《马克思恩格斯全集》第 7 卷，人民出版社 1959 年版，第 604 页。
② 同上书，第 609 页。
③ 张世鹏：《社会民主党与社会民主主义起源探究》，《科学社会主义》2008 年第 3 期，第 137 页。
④ 《马克思恩格斯选集》第 1 卷，人民出版社 1995 年版，第 366 页。
⑤ 同上书，第 367 页。

人，那么首先毫无疑问的是，他们还应当照旧做雇佣工人，不过这班民主派小资产者想让工人的工资多一点，生活有保障一点；他们希望通过国家部分地解决就业问题，并通过各种慈善救济的措施来达到这点，——总之，他们希望用多少是经过掩饰的施舍来笼络工人，用暂时使工人生活大体过得去的方法来摧毁工人的革命力量。"① 马克思列举小资产阶级民主派的要求不过是：彻底铲除封建制度，建立立宪或共和政体，实行地方民主自治，把主要税收负担转嫁到大土地占有者和资产者肩上，消除大资本对小资本的压迫，设立国家信用机关，颁布取缔高利贷法令，等等。但是这些要求无论如何也不能使无产阶级的党，即马克思恩格斯领导的共产主义者同盟感到满足，"民主派小资产者只不过希望实现了上述要求便赶快结束革命，而我们的利益和我们的任务却是要不间断地进行革命，直到把一切大大小小的有产阶级的统治全部消灭，直到无产阶级夺得国家政权，直到无产者的联合不仅在一个国家内，而且在世界一切举足轻重的国家内部都发展到使这些国家的无产者之间的竞争停止，至少是发展到使那些有决定意义的生产力集中到了无产者手中。对我们说来，问题不在于改变私有制，而只在于消灭私有制，不在于掩盖阶级对立，而在于消灭阶级，不在于改良现存社会，而在于建立新社会"②。小资产阶级民主派虽然自称为"红色党人"和"社会民主党人"，但是"改变这个党的名称，丝毫也改变不了它对工人的态度；改变名称只不过是证明这个党现在不得不反对同专制制度相勾结的资产阶级，而且不得不依靠无产阶级"③。

在 1848 年前后，资产阶级民主派、小资产阶级民主派、无产阶级群众组织，甚至共产主义者同盟这个革命先锋组织都曾经自称社会民主主义者，或者社会民主党人，不同的政治派别又对社会民主主义这个概念作出了内涵不同的种种释义，所以，马克思恩格斯更愿意把自己称作是共产主义者，而不是社会民主主义者。

---

① 《马克思恩格斯选集》第 1 卷，人民出版社 1995 年版，第 368 页。
② 同上。
③ 同上书，第 367 页。

  1848 年欧洲革命失败以后，欧洲工人运动暂时转入低潮，但革命所激发出来的社会民主主义要求和愿望，在广大人民群众中尤其在工人群众中是无法被消灭的。工人运动经过十多年的沉寂后，到 60 年代又重新高涨起来，并继承着社会民主主义的传统。在德国，拉萨尔的宣传鼓动唤醒了工人的阶级自觉；在法国，蒲鲁东主义者空前活跃；在意大利，马志尼的民主主义宣传赢得了广泛的支持；在英国，工联主义的影响日益深入人心。与此同时，欧洲各国相继成立了一批工人政党，它们大多取名为社会民主党或社会民主工党，标志着社会民主主义运动取得了较大的进展。对此，恩格斯曾经不无激动地指出："社会民主主义的种籽在青年一代和工人居民中间已经在很多地方长出芽来了。"① 当然，这一时期参加社会民主党的，既有社会民主主义者，也有小资产阶级民主主义者，甚至还包括一些资产阶级自由主义分子，他们的政治立场和倾向很不一致，而且改良主义思想在其中还占了上风。鉴于这种情况，马克思和恩格斯在一段时间里拒绝承认自己是社会民主主义者，而自称共产主义者。关于这一点，恩格斯在 1894 年为重印他的《"人民国家报"国际问题论文集（1371—1875）》所写序言中，回顾他对社会民主主义者这一概念所采取的态度时，说得很明确："在所有这些文章里，尤其是在最后这篇文章里，我处处不把自己称做社会民主主义者，而称做共产主义者。这是因为当时在各个国家里那种根本不把全部生产资料转归社会所有的口号写在自己旗帜上的人自称社会民主主义者。在法国，社会民主主义者是指对工人阶级怀着或多或少持久的但总是捉摸不定的民主共和主义者，即 1848 年的赖德律—洛兰型的人物和 1874 年的带有蒲鲁东主义情绪的'激进社会主义者'。在德国，自称为社会民主主义者的是拉萨尔派；虽然他们中间的许多人已愈来愈深刻地意识到生产资料归社会公有的必要性，但是道地拉萨尔式的有国家资助的生产合作社仍然是他们纲领唯一被正式承认的东西。因此对马克思和我来说，用如此有伸缩性的名称来表示我们特有的观点是绝对不行的。"② 恩格斯

---

  ① 《马克思恩格斯全集》第 16 卷，人民出版社 1964 年版，第 242 页。
  ② 《马克思恩格斯全集》第 22 卷，人民出版社 1965 年版，第 489—490 页。

的这段话既说明了"社会民主主义"这个概念与"共产主义"概念之间存在着原则性的界线，同时也指明了在特定时期他们不再自称"社会民主主义者"的缘由。

（二）与科学社会主义近义的概念：19世纪晚期的社会民主党

从19世纪70年代末开始，情况发生了重要的变化，迎来了被列宁称之为"到处都在形成就其主要成分来说是无产阶级的社会主义政党"[①] 的新时期。这种变化是与工人运动的发展以及马克思主义的广泛传播分不开的。

19世纪最后30年，科学的发展和新兴技术的工业化应用，强有力地推动了资本主义世界经济的飞速发展。1870—1900年，世界工业总产值增长了2.2倍，其中钢产量猛增了55倍，石油产量增长了25倍，铁路线长度增长了近4倍，世界贸易总额从1870年到1913年增长了三倍多，[②] 重工业在整个工业中开始占主导地位，资本主义从"棉纺织时代"进入"钢铁时代"。在资本主义工业迅速发展的同时，资本主义生产方式也发生了变化，卡特尔、辛迪加、托拉斯等形式的垄断组织在德、美、英、法等国相继出现并得到发展，开始了从自由资本主义向垄断资本主义阶段的过渡。

随着资本主义在欧美各国的发展，工人阶级也在成长壮大。这主要表现在两个方面：一是工人人数猛增。美国产业工人在19世纪60年代末只有150万，19世纪末已达到750万；德国1882年有工人730万，到1895年达到1020万；19世纪末，英国有工人1430万，法国为380万，俄国近200万；在日本，1888年只有产业工人13.6万人，1899年增至142.6万人。[③] 在各主要资本主义国家中，工人阶级已成为人数最多的阶级。二是工人运动重新高涨。与五六十年代相比，19世纪最后30年工人运动的突出特点是：规模更大、范围更广、内容和形式更加丰富、参加的人数更多、斗争更激烈、成就更突

---

①　《列宁全集》第23卷，人民出版社1990年版，第3页。

②　吴家振：《世界近代史》，河南人民出版社1988年版，第315页。

③　吴于廑等：《世界史·近代史》下卷，高等教育出版社2011年版，第298页。

出。这一时期，工人阶级的斗争既有地方性、行业性的罢工，又有跨地区、跨行业的总罢工，既有经济斗争，又有政治斗争，有时甚至同反动军警发生流血冲突，工人运动已经越出西欧、北美的范围，扩展到东欧和世界其他地方。俄国、波兰、匈牙利、捷克、塞尔维亚等国的工人运动正在兴起，亚洲的日本和南部非洲也出现了早期的罢工斗争。在这些斗争中，德国工人运动复苏较早，成果较为显著，处于世界工人运动的最前列，而美、英、法、俄等国的工人运动声势也很大。各国工人运动蓬勃发展的直接经济成果是迫使资产阶级在一定程度上缩短了工人的工作时间，改善了工人的劳动条件，增加了工人的工资。在政治上，英、美、法等国工人得到组织工会的合法权利，美、法等国的男工和英国的部分男工获得了选举权。工人群众在斗争中进一步组织起来，成立了全行业、跨行业甚至是全国性的工会，如1889 年，欧美有 13 个国家建立了全国性的或地区性的行业工会，仅德国社会主义工会联合会就拥有近 24 万人，英国全国矿工联合会、美国劳联也是影响很大的工会组织。① 工会组织的建立，增加了工人运动的组织性和战斗性。

　　这一时期工人运动的发展，促进了马克思主义在欧美各国的广泛传播。八九十年代，《共产党宣言》用 12 种文字一再重版，马克思、恩格斯曾为英、德、意、俄、波等文本写了序言。为了普及马克思主义教育，1880 年恩格斯把《反杜林论》的一部分改写成独立的通俗著作，题为《社会主义从空想到科学的发展》。该书被译成 10 种文字，在欧美各国广为流传。同时，马克思还继续写作和修改《资本论》第二卷和第三卷。过度的劳累严重损害了马克思的健康，1883 年 3 月 14 日，他在工作椅上与世长辞了，马克思的遗体被安葬在伦敦海格特公墓。马克思的逝世对国际工人运动和社会主义运动有着不可估量的损失。恩格斯整理了马克思的手稿，1885 年和 1895 年将《资本论》第二卷和第三卷分别出版。1884 年恩格斯还出版了《家庭、私有制和国家的起源》，1886 年出版了《路德维希·费尔巴哈和

---

　　① 吴于廑等：《世界史·近代史》下卷，高等教育出版社 2011 年版，第 298—299页。

德国古典哲学的终结》。在马克思和恩格斯的帮助或影响下，各国还涌现了一批马克思主义的理论家和活动家，其中以德国的威廉·李卜克内西、倍倍尔、白拉克，法国的拉法格、赛拉叶、盖得，英国的艾威林夫妇以及美国的左尔格等最为著名。他们不仅热情宣传马克思主义，而且善于把马克思主义的普遍原理同本国具体实践相结合，探索、研究、解决新问题，写出了许多颇有见地的著作。如倍倍尔的《妇女与社会主义问题》、拉法格的《工人政党和资本主义国家》以及《议会主义和布朗基主义》等都产生了较大的影响。其中，倍倍尔的《妇女与社会主义问题》仅在德国就印行了几十版，并被译为英、俄、意、日、中等各种文字，流传很广。除此之外，各国的工人报刊也登载了不少介绍马克思、恩格斯著作的文章，发表了大量马克思和恩格斯著作的摘要。这些工人报刊在启发、教育工人以及传播马克思主义方面发挥了积极的作用。有些社会主义的理论家和活动家，例如德国的考茨基、法国的盖得和俄国的普列汉诺夫，后来虽然变成了机会主义者，但是在当时宣传马克思主义方面也作出了较大的贡献。其中考茨基的《马克思的经济学说》、盖得的《共和国与罢工》和《集体主义与革命》、普列汉诺夫的《社会主义与政治斗争》和《我们的意见分歧》都受到各国工人群众的欢迎。经过 19 世纪的最后 30 年，"马克思主义已经绝对地战胜了工人运动中的其他一切思想体系"，[①] 逐渐在欧美许多国家的工人运动中取得了主导地位。

工人运动的蓬勃发展和马克思主义的广泛传播，为在欧美各国建立一批社会主义政党创造了条件。1871 年，恩格斯在总结德国无产阶级革命斗争经验时第一次明确指出：要使工人运动摆脱旧政党的支配而独立发展，"最好的办法就是在每一个国家里建立一个无产阶级的政党"。[②] 同年，马克思和恩格斯在总结巴黎公社失败教训的基础上，正式提出了在欧美各国建立独立工人政党的任务。第一国际伦敦代表会议通过的决议中明确指出："工人阶级在它反对有产阶级联合权力的斗争中，只有组织成为与有产阶级建立的一切旧政党对立的独

---

① 《列宁选集》第 2 卷，人民出版社 1995 年版，第 2 页。
② 《马克思恩格斯全集》第 17 卷，人民出版社 1963 年版，第 304 页。

立政党，才能作为一个阶级来行动；工人阶级这样组织成为政党是必要的，为的是要保证社会革命获得胜利和实现这一革命的最终目标——消灭阶级。"① 于是，从 70 年代到 90 年代，在马克思和恩格斯的关怀和帮助下，欧美一批社会主义政党和组织如雨后春笋般地建立起来。

事实上，早在第一国际存在的最后几年，一些国家里就出现了独立的工人政党。1863 年，拉萨尔创建了全德工人联合会，这个组织虽然是以拉萨尔主义为指导思想的，但是它为在德国建立社会民主党迈出了重要一步。1869 年 9 月由奥·倍倍尔和威·李卜克内西等人领导创立的德国社会民主工人党（爱森纳赫派），是第一个在民族国家范围内成立的以科学社会主义为指导思想的独立的工人阶级政党。社会民主工人党成立大会通过的党的纲领即爱森纳赫纲领共有三条。第一条规定党的目标是"企求建立自由人民国家"。第二条规定了每个党员必须遵循的原则，其中第二款、第三款和第六款几乎逐字逐句地照搬第一国际章程的条文。它宣布党"为了废除一切阶级统治"而斗争，要"废除现存生产方式（雇佣制度）"，强调"政治自由是各劳动阶级经济解放的不可缺少的前提条件"；考虑到工人阶级的解放既不是一个地区任务，也不是一个民族任务，而是一个具有国际性质的任务，它宣布"社会民主工人党把自己看做是国际工人协会的分支组织，并加入它的斗争"。第三条主要提出了 10 项最近要求。② 爱森纳赫派是在反对拉萨尔主义的斗争中形成的，它的纲领虽然还没有完全克服拉萨尔主义和庸俗民主主义的影响，但基本上是立足于科学社会主义的基础之上的。正因为如此，马克思和恩格斯曾把德国社会民主工人党称为"我们的党"。1875 年 5 月 22—27 日，德国社会民主工人党（爱森纳赫派）和全德工人联合会（拉萨尔派）在哥达代表大会上实行合并，成立了统一的德国社会主义工人党，并通过了新的纲领，即哥达纲领。新的纲领对拉萨尔主义作了重大让步，与 1869 年爱森纳赫纲领比较，是一个倒退。马克思曾写了《对德国工

---

① 《马克思恩格斯全集》第 17 卷，人民出版社 1963 年版，第 455 页。
② 张世鹏：《德国社会民主党纲领汇编》，北京大学出版社 2005 年版，第 8—12 页。

人党纲领的几点意见》（即《哥达纲领批判》），对纲领草案提出了尖锐批评。在哥达纲领中，除了拉萨尔主义的词句和庸俗民主主义的要求外，还包含有一些表达不够准确的马克思主义的基本观点。就当时人们的看法而言，无论敌人还是朋友、资产阶级还是工人阶级都对这个纲领作了共产主义的解释，因此，马克思和恩格斯没有在报刊上公开批评这个纲领，而是对它保持沉默。从实践上看，统一的德国社会主义工人党的建立，推动了工人运动的发展，提高了党在国家政治生活中的地位和党在群众中的威信。这种状况招致了执政当局的忌恨，俾斯麦政府在 1878 年颁布了反社会党人非常法，对它进行残酷镇压。此后，党积极展开反"非常法"的斗争，将合法斗争与非法斗争有机结合起来，党在议会斗争中取得巨大成就。1890 年议会大选中，社会民主党成为议会大党之一，取得反"非常法"的胜利。1891 年，重新获得合法地位的德国社会主义工人党在爱尔福特召开党代表大会。这次大会作出了两个对该党具有深远意义的决议：一是将党的名称更改为"德国社会民主党"。从此，这个名称就沿用下来，直至今日。二是通过了由考茨基和伯恩斯坦起草的爱尔福特纲领。爱尔福特纲领是科学社会主义基本原理与德国具体实践相结合的产物，得到过恩格斯的高度评价，是国际工人运动史上一个有代表性的纲领，也是当时第二国际各党制定纲领时的重要参照。

　　1879 年 10 月，法国先进工人在马克思主义者茹尔·盖德和保尔·拉法格的领导下，在马赛召开的第三次全国工人代表大会上正式建立了法国社会主义工人党联会会（简称法国工人党）。马克思对法国工人党的创立十分满意，他说："法国真正的工人党的第一个组织是从马赛代表大会开始建立的。"① 该党是继德国社会主义工人党之后，国际共产主义运动史上出现的第二大社会主义政党。1880 年 11 月 16—22 日，法国工人党在哈佛尔举行第二次代表大会，大会通过了法国无产阶级的第一个马克思主义纲领——《哈佛尔纲领》。这个纲领是法国工人党领导人盖得和拉法格在马克思和恩格斯的帮助下起草的。纲领分为导言和最低纲领两个部分。理论性导言部分是马克思口

---

① 《马克思恩格斯全集》第 35 卷，人民出版社 1971 年版，第 111 页。

授的。它依据科学共产主义的基本原理，确定了无产阶级的奋斗目标是实现生产资料的公有制；指明了实现这一目标的具体途径是建立独立的无产阶级政党，开展积极的革命活动，夺取政权，剥夺资本家阶级。为此，导言强调必须使用无产阶级所拥有的一切手段，包括"由向来是欺骗的工具变为解放工具的普选权"。[①] 这个纲领的最低纲领分别从政治和经济两方面提出了一系列当前必须实行的民主改革要求。但是此后不久，法国工人党发生分裂，以保尔·布鲁斯和贝努瓦·马隆为代表的改良主义派反对《哈佛尔纲领》的基本原则。布鲁斯发表了《再论社会主义的团结》一文，要求工人党放弃革命的最终目标，只致力于争取当前可能实现的某些局部改良。由此布鲁斯和马隆等人被称作"可能派"。1882 年 9 月，法国工人党在圣亚田代表大会上发生分裂，可能派放弃了《哈佛尔纲领》，单独组成"革命社会主义工人党"，又称"社会主义工人联合会"。盖德派则单独在罗昂召开了代表大会，确认《哈佛尔纲领》是全党必须遵守的统一的纲领，并对它作了若干补充。大会决定的正式名称是法国工人党。从此，盖得派和可能派在组织上彻底决裂了。马克思和恩格斯认为，盖得派和可能派之间的争论完全是原则性的："是应当把斗争作为无产阶级对资产阶级的阶级斗争来进行呢，还是应当像机会主义者（翻译成社会主义者的语言就是：可能派）那样，只要能获得更多的选票和更多的'支持者'，就可以把运动的阶级性和纲领都丢开不管？马隆和布鲁斯赞成后一种做法，从而牺牲了运动的无产阶级的阶级性，并且使分裂成为不可避免的事。"[②]

英国社会主义团体在 19 世纪 80 年代逐渐发展起来，在这一过程中，产生出一种渐进主义思潮。其特点是否认政治斗争和暴力革命，主张通过合法的改良主义的经济斗争，渐进式地进入社会主义。1881 年社会主义者海德门领导成立了民主联盟（1884 年 8 月改称社会民主联盟）。他主张社会主义公有制，反对工人革命，认为经济危机可以导致资本主义自动瓦解。他提出实现社会主义的任务将不是

---

① 《马克思恩格斯全集》第 19 卷，人民出版社 1963 年版，第 264 页。
② 《马克思恩格斯全集》第 35 卷，人民出版社 1971 年版，第 380 页。

由工人阶级，而是由保守党去完成，因为保守党提出的改革计划不会受到自由党的阻挠，容易实现。1884 年青年知识分子萧伯纳（又译为肖伯纳）、韦伯夫妇等人发起成立了"费边社"。① 他们宣扬渐进的费边主义，认为巴黎公社式的革命不适合英国国情，主张利用民主的议会选举，通过渗透、改良等方法渐进过渡到社会主义。出于对工人阶级的轻视，早期的费边社并未试图把自己的社会主义与工会运动联系起来，相反，他们对把自己的理论"渗透"进自由党或保守党倒是表现出了浓厚的兴趣。

19 世纪 80 年代，瑞典的工人运动日趋高涨。瑞典工人运动的先驱阿古斯特·帕尔梅在德国和丹麦参加工人运动并接触了马克思主义之后于 1881 年回到祖国，在工人群众中传播马克思主义，积极筹建社会主义政党。1884 年，瑞典第一个社会主义俱乐部在斯德哥尔摩成立，第一份马克思主义报纸《社会民主主义者》创刊，从而扩大了社会主义者的影响，社会主义俱乐部和工会组织纷纷出现。在这一基础上，1889 年 4 月 19—22 日，16 个社会主义俱乐部和 54 个工会的代表在斯德哥尔摩举行会议，宣布成立瑞典社会民主工人党。会议通过的纲领明确宣布信奉科学社会主义，目标是实现生产资料社会化和没有阶级的社会。瑞典社会民主工人党从一开始就具有良好的组织和理论基础。

这一时期建立的其他社会主义政党和团体还有：葡萄牙社会党（1875）、美国社会劳工党（1876）、丹麦社会民主同盟（1878）、捷克斯洛伐克社会民主党（1878）、比利时社会党（1879）、西班牙社会主义工人党（1879）、匈牙利全国工人党（1880）、荷兰社会民主同盟（1882）、俄国劳动解放社（1883）、挪威工人党（1887）、奥地利社会民主工党（1888）、瑞士社会民主工党（1889）等。

这一时期在欧美各国所建立的各社会主义政党和团体，由于各自所在国家国情不同，因而在建立和发展过程中表现出诸多差异。但它们也有一些共同的特点：第一，这些党大都是无产阶级的政党，它们都是在工人运动广泛开展的基础上建立和活动的，大都代表着无产阶

---

① 费边是古代罗马将军，以善用缓进待机战术而著称。

级的阶级利益；第二，大多数党的纲领基本上以马克思主义为理论基础，其指导思想原则上承认无产阶级夺取政权、实现社会主义的基本目标，但由于不同程度上受非科学社会主义思想的影响和干扰，不少社会主义政党在无产阶级夺取政权的道路和无产阶级专政等问题上的认识显得比较模糊；第三，这些党大都采用了社会民主党、社会党或工人党的称号。1890 年 10 月 24 日，奥·倍倍尔在写给恩格斯的信中，谈到了党的名称问题，他说："选用这个名称是因为它合乎我们这里的习惯叫法。所有的报刊和整个敌人营垒都把我们称为社会民主党和社会民主党人。我们也得自称社会民主党，所以就很自然地采用了这个最简短精确的名称。我本人也是提议采用这个名称的人之一。"① 对此，恩格斯虽然仍认为这个名称不科学，但从实际出发，也还是接受了这一名称，并在自己的著作中以社会民主党一员的身份论述问题。1893 年，恩格斯重返德国访问时，在柏林群众欢迎大会上，高呼"国际社会民主党万岁！"口号。② 1894 年，恩格斯明确阐述了对"社会民主主义"这一概念的看法。他说："现在情况不同了，这个词也许可以过得去，虽然对于经济纲领不单纯是一般社会主义的而直接是共产主义的党来说，对于政治上的最终目的是消除整个国家因而也消除民主的党来说，这个词还是不确切的。然而，对真正的政党来说，名称总是不完全符合的；党在发展，名称却不变。"③ 同时，恩格斯特别强调："'共产主义'一词我认为当前不宜普遍使用，最好留到必须更确切的表达时才用它。即使到那时也需要加以注释，因为实际上它已三十年不曾使用了。"④

总之，经过 19 世纪 60 年代末以后几十年的发展，到 19 世纪末，不论就单个国家来说，还是就世界范围内而言，社会民主主义就是指马克思主义，社会民主党就是指在马克思主义思想基础上建立的工人阶级社会主义政党。

---

① 《恩格斯和倍倍尔通信集》，人民出版社 1985 年版，第 470 页。
② 《马克思恩格斯全集》第 22 卷，人民出版社 1965 年版，第 485 页。
③ 同上书，第 490 页。
④ 《马克思恩格斯全集》第 39 卷，人民出版社 1974 年版，第 203 页。

二 社会民主党的分化

19 世纪末到 20 世纪初，由于电力的使用和从自由竞争向垄断的发展，西欧资本主义社会生产力获得了巨大的发展。与此同时，工人阶级的人数也急剧增长。英国产业工人的人数从 1881 年的 570 万增加到 1911 年的 860 万；德国工业生产中劳动者所占的百分比，从 1895 年 41％上升到 1907 年 43％，工人人数从 590 万增加到 860 万；法国工人阶级的人数从 19 世纪末的 300 万，增加到第一次世界大战前夕的 500 万。① 工人阶级的组织性也逐步得到加强。在 19 世纪七八十年代，工会、合作社等迅速发展。在法国，工会数目从 1884 年的 68 个增长到 1890 年的 1006 个，工会会员接近 14 万；在德国，1890 年工会总委员会会员达 23.7 万；在英国，工联成员的人数从 1881 年的 463899 人增加到 1889 年 885055 人，到 1890 年达到 1470191 人。②

工人阶级力量的显著增强，迫使统治阶级不得不改变统治策略，从过去以暴力镇压为主转为以和平怀柔手段为主。一是废弃了 "反社会党人法"；二是在政治领域开始实行普选，到 1900 年前后，西欧各国男子基本上都获得了这项权利；③ 三是在社会领域推行福利国家政策，随着 1883 年德国《工人疾病保险法》的通过，包括事故保险、健康保险、养老金和失业救济在内的福利制度在西欧普遍开始建立起来。④

与此同时，工人阶级合法斗争也取得显著成效。社会民主党依靠普选赢得的选票直线上升。1900 年前德国、丹麦等党的得票已接近 20％。到一战结束时的 1918 年，除英国、荷兰、法国等党得票没有

---

① ［法］米歇尔·博德：《资本主义史（1500—1980）》，吴艾美等译，东方出版社 1986 年版，第 160—161 页。
② 殷叙彝等：《第二国际研究》，中央编译出版社 1998 年版，第 4 页。
③ ［德］托玛斯·迈尔：《社会民主主义的转型：走向 21 世纪的社会民主党》，殷叙彝译，北京大学出版社 2001 年版，第 12—13 页。
④ 同上书，第 35—36 页。

超过 20% 外，其他各国党得票率都在 20% 以上，芬兰甚至高达 47.3%。①

统治阶级统治策略的改变，工人阶级生活水平的提高，合法斗争取得的成果，使各国社会民主党和工会的领导机构中，迷恋合法斗争、幻想在资本主义制度下通过改良逐步实现社会主义的思想倾向很快抬头。1895 年恩格斯的去世，又使社会民主主义运动在何去何从的关键时刻失去了自己的掌舵人。这些因素加速了社会民主主义思想的分化并最终走向组织上的分裂。

（一）社会民主主义思想的蜕变

19 世纪 90 年代初，德国的一些经济学家根据资本主义在 19 世纪中后期的新变化和新发展，开始对德国社会民主党坚持的马克思经济理论提出质疑，认为马克思对资本主义经济制度的批判是错误的，因为资本主义发展的结果并没有加剧无产阶级贫困化，也没有激化资本和雇佣劳动之间的阶级对立和阶级斗争。②

作为德国社会民主党理论家之一，伯恩施坦在考茨基主编的《新时代》杂志上，虽然对这些经济学家的某些观点作了反驳，但是，对这些经济学家在著作中所谓的一些根据新的经济统计资料作出的"经过认真检验"的观点，伯恩施坦不愿作出正面回答。他承认，对这些观点，"我宁可避而不谈，而不愿求助于辩证法的技巧宣布它们没有根据。尽管我内心竭力抗拒，我仍旧对我一直认为无可反驳的一些原则发生了怀疑，而紧接的几年带来了进一步加剧这种怀疑的因素"③。

在"怀疑的因素"的支配下，从 1896 年到 1898 年，伯恩施坦在《新时代》上以"社会主义问题"为总标题发表了一系列文章，对马

---

① ［德］托玛斯·迈尔：《社会民主主义的转型：走向 21 世纪的社会民主党》，殷叙彝译，北京大学出版社 2001 年版，第 12—13 页。

② 刘佩弦等：《第二国际若干人物的思想研究》，中国人民大学出版社 1994 年版，第 68 页。

③ ［德］爱德华·伯恩施坦：《伯恩施坦文选》，殷叙彝编，人民出版社 2008 年版，第 501 页。

克思主义公开提出全面的修正。这些文章的中心论点就是抛弃马克思主义关于资本主义必然灭亡、无产阶级通过社会革命夺取社会主义胜利的基本原理。他在谈到写作这一组文章的动机时指出："我感到有必要向我的德国党员同志们说明，他们最好在决定政策时完全抛开关于即将到来的大灾变的想法，并且在演说中避免使用以这一想法为来源的词句。"并"打算在这些文章中论证这一点并且阐发由此得出的关于运动进程的推论"①。伯恩施坦关于"社会主义问题"的观点遭到德国社会民主党内大多数领袖人物的批评，但他坚持己见，认为没有必要"放弃这一信念的任何主要方面"。②

1899 年 1 月，伯恩施坦又发表了《社会主义的前提和社会民主党的任务》一书。在书的序中，伯恩施坦声明："本书在许多要点上违背了马克思和恩格斯的理论所主张的见解。"③ 该书分为四章，伯恩施坦在书中综合了先前散落在"社会主义问题"系列文章中的观点，对其修正主义理论作了系统论述，认为马克思关于资本主义经济发展的历史必然趋势理论、阶级斗争学说、价值理论、剩余价值理论等都是不正确的，认为党的基本政策应该是"力图通过民主改良和经济改良的手段来实现社会的社会主义改造"。④

伯恩施坦修正主义的出现，立即在德国社会民主党内和第二国际内部引起了极大的震动。革命派和改良派的反应泾渭分明：改良派紧随伯恩施坦之后，一起攻击所谓"教条式的"马克思主义；革命派则强烈反对伯恩施坦的修正主义。马克思主义者反对伯恩施坦的斗争是一场国际性的斗争，但首先是从德国社会民主党内开始的。斗争主要通过两种方式展开：一是在报刊上发表文章和著作；二是在党的代表大会上进行辩论。德国社会民主党在短短的六年时间里连续召开过四次代表大会辩论伯恩施坦修正主义问题。

在反对伯恩施坦修正主义的斗争中，德国革命马克思主义者表现

---

① ［德］爱德华·伯恩施坦：《伯恩施坦文选》，殷叙彝编，人民出版社 2008 年版，第 505 页。
② 同上书，第 100 页。
③ 同上书，第 106 页。
④ 同上书，第 312 页。

出了对革命事业的坚定与忠诚，同伯恩施坦修正主义展开了多次激烈的原则性争论，并且在党的汉诺威、卢卑克和德累斯顿三次代表大会上都以压倒多数票通过了关于维护党的原则、纲领和策略，谴责伯恩施坦修正主义的决议。但是正如中国学者张光明指出的那样：在同伯恩施坦的争论中，正统马克思主义者的观点中缺少了"对资本主义经济和社会新变化的足够理解"，也没有将党的当前工作同党的社会革命目标有机地结成一体，"甚至还没有意识到在新的条件下问题的复杂性"，从而使他们落入教条主义之中，"而教条主义是不能战胜修正主义的"。因此，"第二国际时期日益弥漫于西欧的改良主义，是一种自下而上的过程，由实践行动而心理变化，由'存在'而'观念'的过程，其现实基础在于新的历史运动超出了理论预测以致使本应与革命相联系的合法斗争出乎意料地与拒斥革命的改良主义联系起来了"。①

就在伯恩施坦主义出台后不久，1899年6月，法国独立社会主义联盟领导人米勒兰在未经党组织同意的情况下参加了共和党人瓦尔德—卢梭内阁，担任工商部长。这就是著名的"米勒兰入阁事件"，它冲出了理论争论的范畴，成为实践中的"修正主义"。米勒兰入阁在法国社会主义运动内部立即引起了强烈的反响。以饶勒斯为首的一派，包括"可能派"，还有独立社会主义联盟的领导人维维安尼、白里安等人，他们称赞米勒兰入阁是"一个伟大的历史事件"，极力为米勒兰入阁辩护；以盖德、瓦扬为首的另一派社会主义者，反对米勒兰入阁，谴责米勒兰入阁是背叛行为。"入阁派"和"反入阁派"针锋相对，争论激烈。为集体讨论这一问题，在可能派的倡议下，1899年12月3—8日，法国各社会主义组织在巴黎召开了第一次全国代表大会。在这次大会上，以饶勒斯为首的"入阁派"和以盖得、瓦扬为首的"反入阁派"围绕米勒兰入阁问题，展开了激烈的、针锋相对的争论，大会最后形成两项决议。第一项决议由盖德提出并以818

---

①　张光明：《布尔什维克主义与社会民主主义的历史分野》，中央编译出版社1999年版，第34、46—47页。

票对 634 票通过。① 该决议指出，阶级斗争不能允许一个社会党人参加资产阶级政府。以 1140 票对 240 票通过的第二项决议认为，在目前条件下，法国党应该"集中全部力量去夺取市镇、各省和全国选举产生的职位"，同时提出，在可能出现的特殊情况下，"那时党必须研究一个社会党人参加资产阶级政府的问题"。② 此后，法国各社会主义组织又分别于 1900 年 9 月和 1901 年 5 月召开了两次代表大会，大会没有消除矛盾，分歧进一步加深。1902 年 3 月，社会主义工人联合会（可能派）、工人社会革命党（阿列曼派）和革命社会主义联合会（饶勒斯派）等入阁派组成法国社会党，主要领导人是饶勒斯。半年以后，法国工人党（盖德派）、革命社会主义党（工团派）、革命共产主义同盟（布朗基派）等反入阁派正式成立法兰西社会党，主要领导人是盖德和瓦扬。法国社会党和法兰西社会党虽然在 1905 年 4 月联合为法国社会党，通称统一社会党，使法国社会主义运动第一次实现了组织上的统一，但内部的分歧和斗争并未因此停止。

围绕米勒兰入阁所引起的争论和分歧，不仅影响了法国的社会主义运动，也引起了其他各社会主义政党的关注，第二国际内部很快也展开了激烈的争论。1900 年 9 月在巴黎召开的第二国际代表大会，专门花了两天时间讨论米勒兰入阁问题。这次会议讨论的内容已不单纯是米勒兰入阁问题，而是扩大到各国社会主义政党和工人团体在当时形势下所实行的策略问题了。会上形成了左、中、右三派观点。以盖德、瓦扬等人为代表的左派坚决反对社会党人参加资产阶级政府，并要求严厉制裁米勒兰。以饶勒斯、安塞尔等人为代表的右派，极力为米勒兰入阁辩护，把参加资产阶级政府当作"政治上剥夺资产阶级的开始"。以考茨基、王德威尔德为代表的中派则采取妥协的态度，企图在左派和右派之间进行调和。大会提出了两个不同的决议案。一个是由考茨基提出、经普列汉诺夫补充的决议草案。该议案认

---

① 这里的票数是按代表证书数，而不是按实到代表人数计算的。
② 中央编译局：《米勒兰事件》，生活·读书·新知三联书店 1980 年版，第 1—2、4—5、14 页。

为："在政府实行集权制的国家里，政权不可能一部分一部分地夺取的。个别社会党人参加资产阶级政府，不能认为是夺取政权的正常开端，而只能认为是迫不得已采取的暂时性的特殊手段。"如果在某种情况下，"政治形势要求作出冒险，那么，这是一个策略问题，而不是原则问题"，第二国际代表大会不应对此发表意见。另一个由费里、盖得等人提出的议案指出："在资产阶级制度下，要夺取社会权力，只有占据议席"，但是，"必须禁止任何社会党人参加资产阶级政府。社会党人对资产阶级政府应当始终保持不屈不挠的反对立场。"① 最后大会以29票对9票通过了考茨基决议案。考茨基的决议具有模棱两可、调和折中的特点，被人形象地称之为"橡皮性决议"。巴黎代表大会之所以会通过这样一个决议，与当时第二国际的主要人物及其多数代表的指导思想有关系。他们担忧继德国的伯恩施坦问题之后的法国米勒兰事件的争论，会加深法国社会主义运动的分裂，进而影响国际社会主义运动的团结和统一。而且他们也没有把米勒兰事件的争论看成是原则性的根本对立，只是当作策略或细节问题上的意见分歧。同时，他们认为，依据不干涉各党的内部事务的原则，第二国际的任务不是否定或肯定某个派别，而是以宽容、谅解、调和的态度，求得各党的团结和统一。

从第五次代表大会开始，第二国际逐步进入了改良主义占主导地位的时期。在革命的理想与改良的实践的取舍上，各国社会党大都选择了后者。最后的结果是远大的目标服从现实的需要，渐进的改良替代了彻底的革命。这样，社会民主主义就蜕变成改良主义的代名词，而与科学社会主义越走越远。

（二）社会民主主义运动组织的分化

1914年8月，第一次世界大战爆发。在如何认识和对待战争的问题上，第二国际22个国家的27个社会民主党，除列宁领导的布尔什维克党和塞尔维亚社会民主党、保加利亚社会民主党外，都"令

---

① 中央编译局：《米勒兰事件》，生活·读书·新知三联书店1980年版，第44、61页。

人触目惊心地背叛了自己的信念，背叛了自己在斯图加特国际代表大会和巴塞尔国际代表大会上的演说、决议等等中所作的最庄严的声明"，① 公开或隐蔽地支持本国资产阶级进行帝国主义战争，堕落为社会沙文主义者。

第一次世界大战期间和战后初期，社会主义运动经过不断分化和改组，逐渐在组织形式和理论体系两个方面形成两大政治派别，即共产主义政党和社会民主党，各国共产党人抛弃了"社会民主主义"和"社会民主党"的提法，而社会民主党人却越来越多地使用"民主社会主义"这一概念来归纳、概括自己的社会主义运动和理论体系。

为了与旧的社会民主主义划清界限，列宁提出了更改党的名称的建议。俄国社会民主工党成立于 1898 年，在 1903 年召开的第二次代表大会期间，出现了以列宁为首的布尔什维克派和以马尔多夫为首的孟什维克派。这两个派别在组织原则和政治思想上都存在着严重的分歧。由于这两个派别的存在，俄国社会民主工党名义上是统一的政党，实际上两派都有各自的纲领路线，并进行独立的活动。1912 年 1 月 5—17 日，在布拉格召开的俄国社会民主工党第六次代表会议决定将孟什维克开除出党后，布尔什维克结束了形式上与孟什维克统一的局面，正式成为独立的马克思主义政党，称为俄国社会民主工党（布）。独立的布尔什维克党的成立，标志着俄国新型无产阶级政党的正式形成和成熟。布拉格会议选出了以列宁为首的中央委员会，俄国革命有了一个坚强的领导核心。1917 年俄国二月革命后，俄国国内形成了新的政治条件。为使俄国革命深入发展，列宁 1917 年 4 月发表了《无产阶级在我国革命中的任务》的讲话，即著名的《四月提纲》。在这个讲话中，列宁提出了把社会民主党的名称更改为共产党的建议。在列宁看来，第一，"'社会民主党'这个名称在科学上是不正确的"，因为"人类从资本主义只能直接过渡到社会主义，即过渡到生产资料公有和按每个人的劳动量分配产品。我们党看得更远些：社会主义必然会逐渐成长为共产主义"。第二，"我们党（社会

---

① 《列宁选集》第 2 卷，人民出版社 1995 年版，第 454 页。

民主党）的名称的后半部，在科学上也是不正确的"，因为"民主是一种国家形式"，而"马克思主义认为，为了向社会主义过渡，国家是必需的，但这种国家并不是指通常的资产阶级议会制民主共和国那样的国家，而是指 1871 年巴黎公社以及 1905 年和 1917 年工人代表苏维埃那样的国家"。第三，俄国的生活和革命，实际上已经创立了这种新的"已经不是原来意义的国家了"。因此，"民主这个词用于共产党，不仅仅在科学上不正确。这个词在目前，在 1917 年 3 月以后，已成为遮住革命人民眼睛的眼罩，妨碍他们自由、大胆、自动地建设新的东西——工农等等代表苏维埃，即'国家'的唯一政权，一切国家'消亡'的前驱"。第四，从当前世界社会主义运动的客观形势看，已背叛社会主义和国际主义的各国社会民主党的领袖还在打着社会民主主义的旗号欺骗无产阶级，如果继续"沿用这个同第二国际一样腐朽了的陈旧名称，就是鼓励这种欺骗，助长这种欺骗"。列宁建议："我们应该像马克思和恩格斯那样称自己为共产党。"[①] 十月革命胜利后，1918 年俄国社会民主工党（布）改称俄国共产党（布）。

十月革命的成功以及苏维埃政权的建立，遭到西欧许多社会民主党领袖和理论家的激烈反对。他们反对暴力革命以及在苏维埃俄国实行的无产阶级专政，社会民主主义与布尔什维主义的对立因此更加尖锐，世界社会主义运动的分化也进一步加深。在这种情况下，各国党内的左派逐步聚集到列宁的旗帜下，并于 1919 年 3 月在莫斯科建立了共产国际，史称"第三国际"。1920 年它的第二次代表大会决定，凡是愿意加入国际的党必须更改党的名称，称为共产党，并修改旧的社会民主主义纲领。会议还提出，必须使每一个劳动者都清楚地了解共产党和社会民主党的区别。

在共产国际创建的同时，一些社会民主党也开展了战后重建第二国际的工作。1919 年 2 月 3—10 日，国际社会党代表会议在瑞士伯尔尼召开，史称伯尔尼国际。大会在民主和专政问题上对布尔什维克大加指责。1920 年 7 月 31 日至 8 月 5 日，国际社会党代表大会在瑞

---

① 《列宁选集》第 3 卷，人民出版社 1995 年版，第 64—67 页。

士的日内瓦再度召开。大会经过讨论决定正式恢复大战爆发后一直处于分裂状态的第二国际。第二国际得到正式恢复。由于理论上存在重大分歧，这次大会不仅遭到了左派的抵制，也遇到来自部分中派的抵制。这次大会各国党右派就战争罪责、民主与专政、和平改良与暴力革命等问题统一了认识，形成与布尔什维主义对立的社会民主主义，从而在"莫斯科的共产主义制度和第二国际的民主制度之间划分了界线"，① 为国际在组织上的彻底分裂迈出了关键性的一步。

1921 年 2 月 22—27 日，各国党中派在维也纳召开了国际社会党代表会议，来自 13 个国家的 78 名代表出席了这次会议，社会党国际联合会正式成立，史称维也纳国际。这个由各国党中派组成的国际把实现运动的重新统一当成自己的首要任务。在它们的多方斡旋之下，1922 年 4 月三个国际的代表在柏林召开执委会会议。会议虽然通过了一个《联合宣言》，但由于三个国际尤其是共产国际和伯尔尼国际在几乎所有问题上的看法没有共同点，因此，该宣言事实上没有起到任何作用。

此后，由于共产国际和维也纳国际在重大原则问题上的分歧日渐加深，后者开始向伯尔尼国际靠拢。1923 年 5 月，伯尔尼国际和维也纳国际及其所属 40 多个党派的代表在汉堡召开合并大会，成立社会主义工人国际。大会通过了批评和反对俄国的决议，宣布自己推行的是与"专制的社会主义"相对立的"民主的社会主义"。以此次合并大会为标志，欧洲社会主义运动已经正式形成了两个中心，而此前一个中心、一种运动的时代不复存在，取而代之的是两种社会主义理论和两个运动之间的长期对立、竞争。就是从这个时候开始，社会民主主义具有了现在的明确的西欧地理界限。②

三　社会民主党的重新联合

随着德意法西斯在欧洲的胜利，社会民主运动遭到极大挫折。战

---

① ［奥］尤利乌斯·布劳恩塔尔：《国际史》第二卷，杨寿国等译，上海译文出版社 1986 年版，第 189 页。

② 刘成等：《欧洲社会民主主义的缘起与演进》，重庆出版社 2006 年版，第 51 页。

争爆发后，社会主义工人国际由于其总部所在地被法西斯占领而被迫停止活动。各国社会民主党，除英国、瑞士和瑞典外，大多数转入地下斗争，其领导人大多数逃亡到英国和瑞典避难。战争期间，他们就社会民主党重新联合问题进行了积极磋商。二战结束后，冷战风云骤起。面对复杂形势，社会民主党领导人历经艰难曲折，最终在1951年实现了重新联合。

（一）社会民主运动遭受重创

在两次世界大战期间，虽然社会民主党和共产党及其国际组织社会主义工人国际和共产国际之间进行过有限的交往与合作，但总的来讲，二者之间基本上处于对立和斗争状态。社会主义工人国际成立大会通过的章程明确规定："已参加社会主义国际的政党，不得参加任何其他国际政治组织。"这显然是针对共产国际而言的，表明它们试图根据社会主义工人国际的原则来"实现国际社会主义运动的完全统一"。① 它们还坚持拒绝共产国际及其下属组织关于建立统一战线和反对资本主义共同行动的建议，它们甚至把共产党说成是法西斯主义，将共产国际和共产党的主张视为"好战的社会主义"，是对西方民主制度的严重威胁，共产党人都是民主制度的敌人。共产国际也持类似的立场。就在社会主义工人国际成立伊始，共产国际执委会第三次扩大全会通过的《汉堡代表大会决议》写道："第二国际的领袖们则是无产阶级革命的反对者，他们在国际工人运动中各自代表着各个资本主义国家间相互矛盾的利益"，所以，"新出世的第二国际则是一个死胎婴儿。……这是共产国际在工人运动中最后一个敌手。"② 这种观点在1924年6月召开的共产国际第五次代表大会上更是以文件的形式固定下来。会议认为，欧洲国家的社会民主党普遍"转变为资产阶级的左翼"，"成了资产阶级的'第三'党"，甚至还"成

---

① ［苏］伊·布拉斯拉夫斯基：《第一国际第二国际历史资料（第二国际）》，中国人民大学编译室译，生活·读书·新知三联书店1964年版，第330页。

② ［匈］贝拉·库恩：《共产国际文件汇编》第一册，中国人民大学编译室译，生活·读书·新知三联书店1965年版，第520—521页。

了法西斯主义的一翼"。① 此外，斯大林对国际形势的错误认识，更加导致共产国际在"左倾"道路上越走越远，并且错误地在德国、法国、意大利等国共产党内进行"布尔什维克化"运动。这也就彻底破坏了工人阶级统一战线的政策。

共产国际与社会主义工人国际以及它们所属的各国党之间的尖锐对立，对当时的国际政治和国内政治产生了消极的影响。特别是对在20年代初即已出现的法西斯主义，不管是社会主义工人国际还是共产国际都产生了一种错误认识，并且低估了法西斯主义的势力。比如，意大利共产党领导人博尔迪加坚持认为，意大利共产党的主要敌人不是法西斯，而是社会党。因此，他不肯与其他工人党派联合起来共同对付法西斯。博尔迪加的观点得到了共产国际领导人季诺维也夫、托洛茨基等人的支持。季诺维也夫认为，意大利法西斯主义上台是社会党造成的。② 在德国，社会民主党则醉心于营造魏玛共和国的"经济民主"和"政治民主"，坚信依靠"有组织的资本主义"就能防范法西斯主义，因而在很长的时间里，德国社会民主党对希特勒的纳粹党是不屑一顾的，直到1929年才开始研究法西斯的性质、社会基础、在资本主义危机中的作用以及如何进行反法西斯主义斗争等问题。③ 然而，社会民主党与德国共产党这两个德国最大的工人阶级政党之间的关系却长期不睦，彼此相互斗争，无视日益壮大的法西斯主义。从1930年到1932年，社会民主党的海报将共产党与纳粹党相提并论，称之为"民主的敌人"，有的海报甚至把纳粹万字符"卍"与镰刀斧头五星旗放在一起，写上"谁投共产党的票，就是投纳粹党的票！"的标语。在共产党的眼里，社会民主党已从1914年的"叛徒社会党"变成了法西斯的盟友，变成了"法西斯社会党"。最典型的例子是1929年5月1日，德国共产党在柏林组织了有20多万名工

---

① ［匈］贝拉·库恩：《共产国际文件汇编》第一册，中国人民大学编译室译，生活·读书·新知三联书店1965年版，第15—16页。

② ［英］珍妮·德格拉斯：《共产国际文件》第一卷，北京编译社译，世界知识出版社1963年版，第573页。

③ 曹长盛：《两次世界大战之间的德国社会民主党》，北京大学出版社1988年版，第193页。

人参加的示威游行，但遭到了社会民主党人控制的警察的镇压，造成31 人死亡、100 余人受伤、1000 余人被捕的惨剧。[①] 德共认为，这一事件表明，社会民主党已经变成了社会法西斯主义，打击它是自己的首要任务。就在共产党和社会民主党争斗不休，不停地相互指责对方背叛了工人阶级的时候，真正法西斯的羽翼却逐渐丰满起来。在国会的选举中，1930 年 9 月的选举，纳粹党所得选票从 1928 年的 81 万张猛增到 640 万张，国会席位从 12 席猛增到 107 席，成为国会第二大党。纳粹党的党员人数，从 1929 年夏的 12 万人增加到 1930 年年底的 38 万人，其中年龄在 30 岁以下的占 38%。1933 年 7 月 31 日举行新国会选举，纳粹党获 1374 万张票（占总票数的 37.3%），230 个议席（占总席位的 37.8%），成为国会第一大党。[②] 1933 年 1 月 30 日，希特勒出任德国政府总理，德国法西斯主义正式攫取了政权。希特勒的上台，是由多种因素促成的，但德国两个最大的工人政党之间的争斗为希特勒上台创造了有利的客观条件。

随着德意法西斯在欧洲的胜利，社会民主运动遭到极大挫折。战争爆发后，除英国、瑞士和瑞典三国的社会民主党仍合法存在外，欧洲 33 个社会民主党都转入地下斗争。社会主义工人国际也由于其总部所在地的布鲁塞尔市于 1940 年被希特勒军队占领而停止活动。[③]

（二）战争期间社会民主党联合的尝试

第二次世界大战爆发后，西欧社会民主党有不少领导人流亡到了英国和瑞典，在伦敦和斯德哥尔摩形成了社会民主党的两个活动中心。

由于社会主义工人国际领导人多半流亡伦敦，加上战时英国的特殊地位和英国工党是西欧最大的社会民主党。由此，伦敦成为各国社会民主党的主要活动中心。从 1941 年起，前社会主义工人国际主席比利时的路易·德·布鲁凯尔、英国工党理论家哈罗德·拉斯基和奥

---

① ［法］里昂耐尔·理查尔：《魏玛共和国时期的德国（1919—1933）》，李末译，山东画报出版社 2005 年版，第 104—105 页。

② 朱庭光：《法西斯体制研究》，上海人民出版社 1995 年版，第 66、68 页。

③ 张契尼、潘琪昌：《当代西欧社会民主党》，东方出版社 1987 年版，第 8—9 页。

地利知名社会党人尤利乌斯·布劳恩塔尔在伦敦主编出版了《社会党国际论坛》（月刊），讨论社会民主党对和平的主张和今后建立国际等问题。除此之外，一些原社会主义工人国际的领导人还在伦敦成立了有各国社会民主党代表参加的咨询小组委员会，由原社会主义工人国际主席卡米尔·胡斯曼任主席。1942 年，由于咨询小组委员会成员之间互不信任，又改为建立仅有同盟国社会民主党代表参加的特别小组委员会，把德、奥、西、意等国社会民主党排除在外。对此，拉斯基、布鲁凯尔、布劳恩塔尔等人持反对意见。

　　1942 年在挪威工党人士的倡议下，在斯德哥尔摩成立了国际社会民主党人小组，人们通常称之为斯德哥尔摩小国际。成员主要有斯堪的纳维亚国家以及奥、波、匈、捷、法、德等国的六十名社会民主党人。小国际定期举行会议，讨论战后欧洲将面临的问题。1943 年"五一"节，小国际发表了《社会民主党人的和平目标》的纲领性文件，这是战时社会民主党人发表的唯一纲领性文件。它针对当时普遍存在的仇恨德国的情绪，强调"仇恨不是和平的稳固基础"，"战后的政策不能由报复情绪来左右"，"和平应建立在理性和明智判断的基础上"。[①] 斯德哥尔摩小国际曾呼吁英国工党倡议重建社会党国际，并建议为此成立一个包括所有流亡在伦敦的社会民主党代表在内的筹备委员会。小国际特别强调新建的社会民主党国际应打破欧洲的界限，成为一个尽可能广泛性的组织。

　　1944 年下半年，第二次世界大战的战火尚未停息，但最后结局已经显现：希特勒法西斯的倒台已经不可逆转。因此，战后社会民主党的联合问题开始引起关注。1944 年 9 月，英国工党全国执行委员会开始研究成立国际的问题。12 月，在英国工党第 43 次年会期间，英国工党邀请其他国家的社会民主党就这一问题交换意见。出席会议的有：工人国际法国支部、瑞典社会民主党、瑞士社会民主党以及流亡的挪威工党、波兰社会党、比利时社会党和意大利社会党。[②] 这次

---

　　①　李兴耕：《当代西欧社会党的理论与实践》，黑龙江人民出版社 1988 年版，第 68 页。

　　②　同上书，第 69 页。

讨论根据工人国际法国支部的建议，决定筹备一次国际社会民主党人的会议。

1945 年 3 月，在英国工党的积极推动下，在伦敦举行了由 13 个社会民主党代表参加的第二次世界大战以来的首次社会民主党国际会议。这次会议没有向跟盟国处于战争状态的国家——德国、奥地利、匈牙利——的社会主义政党发出邀请，而另一些政党的代表则由于战争期间交通不方便，未能出席。会议讨论的中心问题是德国的前途问题。代表会议关于德国问题的声明，反映了法西斯主义的恶行在全世界所激起的义愤。声明说，德国人民在希特勒统治时期"负有集体的罪责，其程度超过有史以来的任何一国人民"。① 声明赞成在联合国的监督下由四大国对德国进行军事占领，但反对把德国划分成几个国家。会上成立了一个常设筹备小组，拟订重建国际的计划，包括国际的理论原则、组织结构和主要职能，并准备召开更有代表性的会议进行讨论。

（三）战后社会民主党重新联合的努力

战争结束后，欧洲各国很快转入战后重建的轨道，各国社会民主党也以极大的热情和精力投入国内的政治活动和自身的组织重建工作。由于社会民主党人为取得反法西斯战争的胜利作出了重大贡献，尽管资产阶级政党竭力阻止，但在战后初期的选举中，社会民主党人还是取得了重要成果。到 1951 年初，社会民主党人在英国、挪威和瑞典获得单独执政的地位，而在几乎所有的其他欧洲国家，社会民主党都加入了本国政府，甚至成为主要执政党；在意大利和法国以及所有的东欧国家，社会民主党人同共产党人则在政府内合作共事。这种良好的外部环境为社会民主党人的重新联合提供了契机。

1946 年 5 月，在位于英国南部海滨的小城克拉克顿举行了战后第一次国际社会民主党代表会议，来自 19 个党的 60 名代表参加了这次会议。会议讨论的中心问题是重建社会民主党国际的问题。但在建

---

① ［奥］尤利乌斯·布劳恩塔尔：《国际史》第三卷，杨寿国等译，上海译文出版社 1992 年版，第 174 页。

成什么样的国际问题上，各党存在很大分歧。在代表会议上主张复苏国际的，只有法国、比利时、瑞士和奥地利四国社会主义政党。英国和斯堪的纳维亚国家的工人党对本国政府负有全部责任，它们反对重建国际，认为国际的决议可能损害它们的国内政策。但反对声音最强烈的主要来自东欧国家的社会民主党，这些政党在政府中与共产党合作共事，对它们来说，跟一个必然要落入西方党领导之下的国际组织正式联系在一起，是难以接受的。它们赞成建立一个包括社会民主党和共产党在内的工人国际。意大利社会党领袖南尼和比利时工人党活动家布鲁凯尔也持有这种看法。[①] 会议未能就国际的性质达成一致意见，只决定今后定期举行国际社会民主党会议，在内部交换对国际问题的看法，会议还决定在伦敦设立社会党通信联络局，其职能是向各党传送情况报告和为今后召开代表会议做技术性准备工作。英国工党国际书记处书记丹尼斯·希利兼管社会党通讯联络局的工作。同年11月，一些社会民主党的代表在英国伯恩默斯召开了战后第二次国际社会民主党代表会议，就重建社会民主党国际问题再次进行磋商。东欧社会民主党明确表示，由于它们都在本国政府中同共产党合作，因此成立只有社会民主党参加的国际组织，它们就不得不退出这一国际组织的会议。它们担心这样发展下去会导致东西方形成两个分裂的国际。另外，英国当时同东欧国家政府都有联系，并且英国工党认为保持同东欧国家社会民主党的关系有利于它同东欧国家政府打交道。为此，英国工党力图避免同东欧社会民主党破裂。[②] 由于存在上述分歧，伯恩默斯会议未能就重建社会民主党国际问题取得进展。1947年6月，在瑞士苏黎世举行的第三次国际社会民主党代表会议上又作出不正式重建国际的决定。

　　1946年之后，国际形势日趋紧张。反法西斯主义的斗争使美苏等国在第二次世界大战期间暂时地结成联盟。但是，不同社会制度和意识形态之间的矛盾和冲突并没有因此而消失，彼此的合作不仅以相

---

　　① ［奥］尤利乌斯·布劳恩塔尔：《国际史》第三卷，杨寿国等译，上海译文出版社1992年版，第178页。

　　② 李兴耕：《当代西欧社会党的理论与实践》，黑龙江人民出版社1988年版，第72页。

互讨价还价为前提，而且伴随着此起彼伏的明争暗斗。当法西斯主义成为历史的垃圾之后，美苏战时的联盟时代便告终结，代之以相互敌对。

西方大国与苏联的对抗到 1947 年升至新的高度。3 月 12 日，杜鲁门向国会提出了关于援助希腊、土耳其的咨文。咨文宣称希腊和土耳其受到共产党领导的"几千名武装分子恐怖主义活动的威胁"。杜鲁门把希、土问题说成是"极权主义"对"自由世界"的威胁，"也危害着美国的安全"。他指出：如果希腊丢失的话，会严重影响土耳其进而波及中东地区，正像一个烂苹果会烂掉一整桶苹果一样，最后的结果是欧、亚、非三大洲都将屈服于苏联的统治。鉴于英国对希腊、土耳其的控制已力不从心，不得不退出这块地盘，杜鲁门宣布："我们必须立即采取果断的行动，去填补真空，这是美国的责任。"杜鲁门建议对希腊、土耳其提供 4 亿美元的援助，并选派文职和军事人员前往希、土等国，声称"这就是美国对共产主义暴君扩张浪潮的回答"。① 后来，杜鲁门对该咨文作过这样的解释，"这是美国外交政策的转折点，它现在宣布，不论在什么地方，不论直接或间接侵略威胁了和平，都与美国的安全有关"，② 美国都应予以干涉。杜鲁门这一"遏制"苏联、控制和争夺处于美苏广大中间地带的政策，很快便被称为"杜鲁门主义"。为了把"杜鲁门主义"付诸实践，达到遏制苏联的目的，经过充分的酝酿和准备，1947 年 6 月 5 日，美国国务卿马歇尔在哈佛大学毕业典礼的演说中，抛出了以援欧为中心的"马歇尔计划"。他宣称，欧洲已经沦为一片废墟，若得不到大规模的援助，就将面临非常严重的社会形势和政治形势。在这种情况下，美国应当尽其所能帮助世界恢复正常的经济状态，以便"使自由制度赖以存在的政治和社会条件能够出现"。③ 马歇尔反复强调，欧洲必须首先提出要求，然后美国才"在实际能做到的范围内"给予支

---

① 田保国等：《世界共产党与社会民主党关系论纲》，社会科学文献出版社 2011 年版，第 123 页。
② ［美］哈里·杜鲁门：《杜鲁门回忆录》第二卷，李石译，生活·读书·新知三联书店 1974 年版，第 121 页。
③ 《国际关系史资料选编》下册，武汉大学出版社 1983 年版，第 93—96 页。

持，援助计划必须是联合性质的。马歇尔的潜台词是，贫困是"共产主义扩张"的温床，只有复兴欧洲才能削弱共产党的力量，才能遏制住苏联，才能为美国称霸全球扫清障碍。所以马歇尔对欧洲的经济援助计划是美国遏制政策的经济手段，其主要功能是配合"杜鲁门主义"全方位地抵御苏联和共产主义，与此同时也想乘人之危，用经济援助的形式实现控制西欧乃至全世界的目的。

鉴于冷战的阴云开始笼罩欧洲，加上东欧国家和西欧共产党脱离莫斯科控制的倾向日益加强，苏联领导人感到有必要加快建立共产党国际协调组织的步伐。1947 年 9 月，苏联、东欧人民民主国家以及法国和意大利共产党举行会议，成立了共产党和工人党情报局。情报局《关于国际形势的宣言》点名谴责社会民主党右翼领导人沦落为民主事业的叛徒、西方帝国主义的忠实支持者、制造工人运动分裂的罪魁。宣言呼吁反帝民主阵营协调行动，共同反对"美帝国主义及其英法同盟者，反对右翼社会党，首先是反对英国和法国的右翼社会党"，[①] 情报局的成立及其对社会民主党右翼领导人的公开攻击，使东西方社会民主党的关系更加对立。

共产党情报局成立两个月之后，1947 年 11 月，18 个社会民主党的代表在安特卫普召开战后社会民主党第四次代表会议，会议就是否重建社会民主党国际问题展开激烈争论。法、比、荷等国家的社会民主党代表积极赞成，英国工党和斯堪的纳维亚国家的社会民主党却不愿在解决任何一个国际问题上受到束缚，因而反对立即重建社会民主党国际。关于同共产党合作问题，会议为避免同东欧社会民主党的关系破裂，会议决议没有点名谴责情报局或共产党，只笼统地对攻击社会民主党的言论进行了反驳。会议决定加强各社会民主党之间的联系，将原来比较松散的社会党通信联络局改为常设性的国际社会党会议委员会，由英国工党总书记摩根·菲利普斯任主席。该委员会并不是国际社会民主党会议的执行机构，仍属联络组织性质，只是参加委员会的代表由各党正式任命。安特卫普会议的另一个重要成果是接纳德国社会民主党为地位平等的成员。

---

① 《共产党情报局会议会件集》，人民出版社 1954 年版，第 7 页。

1948 年以前，国际社会民主党代表会议一直谋求同东欧各国社会民主党建立"兄弟般的关系"。因为在所有这些国家中，社会民主党与共产党在政府中都是执政伙伴，并以国际社会民主党代表会议成员的身份——国际社会民主党代表会议是东西欧社会民主党人仅有的一个共同讲坛——构成了一座架在东、西方之间的鸿沟上的桥梁。考虑到这些成员党的特殊处境，以前的历次国际社会民主党代表会议都没有郑重宣布重建社会民主党国际。① 然而 1948 年东欧局势的变化加快了西欧社会民主党联合的步伐。

1948 年 2 月，罗马尼亚共产党与社会民主党合并为罗马尼亚工人党（1965 年又改名为罗马尼亚共产党）；6 月，捷克斯洛伐克共产党与社会民主党合并仍称捷克斯洛伐克共产党；6 月，匈牙利共产党与社会民主党合并定名为匈牙利劳动人民党（该党于 1956 年 10 月事件中解体，1956 年 11 月建立匈牙利社会主义工人党）；12 月，保加利亚工人党与社会民主党合并定名为保加利亚共产党；12 月，波兰工人党与社会民主党合并定名为波兰统一工人党。再加上情报局成立前德国苏占区的德国共产党与社会民主党实行合并成立德国统一社会党，东欧地区的社会民主党基本不存在了。

针对东欧社会民主党的发展局势，1948 年 3 月 20 日至 23 日，国际社会民主党第五次代表会议在伦敦举行。会议声明，罗马尼亚、保加利亚和匈牙利三国党同意与共产党合并，它们的行为表明已将自己置身于国际社会民主党代表会议共同体之外。会议还声明它不再承认捷克斯洛伐克社会民主党是社会主义代表。会议呼吁波兰社会党在"为时还不算晚"的情况下不被共产党吃掉，并表明自己"相信国际社会党的积极团结"。② 会议还向意大利社会党施加压力，要它作出选择，究竟是服从共产党情报局还是同西欧各国社会民主党合作。

会后不久，波兰社会党自行退出国际社会民主党代表会议。意大

---

① ［奥］尤利乌斯·布劳恩塔尔：《国际史》第三卷，杨寿国等译，上海译文出版社 1992 年版，第 239 页。

② 同上书，第 240 页。

利社会党则顶住了压力，为自己与意共结盟的政策进行辩护，指出意大利国内斗争并非在共产党和反共势力之间进行，而是在教会保守势力与工人阶级之间展开，因此与意共保持合作是非常必要的。为此，1948 年 6 月在维也纳召开的国际社会民主党第六次代表会议决定暂时取消意大利社会党的成员党资格，并指控意大利社会党领袖"甚至在共产党和工人党情报局已向国际社会民主党公开宣战的时候，甚至在民主的捷克斯洛伐克已成为极权主义暴政的牺牲品的时候，还宁愿失去外国同志们的同情，而不愿断绝他们同国际共产主义的联系"。① 但意大利社会党的态度十分坚决，不愿意改变与意大利共产党结盟的立场。结果，在 1949 年 5 月中旬于荷兰巴恩召开的国际社会民主党第七次代表会议上，意大利社会党"由于拒绝废除同共产党的协定"，被开除成员资格。② 意大利社会党被开除后空出的位置，由 1948 年 1 月脱离社会党的萨拉盖特的右翼社会党派别占据。

在此期间，那些反对社会民主党与共产党合并的东欧国家的社会民主党人纷纷逃亡到西欧，并组成了他们党的国外小组。这些国外小组在巴黎成立了一个国际社会党局，但这些流亡党分裂为相互激烈争斗的两派，即原来反对社会民主党参加共产党联合政府的一派以及原来支持社会民主党参加联合政府的一派。国际社会民主党代表会议决定把这些流亡的东欧社会民主党人统一起来，接纳他们作为具有咨询资格的成员。这些流亡党于 1949 年 7 月在伦敦召开会议，组成中欧和东欧社会民主党联盟。

与东欧社会民主党划清界限，为西欧社会民主党的国际联合创造了一个重要条件。然而，未来的联合机构的思想原则和组织原则仍是横亘在前进道路上的两个重要的障碍。

1948 年 6 月在维也纳召开的国际社会民主党第六次代表会议初步阐明了社会民主党人的指导思想，即"社会主义同政治民主分不开，政治民主要用经济民主来加以改善"，并且声称社会民主党人的

---

① ［奥］尤利乌斯·布劳恩塔尔：《国际史》第三卷，杨寿国等译，上海译文出版社 1992 年版，第 243 页。

② 直到过了近二十年，意大利社会党在 1966 年 10 月 30 日在罗马举行的大型集会上同 1947 年从党分裂出去的意大利社会主义劳动党重新统一后，才回到社会党国际中来。

目的就是要把"个人自由同有计划的经济结合在一起"。[1] 会议对苏联式的"人民民主"提出批评。代表会议决议声称："人民民主实际上是专政。这样的政府在政治上否定公民的基本权利，在经济上力图以国家资本主义取代私人资本主义。它们既背叛它们虚伪地主张的民主，也背叛它们虚伪地主张的社会主义。"[2] 1949 年 12 月，国际社会民主党会议委员会成立秘书处，由奥地利社会党人尤利乌斯·布劳恩塔尔任秘书。会议同时任命了一个小组委员会，负责起草有关各国社会民主党共同的基本思想和原则宣言。1950 年 1 月初，秘书处把宣言草案分发各党征求意见，并在 6 月的哥本哈根国际社会民主党会议委员会会议上讨论了各党对草案提出的备忘录。

当时各党的备忘录在对持马克思主义传统的问题上分歧很大。荷兰工党认为"尽管欧洲的运动还没有发展到把那些坚信马克思主义学说仍然重要的人开除出去的地步，但是无论如何，它也必须给那些感到让·饶勒斯和托马斯·马萨里克同他们的关系［比马克思］更加密切的人预备地方"。英国工党则明确提出英国社会主义的精神面貌不是在马克思的影响下形成的，而是由约翰·斯图亚特·穆勒的思想、费边社成员悉尼·韦伯和萧伯纳的学说，以及由英国国家教会的社会改良派形成的，并提出英国工党从来没有接受马克思主义的阶级斗争概念。法国社会党、意大利社会党和奥地利社会党则承认自己继承了马克思主义的精神传统。居伊·摩勒说：在法国，"整个党——盖得、饶勒斯、莱昂·布吕姆和亚历山大·布拉克——毫无保留地主张对资本主义进行马克思主义的分析……法国社会党人没有规定必须……拥护辩证唯物主义，尽管有许多人坚持辩证唯物主义。但所有法国社会党人都把历史唯物主义看成是研究人类社会史的最好的方法"。安吉莉卡·巴拉巴诺娃声明，对意大利社会党人来说，马克思主义不仅是认识社会上的社会力量的方法，而且也是工人阶级力量和信念的源泉。奥斯卡尔·波拉克说：奥地利党"老老实实把自己看

---

[1]　金重远：《战后西欧社会党》，上海人民出版社 1997 年版，第 246 页。
[2]　［奥］尤利乌斯·布劳恩塔尔：《国际史》第三卷，杨寿国等译，上海译文出版社 1992 年版，第 241 页。

成是奥地利马克思主义的继承者。"瑞士、比利时、希腊、瑞典、卢森堡等国社会民主党也在不同程度上支持马克思的立场。①

由于各党就未来国际机构的思想基础分歧较大，会议选出由居伊·摩勒为首的由 12 个党的代表组成的小组委员会，负责归纳大家意见并对草案进行修改。

未来国际机构的组织原则也是各党关注的一个重要问题。法国、奥地利和其他一些国家的社会党，赞成保留战前社会主义工人国际的组织原则，即其成员必须履行国际组织的决议。而英国工党、斯堪的纳维亚和其他一些国家执政的社会民主党反对这样的组织原则。它们希望在推行自己的政策方面享有充分的自由，而不愿被国际机构的任何决议捆住自己的手脚，因此要求未来国际机构的决议，对各成员党不具有任何约束力。②

对社会民主党重新联合起了关键性推动作用的是比利时社会党。1951 年1 月比利时社会党领导成员维克多·拉洛克，发表致国际社会民主党代表会议委员会主席摩根·菲利普斯的公开信。他提出社会民主党重新联合的条件已经成熟，国际社会民主党代表会议委员会的工作已经证明它"没有把多数人的决定强加于各国社会党"，它"尊重成员党的自主权，它的决议绝没有明确的指令性含义"；他强调"民族利益是一个不能加以漠视的现实问题"，承认"一些在复杂和困难条件下在政府中负责的社会党必须考虑选民的要求"，"不可能受外来命令的束缚"。摩根·菲利普斯在答复信中公开声明英国工党原则上不反对重建国际，但重建后"仍要保留现行做法，国际的决议是建议性的，不是强制性的"。③

1951 年3 月，在伦敦召开的国际社会民主党代表会议上，英、比两党联合提出建立社会民主党国际的提案，得到与会者的积极响

---

① ［奥］尤利乌斯·布劳恩塔尔：《国际史》第三卷，杨寿国等译，上海译文出版社 1992 年版，第 260—263 页。

② ［苏］Н. Г. 西比列夫：《社会党国际》，姜汉章等译，中国社会科学出版社 1983 年版，第 39 页。

③ 李兴耕：《当代西欧社会党的理论与实践》，黑龙江人民出版社 1988 年版，第 80—81 页。

应，并就国际的组织原则等达成一致意见。代表会议通过的决议案确定了以"自由协商同意"作为国际通过决议的原则。①

1951 年 6 月 30 日，在德国法兰克福召开了第八次国际社会民主党代表会议，有 34 个党派的 106 名代表与会，一致通过重建社会民主党国际的决议，决定将国际社会民主党代表会议改名为社会党国际，将国际社会民主党代表会议委员会改名为社会党国际理事会，将国际社会民主党代表会议下设的小组委员会改名为社会党国际执行局。上述事项完成后，随即宣布此次会议为社会党国际第一次代表大会。英国工党的菲利普斯当选为社会党国际主席，奥地利社会党的布劳恩塔尔被选为社会党国际的总书记。

至此，社会民主党经历分化组合、艰辛磨难，最终重新走上联合之路。

---

① ［奥］尤利乌斯·布劳恩塔尔：《国际史》第三卷，杨寿国等译，上海译文出版社1992 年版，第 250 页。

第三章 西欧社会民主党的执政理念

执政理念是指政党建立在对执政规律认识基础上的党的执政宗旨和指导思想，是关于为何执政、如何执政的理性认识，是用以指导党的执政活动的根本原则。执政理念不同于执政政策。执政政策是执政党为实现一定历史时期的任务和目标而规定的行动准则和行动方向。虽然不同时期各个国家的社会民主党具体的执政政策有所不同，但执政理念却是相对固定的。在一个多世纪的发展中，西欧社会民主党为适应环境变化，不断调整执政理念，逐步实现了从制度替代到价值追求的蜕变，把自由、公正、团结等价值作为其执政的价值诉求，在社会民主党的理论体系中处于核心地位，同时强调把民主贯穿于国家生活各领域，从而衍生出政治民主、经济民主、社会民主、国际民主等诸多执政理念。

一 为何执政：西欧社会民主党的价值诉求

在西欧社会民主党的文件和理论文章中，使用频率最高的词汇，除了"民主"和"社会主义"外，就是"价值"或"基本价值"。基本价值在社会民主党的思想体系中一直占有非常重要的位置，是社会民主党的核心思想，是社会民主党最深层次的追求。

（一）基本价值的确立

第二次世界大战后，西欧社会民主党在指导思想上明确放弃马克思主义，伦理社会主义逐渐成为各国社会民主党的官方理论。1951年社会党国际的成立宣言，即《法兰克福声明》明确指出："社会党人之所以反对资本主义……最主要的是因为它违背了社会党人的正义感。社会党人反对任何形式的极权主义，因为它侵犯了人的尊严。"① 以伦理社会主义为理论基础，成立宣言初步阐明了一些后来成为民主社会主义基本价值的观念，它宣称社会主义的目的是"建立一个自由人能以平等地位共同工作的社会"，② 社会党人共同奋斗的目标是"社会公正、生活美好、自由与世界和平的制度"，③ 强调"没有自由，就不可能有社会主义"④。"民主社会主义的目的，是在实现经济与社会保障和社会日益繁荣的基础上扩大个人自由。"⑤《法兰克福声明》尽管讲到了自由、平等、公正、和平等概念，但不是专门性地阐述，显得零散而不系统。以后随着各国社会民主党的不断探索，其理论认识也不断深化。其中，德国社会民主党率先把从伦理社会主义中引发的一些基本道德观念写入 1959 年《哥德斯堡纲领》，强调"自由、公正和团结互助……这些都是民主社会主义意愿的基本价值"⑥。其后，这些基本价值先后被社会党国际和西欧其他国家社会民主党所接受。1989 年，社会党国际十八大通过的《社会党国际原则》宣言对基本价值作了比较完整的阐述，明确指出"实现自由、社会公正与团结"是"社会主义的本质"，⑦ 从而使这些基本价值成为各国社会民主党所遵循的思想指南。

社会党国际强调："自由是个人与合作努力两者的产物——这两个方面是同一个进程的组成部分。人人都有权免受政治胁迫，有权得到追求个人目标和发挥个人潜力的最大机会。但只有全体人类在争取成为历史的主人并为确保任何人、任何阶级、任何种姓、任何宗教和任何种族都不会成为他人（或旁类）的仆从而进行的长期斗争中取得胜利，这才有可能实现。""公正意味着结束一切对个人的歧视，

---

① 《社会党国际文件集（1951—1987）》，黑龙江人民出版社 1989 年版，第 7—8 页。
② 同上书，第 2 页。
③ 同上书，第 3 页。
④ 同上书，第 4 页。
⑤ 同上书，第 6 页。
⑥ 张世鹏：《德国社会民主党纲领汇编》，北京大学出版社 2005 年版，第 70 页。
⑦ 中联部编译小组：《社会党国际重要文件选编》，当代世界出版社 2005 年版，第
5—8 页。

以及平等的权利和机会。它要求对体力、智力与社会的不平等进行补偿，要求实现既免于依赖生产资料所有者，又免于依赖持政治权柄者的自由。""平等是一切人类都具有同等的价值的表现，是人的个性自由发展的先决条件。基本的经济、社会与文化平等为人的多样性与社会进步所必不可少。""团结一致的内容无所不包，是全球性的。它表达了共同的人性和对不公正的受害者的同情意识。团结一致得到了一切人道主义重要传统的正确的强调与弘扬。在个人之间与各国之间空前相互依存的现时代，由于团结一致为人类生存所迫切需要，其意义就更为重要。"①

社会党国际认为，自由、公正和团结三者的价值同等重要，彼此相互依存，互为前提，这是认识和把握民主社会主义实质的关键。"与此相反，自由主义者和保守主义者主要强调个人自由，无视公正和团结一致；共产党人则声称实现了平等，而无视自由。"② 在社会民主党人看来，无论是自由主义、保守主义还是共产主义都犯了各种片面性的错误，只有民主社会主义对自由、公正和团结的理解，才是全面的理解，因而才是人类最佳的选择。社会民主党关于三个主要基本价值之间协调的原则体现了一种道德的约束性，一种人类所特有的道德自律和意志自律，充分表达了社会民主党的伦理要求。

二战后社会民主党在指导思想上之所以接受伦理社会主义并把自由、公正（平等）、相助等基本价值作为其行动指南，是多种因素合力的结果。

第一，伦理社会主义的长期影响。19 世纪末 20 世纪初，新康德主义马堡学派的代表人物赫尔曼·柯亨提出伦理社会主义。他从康德的"善恶说"的道德观念出发，认为社会主义首先关心的不应是经济问题，而应是道德问题，社会主义应当在伦理学的概念基础上建立起来。除柯亨外，鼓吹伦理社会主义的新康德主义的代表人物还有19 世纪 70 年代曾任苏黎世大学和马堡大学教授的朗格。郎格断言未来的社会主义与客观物质生活条件无关，而与人心中的伦理观念紧密

---

① 《社会党国际重要文件选编》，当代世界出版社 2005 年版，第 5—6 页。
② 同上书，第 6 页。

相连。因为人的伦理观念或康德的"绝对命令"是先验地根植于人的心理—生理组织内部的。由此出发，朗格反对社会革命，鼓吹改良主义，声言社会变革只会"破坏""毁灭"社会文化，使人类历史沦于"黑暗"和"停顿"，主张通过提高人类的伦理观念来促进"人类的团结"，建立"理想社会"。与马堡学派齐名的另一个新康德主义学派是弗莱堡学派。该学派从"普遍意识"和"普遍价值"等观念出发，认为人的内心理念是评价社会历史事件的普遍标准，因此，为了改变现实社会，人们无须改造经济关系，无须消灭生产资料私有制，废除剥削，而只要根据伦理原则建立起作为"道德人的交往团体"的法权国家就够了。法权一经改造，加上人们的"善良意志""至善""良心"，社会变革即可成功。后来德国民主社会主义越来越具有强烈的伦理色彩，与上述这些伦理社会主义观念的影响有直接关系。

第二，对战争和现实社会主义的反思。二战以前，尽管社会民主党受伯恩施坦改良主义思想的影响，接受资产阶级议会民主制，但它们仍然把社会主义取代资本主义的必然性当作社会历史发展的客观规律。二战以后，社会民主党对 20 世纪上半叶发生的两次世界大战特别是对希特勒法西斯暴政所造成的大规模人道主义灾难进行了深刻的反思，再加上苏联在 20 世纪 30 年代以及东欧社会主义国家在二战后初期所进行的大清洗、大肃反等侵犯人权和人的尊严的事件不断被揭露，这些都让社会民主党得出了"向非人道状态倒退的情况始终是有可能发生的"和"不能信赖历史的规律"① 的结论。这种情况促使德国社会民主党率先进行变革。在党的理论家埃希勒的推动下，德国社会民主党制定了在民主社会主义历史上具有重大影响的《哥德斯堡纲领》，公开接受伦理社会主义。由于德国社会民主党是各国社会民主党中理论水平最高的党，在它的带动下，伦理社会主义相继被各国社会民主党所接受。

第三，社会民主党对制度替代方案的舍弃。长期以来，社会民主

---

① ［德］托玛斯·迈尔：《社会民主主义导论》，殷叙彝译，中央编译出版社 1996 年版，第 77 页。

党一直"谋求用一种制度来代替资本主义,在这种制度下,公共利益优先于私人利润的利益"①。同科学社会主义不同的是,社会民主党所强调的是制度替代的和平性与渐进性。战后,从社会党国际成立(1951年)并发表《法兰克福声明》开始,社会民主党的纲领、政策呈现出制度目标和价值目标共存的二元性特征。社会民主党的思想体系也从原来标榜的社会民主主义改成民主社会主义,以此表明它们所奉行的是"民主的"社会主义,而苏联、东欧国家共产党奉行的社会主义是"专制的"社会主义。《哥德斯堡纲领》标志着社会民主党"向社会主义发端时期的过分热情的希望告别",社会民主党意识到对社会的改造不可能毕其功于一役,它是一项持久的改良任务,必须"坚持按照自由、公正和互助这三个基本价值的精神彻底改造社会",② 从而突出了社会主义基本价值的重要地位。

第四,适应阶级结构变化的需要。二战后,受第三次科技革命的影响,西欧的社会阶级结构发生了重大变化。一方面,新中间阶级人数不断增长。新中间阶级主要包括政府部门的中级行政人员、国营和私营垄断企业中的中级管理人员、专业技术人员等社会群体。他们对诸如就业、社会治安、福利、生态等与切身利益有关的问题特别关注,希望用和平的、改良的方式消除社会弊端,反对激进的、暴力的革命主张和行动。另一方面,传统产业工人日渐衰落。他们不仅人数大大降低,如德国目前传统意义上的工人只占从业人员的5%,③ 而且工人阶级内部不断产生分化,在质量上呈现滑坡之势。越来越多的生活水平较高的工人把自己的身份定位于中产阶级,这样就极大地弱化了工人阶级的阶级意识以及对传统信仰的认同,这种情况造成社会民主党的传统阶级基础不断弱化。为了吸引新的社会阶层,以达到最大限度的政治共识,社会民主党必须在世界观方面进行改革,以一种开放性的姿态应对社会的挑战。自由、公正、相助基本价值观的提

---

① 《社会党国际文件集(1951—1987)》,黑龙江人民出版社1989年版,第5页。
② 〔德〕托玛斯·迈尔:《社会民主主义导论》,殷叙彝译,中央编译出版社1996年版,第98页。
③ 罗云力:《西方国家的一种新治理模式——社会民主主义第三条道路研究》,重庆出版社2003年版,第96页。

出，就是世界观多元化的产物。

（二）基本价值的地位和作用

基本价值在西欧社会民主党的思想体系中处于核心地位并起着重要作用。正如德国社会民主党 1989 年纲领所指出的："自由、公正、团结互助是民主社会主义的基本价值。它们是我们判断政治现实的标准，是衡量一种新的和更美好的社会制度的尺度，同时也是每个男女社会民主党人的行动指南。"①

第一，基本价值是社会民主党人团结一致的基础。德国社会民主党的《哥德斯堡纲领》指出，它"是一个思想自由的党。它是由来自不同信仰和思想流派的人组成的一个共同体。他们的一致性建立在共同道德的基本价值和相同的政治目标基础之上"②。该党 1975 年通过的《1975 年至 1985 年经济政治大纲》进一步强调社会民主党人的一致性是"建立在共同的道德的基本价值之上的同一政治目标"③。社会党国际十七大通过的《利马委托书》也指出："社会主义没有单一的模式，只有社会党国际所有成员党的共同基本价值观念以及在政治、经济与社会权利方面的基本思想。"④ 社会党国际十八大《原则宣言》写道："除一切民主社会主义的指导原则外，社会党人还对基本价值有明确的一致认识。尽管存在着多样化，民主和人权不仅是实现社会主义目的的政治手段，而且是这些目的即建立一个民主经济和民主社会的实质内容，这是共同的立场。"基本价值使"具有不同传统但追求共同目标——民主社会主义——的政党和组织集结在一起。在其全部历史中，社会党、社会民主党和工党一直代表同样的价值观念和原则"⑤。基本价值的提出，使来自不同社会阶层、不同文化背景、不同宗教信仰、不同意识形态的人们有了共同的道义准则。德国

---

① 张世鹏：《德国社会民主党纲领汇编》，北京大学出版社 2005 年版，第 96 页。
② 同上书，第 70 页。
③ 李兴耕：《当代西欧社会党的理论与实践》，黑龙江人民出版社 1989 年版，第 125 页。
④ 《社会党国际文件集（1951—1987）》，黑龙江人民出版社 1989 年版，第 505 页。
⑤ 《社会党国际重要文件选编》，当代世界出版社 2005 年版，第 5 页。

社会民主党理论家托玛斯·迈尔指出："大家同意基本价值和基本目标，这是社会民主党人共同行动的前提。"①

第二，基本价值是评价政治现实、未来制度以及党员行动的标准。德国社会民主党前领导人勃兰特曾经指出："在党的具体目标的制定中，将基本价值作为必要的依据和'实际的'即及时的、政治上可能的指导。"② 德国社会民主党柏林纲领更将基本价值具体化为党"判断政治现实的标准，是衡量一种新的和更好的社会制度的尺度，同时也是每个男女社会民主党人的行动指南"③。这里表明了三层含义。一是评价现实的标准。在社会民主党人看来，现实的政治、经济、社会、文化各方面的制度和行为，只要有悖于自由、公正和互助这些基本价值，就应当受到批判，就应当谋求改进；反之，只要符合这些基本价值，就应当得到肯定和弘扬。二是建立新社会制度的标准。在社会民主党人看来，未来的社会形态难以预测，无论什么类型的社会制度，只要符合自由、平等、互助这些基本价值，就是美好的社会，就是值得人们为之奋斗的社会。三是衡量每个社会党人行动方向的标准。德国社会民主党《哥德斯堡纲领》对党员的要求只有一条：社会民主党欢迎每一个承认民主社会主义基本价值和基本要求的人加入它的行列。

第三，基本价值是社会民主党人的理念追求。法国前总理若斯潘认为："本世纪的一个教训是：已不再能把社会民主主义界定为一种制度。我认为，现在按照制度的概念——资本主义制度、计划经济制度——来行动已不是绝对必要的了。我们自己也没有必要界定一种制度。我不知道作为制度的社会主义将会是什么样子的，但是我知道作为价值观总和、作为社会运动、作为政治实践的社会主义可能是什么样子的，它是一种思想启示、一种生活方式、一种行动方法。它要坚

---

① ［德］托玛斯·迈尔：《论民主社会主义》，刘芸影译，东方出版社1987年版，第87页。

② ［德］勃兰特等：《社会民主与未来》，丁冬红等译，重庆出版社1990年版，第3页。

③ 张世鹏：《德国社会民主党纲领汇编》，北京大学出版社2005年版，第96页。

定不移地参照那些既是民主的、又是社会的价值。"① 德国社会民主党更是将基本价值的意义提升到很高的程度，认为它"远远超出了经济政治关系的形态。它们关系到人类的整个社会生活现实，并且建立在人道主义和基督教的传统基础之上"②。社会民主党人之所以强调基本价值的重要意义，是因为价值是永恒的，而现实的社会经济关系以及建立在这种社会经济关系基础之上的政治理论、经济理论都是暂时的；另外，价值可以形成人类改造世界的准则和动力，是主动的，而现实的社会经济关系是被动的。换言之，在社会民主党人看来，只要人们普遍地确立了这些价值观念，就可以以此为目标改变现存的社会经济关系，使社会不断地朝着美好的方向发展。

二　如何执政：西欧社会民主党的民主诉求

社会民主党人给社会主义冠之以民主，用民主概括社会主义的特征和含义，这是社会民主党长期改良实践发展的结果。当代社会民主党起源于第二国际各社会民主党的右派和中派，早在 20 世纪初期，它们已开始把民主问题置于一切问题的首要地位，认为在资产阶级民主共和国的范围内通过议会制民主就能逐渐和平过渡到社会主义。第一次世界大战期间，一些交战国的社会民主党领袖曾经以不同方式、不同程度地参加本国政府。第一次世界大战后西欧各国普选制的实行以及社会民主党第一次走上执政舞台的实践，更使社会民主党人坚信走民主道路的可行性。第二次世界大战以后，特别是六七十年代越来越多的社会民主党走上执政舞台以后，它们逐步认识到，通过议会选举也就是政治民主取得政权只是争取社会主义的前提，社会主义的逐步实现还需要在各个领域实行民主化。对此，1986 年召开的社会党国际第十七次代表大会通过的《利马委托书》明确宣布："社会主义是以对国内社会与世界社会的政治、经济、社会与文化结构实行民主

---

①　殷叙彝：《法国社会党对社会民主主义理论革新的贡献》，《当代世界与社会主义》2001 年第 3 期，第 18 页。

②　《社会党重要文件选编》，中共中央党校科研办公室 1985 年印行，第 169—170 页。

化为手段，来争取人类解放的运动。"① 1996 年社会党国际二十大进一步指出："民主必须不仅仅管理政治进程，它还应渗透到社会的方方面面，包括经济和社会生活。""民主是一种生活方式，无论在家，在工作单位，在社区内都是如此。"② 冷战结束以后，随着从制度替代到价值诉求的观念转变，强调通过民主手段实现自由、公正、团结等基本价值目标在社会民主党的执政理念中也就成为唯一选择。社会民主党执政的民主诉求体现在政治民主、经济民主、社会民主和国际民主等诸多方面。

（一）政治民主

对政治民主的诉求，主要体现在社会党国际的有关决议以及各国社会民主党的纲领之中。

1951 年社会党国际成立大会通过的《法兰克福声明》系统地阐述了民主社会主义的民主观。关于政治民主，《法兰克福声明》指出，民主制是民有、民治、民享的政府。它必须保障："每一个人有过私人生活的权利，保护其不受国家的任何侵犯；政治自由，如思想、言论、教育、结社和宗教信仰等等自由；人民有普遍的、平等的与秘密的选举权，自由选举其代表；由多数派组织政府，同时尊重少数派的权利；所有公民不论出身、性别、语言、信仰和肤色如何，在法律面前一律平等；建立独立的司法制度，人人有权在公正的法庭前通过一定的法律程序受到公开审判。""民主制要求不止一个政党有存在的权利和当反对派的权利。但是，民主制也有权利与责任来保护自己，以反对那些只是为了破坏民主而利用民主机会的人。保卫政治民主符合人民的根本利益。""社会党人表示声援一切受独裁统治之苦的人民争取自由的努力。""任何独裁制度，不论出现在什么地方，都是对所有国家的自由的威胁。"③

1986 年社会党国际十七大通过的《利马委托书》指出，民主制

---

① 《社会党国际文件集（1951—1987）》，黑龙江人民出版社 1989 年版，第 503 页。
② 《社会党国际重要文件选编》，当代世界出版社 2005 年版，第 176 页。
③ 《社会党国际文件集（1951—1987）》，黑龙江人民出版社 1989 年版，第 4—5 页。

要求："实行普遍、直接和秘密投票选举人民代表；保护个人权利，如言论、出版、受教育、自愿结社、宗教和少数民族权利等自由；以及建立依法办事、对任何人都不例外的司法制度。"①

1989 年社会党国际十八大通过的《社会党国际原则宣言》重申："民主在形式上可能不同。然而，只有人民在自由选举的基本结构中可以对不同的政治选择对象自由地进行选择，只有存在着人民根据其自由意志通过和平手段改换政府的可能性，只有个人和少数人的权利得到保证，只有存在着以公允地适用于全体公民的法治为基础的司法独立制度，才有可能谈得上民主。"②

社会党国际于 1996 年召开的二十大在《二十一世纪人权日程》中对政治民主作了进一步的阐述，认为"民主不仅仅是立法或只有外在形式的程序。它也不仅仅是在多党选举中的投票仪式。真正的民主包括人民在各个级别上参与民主，使他们在讨论与决定对自己的管理时有发言权"。民主"要求在地方和国家两个层次上具有能答复人民要求的、负责的办事程序与机构"③。

英国工党 1982 年党纲对政治民主作了如下表述："没有政治自由，没有通过自由的民主机构谋求和掌握政权的权利，没有示威、罢工以及组织自由工会的权利，就不可能有真正的社会主义。""我们主张言论、结社和集会以及通过宣传工具表达自己思想的自由。我们主张司法独立和有权诉诸法律程序。但是我们认为民主的意义比以上这些措施要深远得多，也比五年一次的议会选举以及一年一次的地方选举的意义深远得多。真正的民主就是所有的人都能平等地、有效地参与决定影响他们生活的那种民主，是任何特权和官职都不能对政治的决定起支配作用的民主，是宣传工具具有多样性并为社会全体成员所利用的民主，是一切形式的权力——包括大公司——都对人民完全负责的民主。"④

德国社会民主党 1959 年制定的二战后第一个党纲《哥德斯堡纲

---

① 《社会党国际文件集（1951—1987）》，黑龙江人民出版社 1989 年版，第 504 页。
② 《社会党国际重要文件选编》，当代世界出版社 2005 年版，第 6—7 页。
③ 同上书，第 176 页。
④ 《社会党重要文件选编》，中共中央党校科研办公室 1985 年印行，第 431—432 页。

领》中是这样阐释政治民主的："在民主制中，国家权力来自人民。政府在任何时候都要对议会负责，并且认识到它不断需要议会的信任。在民主制中，除了多数人的权利之外，少数人的权利也必须得到保护。政府和反对派承担同等重要的不同任务，两者都要对国家负责。""立法、行政和司法要相互分离，共同为全体人民的幸福承担责任。"①

瑞典社会民主党致力于建立一种以人民自治为基础，包括自由平等的选举制、秘密投票制、多党议会制、咨询性的公民投票制等政治制度在内的社会秩序。它主张司法独立，在法律面前人人平等，各级法院在审案过程中实行公开审理和非司法专业人员协助等。社会民主党强调并竭力维护公民的自由和权利，如新闻自由、宗教自由、思想意识自由、结社权、罢工权、示威游行权等等。② 社会民主党反对各种形式的滥用权力和对公民权利的侵犯行为，不论它们来自社会机构、企业还是个人。③

从社会党国际及其一些成员党有关文献的阐述可以看出，社会民主党主张的"政治民主"，主要包括以下三项内容：（1）国家机构民主化。遵循三权分立、相互监督的原则，在国家和地方多个层面上实行议会民主，建立"民有、民治、民享"的政府，建立执行民主宪法、依法办事的司法系统。（2）实行多党制。保证各个政党的平等权利。由多数党组织政府，同时尊重少数派，允许少数派自由地进行活动并拥有当反对派的权利。（3）国家保障信仰自由和良心自由，使每一个人都能够以自我负责的精神进行自决。国家保障公民的平等参与权、结社自由权、批评建议权等，鼓励对国家的公民监督、社团监督和舆论监督等。

（二）经济民主

社会民主党的理论家认为，民主国家建立以后，政治生活已实现

---

① 张世鹏：《德国社会民主党纲领汇编》，北京大学出版社 2005 年版，第 72 页。

② 高锋等：《瑞典社会民主主义模式——述评与文献》，中央编译出版社 2009 年版，第 252—253 页。

③ 同上书，第 188 页。

了民主化，但经济生活仍然处于少数有产阶层的控制之下，大多数民众尚不能充分运用政治民主去维护自己的权益。"民主社会主义者懂得单纯政治民主制的弱点和短处。因此，社会党人要用经济民主和工业民主的新形式来补充政治民主"①，通过经济民主化使政治民主得以充实和维护。

二战后，社会民主党逐步放弃了经济领域所有制具有核心作用的观点，转而认为，当代社会具有决定意义的问题是经济权力问题，主张经济决策权的民主化，以利于基本价值在经济领域中的实现。对此，托玛斯·迈尔指出："当基本价值被运用于经济对社会所承担的特殊任务时，它们要求社会福利不断增长，以便为所有人的自由创造实际的前提；它们要求所有的人公平分享国民经济的成果，以使所有的人都同样地从个人自由的实际前提中受益；它们要求在经济生活和劳资关系本身中也实现摆脱令人屈辱的依附状态和剥削的自由。"②

社会民主党认为，经济支配权集中在少数人之手而缺乏民主的监督，这是经济中的自由和公正的真正障碍。③在它们看来，不论是资本主义私有制还是社会主义国有制和合作制，都会产生同样糟糕的情况，那种关于只有废除私有制才能实现经济关系的自由和公正的看法是根本错误的，其错误的根源在于对私有制的误解。它们进而指出，所有制实际上只不过是一组经济决定权的合法享有资格，而这些经济决定权就其确切的内容和范围来说是会随着历史的发展而变化的。只要有关的人们充分行使或至少是部分行使某些决策权，那么即使私有制并未被正式废除，也会有一部分经济权力受到民主的监督。因此，实现自由和公正的关键在于"经济中的决策权的真正民主化，而不是财产享有资格的纯属形式上的改变"④。

关于经济决定权民主化的实现问题，社会民主党人认为不能简单地把原来集中在私人手中的决策权移植到国家和政府手中。对经济决

---

①　《社会党国际文件集（1951—1987）》，黑龙江人民出版社1989年版，第224页。

②　[德]托玛斯·迈尔：《社会民主主义导论》，殷叙彝译，中央编译出版社1996年版，第128页。

③　同上书，第130页。

④　同上书，第130页。

策权中的每一种权力都必须加以研究，判断它在什么人手里能产生符合社会愿望的效果。例如，人事问题和劳动岗位问题由工厂的全体职工及其代表进行监督比较合适。招聘、解雇、工资类别划分和投资等问题可以由（非集中制的）工厂领导机构与全体职工的代表共同作出决定。劳动场所的安全保障、生产在保健和环境方面造成的后果以及基础设施投资必须由全社会的机构来负责。工资和普遍的劳动条件（如劳动时间）必须在工会和企业领导机构之间进行谈判。社会民主党人同时强调，经济决策权的具体实施因时因地而异，在各个国家以及每个国家的各个发展阶段上，解决的办法是不一样的。

经济决定权的民主化问题，在社会党国际以及一些成员党的文献中都有表述。

社会党国际 1951 年的《法兰克福声明》指出："工会和生产与消费者协会都是一个民主社会不可缺少的因素；它们既不能蜕变为中央官僚机构的工具，也不能堕落为一种等级制度。这些经济联合组织能够并且应当在充分保障议会立法权力的情况下参与经济政策的制定。""国家公民应当通过他们的团体、通过个人倡议参与生产过程，从而阻止国家的、或者私人的官僚作风的产生。工人对工业领导的民主参与必须得到保障。"[1] 1962 年社会党国际理事会奥斯陆会议提出："应在民主制内部建立一种结构，使工人能在其中有效地影响工业的决策和条件以及总的经济形势。"[2] 1989 年社会党国际十八大的《原则声明》更是明确要求："不是简单地实行国家在形式上和法律上的控制，而是实行工人本身及其团体对经济决策的实质性参与。""经济权力集中于少数私人之手的状况，必须由不同的秩序来取代，使作为公民、消费者或雇佣劳动者的每个人都有权利对生产的方向和分配、对决定生产资料的形态和对工作生活条件施加影响。"[3]

瑞典社会民主党 1978 年党纲专辟一节论述职工参与决定权。纲领指出，在资本主义生产秩序中，企业的权力被用于获得资本。针对

---

① 张世鹏：《德国社会民主党纲领汇编》，北京大学出版社 2005 年版，第 63—64 页。
② 《社会党国际文件集（1951—1987）》，黑龙江人民出版社 1989 年版，第 141 页。
③ 《社会党国际重要文件选编》，当代世界出版社 2005 年版，第 15 页。

这种情况，社会民主党主张职工必须享有参与决定权。职工如果获得了这种权力，这将使企业的工作条件符合工人们的需要和能力。为了达到这一目标，社会民主党主张通过使职工享有企业各级组织机构的权力以及通过参与企业资金的建设以确保职工的影响力，同时政府以立法的形式为企业内的劳动者和为社会工作的人们提供左右工业的长期发展的机会。①

经济参与决定的思想在德国社会民主党那里有很长的历史。1875年的《哥达纲领》宣布："通过工人选举的公务人员对矿山、工厂工业、作坊工业和家庭工业实行监督。"② 1891年爱尔福特党代会召开前公布的党纲草案中，提出"由帝国劳动总局、各专区劳动局和劳工管理科以及由工人选举出来的企业视察员负责监督一切工业企业，并负责调整城乡的劳动关系"③。在正式通过的纲领中又提出"在工人决定性地参与管理的条件下，由国家承担全部工人保险"④。魏玛共和国时期，德国社会民主党1921年通过的《格尔利茨纲领》，其"经济政策"部分要求"发展代表工人、职员和公务中的社会利益和经济政策利益的经济委员会制度"。⑤ 1925年的《海德堡纲领》进一步指出："发展经济委员会制度，使它能在保持与工会紧密合作的条件下行使工人阶级的参与决定权。"⑥ 第二次世界大战以后，德国社会民主党1959年的《哥德斯堡纲领》再次对经济参与决定思想进行了肯定。纲领指出："对于经济成果作出决定性贡献的工人和职员迄今为止还被排除在有效的共决之外。但是民主制要求雇员在企业和整个经济中实行共决。雇员必须从经济奴仆变成经济公民。""钢铁工业与煤矿的共决是一个经济新制度的开端。它应当进一步发展成为大经济的民主的企业宪法。在经济自治机构中的雇员共决必须得到保

---

① 《社会党重要文件选编》，中共中央党校科研办公室1985年印行，第479页。
② 张世鹏：《德国社会民主党纲领汇编》，北京大学出版社2005年版，第15页。
③ 《国际共产主义运动史文献史料选编》第二卷，中国人民大学出版社1983年版，第129页。
④ 张世鹏：《德国社会民主党纲领汇编》，北京大学出版社2005年版，第23页。
⑤ 同上书，第35页。
⑥ 同上书，第45页。

障。"① 经济参与决定思想在德国社会民主党《1975—1985 年经济政治大纲》中日趋完善。除了在第二章第三节集中阐述之外，其他涉及这一思想的阐述有 20 多处。纲领认为参与决定的目的是使雇员争取更多的自由和自我负责。参与决定的内容既包括参与商讨就业岗位和企业日常问题，也包括参与对企业领导机构的任命和监督。参与决定的原则是对等，具体体现为监事会由劳资双方的代表对等组成。参与决定的范围，不能仅限于煤钢企业，要将其扩大到具有一定规模的所有经济企业中去，而中小企业除外。参与决定的限度以劳资双方共同利益为重，不能超出"维护和改善本企业在市场上的地位"。虽然劳资双方在企业政策问题上存在利益对立，但"参与决定正是力图公开和公正地最终消除相互对立的利益"，因为它一方面"取代企业在做出决定时仅仅以资本为根据的趋势"；另一方面"资方的职能绝不会因此而取消"。②

（三）社会民主

社会民主党认为，社会主义不仅意味着基本的政治权利，而且意味着经济和社会权利，民主必须推进到社会领域，也就是实现社会民主。有关社会民主的思想在社会党国际及其一些成员党的文献中都有表述，概括起来，主要有以下几个方面的内容。

1. 维护基本人权

社会党国际《法兰克福声明》在谈到"社会民主"时指出："民主社会主义不仅对每个人的基本政治权利、而且还对他们的经济的和社会的基本权利承担责任。这些权利包括：劳动权利；医疗权利和孕妇产妇受保护的权利；休息权利；在年老、失业或者丧失劳动能力的时候获得经济保障的权利；儿童享有接受儿童保护的权利、青年享有一种授受与个人能力相适应的学校教育的权利；符合人的尊严的居住权利。""社会党人为了废除男女之间、社会阶层之间、城市与农村之间、地区之间、种族之间的所有法律的、经济的和政治的不平等而

---

① 张世鹏：《德国社会民主党纲领汇编》，北京大学出版社 2005 年版，第 78 页。
② 《社会党重要文件选编》，中共中央党校科研办公室 1985 年印行，第 187—188 页。

斗争。"①

社会党国际 1989 年第十八次代表大会通过了专门的《人权纲领》。纲领指出，人权是有关人类生存的一个广泛和动态的概念。这个概念不断为新的社会文化成分所丰富，它包括平等地适用于妇女和男子的民权、政治权利、社会权利、经济权利和文化权利。未来世代人的权利也是社会民主党人着眼点的一部分。人权的基础是一切人类价值平等的原则，而无论年龄、性别和文化、宗教、社会或民族背景如何。② 人权具有普遍性，人权在世界各地同等重要，适用于一切人，而无论其性别、宗教信仰和种族。人们过身心健全生活的权利在发展中国家像在工业化世界一样是基本的。不受拷打的权利在战争区域像在和平区域一样必不可少。言论自由在穷国像在富国一样至为重要。③ 自 1889 年第二国际成立以来，尽管在接受人权原则方面已取得相当大的进展，但人权的现状仍然不容乐观，各国政府以及有关国际组织尤其是联合国有义务在促进人权状况改善方面作出重要贡献。为此，《人权纲领》建议：各国政府应制定明确的全国性人权保护条款；应使有关人权的信息被广泛利用；各国政府应制定有原则性的对难民进行援助的政策；各国政府应通过外交渠道促进人权；不应向违反人权的政权出口镇压手段；应为人权的目的提供发展援助；需要实行新的国际标准；应批准已达成的公约；应监测并实行业已达成协议的标准；联合国在提供人权技术援助方面的作用应当扩大。④

1996 年社会党国际第二十次代表大会通过的《21 世纪人权日程》再次强调了人权的普遍性，并进一步阐述了人权组成部分的不可分割性及其相互依存性。《人权日程》指出，人权标准虽扎根于许多不同文化之中，但它的普遍性要求对所有人类提供保护，如妇女、儿童、少数民族和穷人、劳动者、难民、无家可归者以及残疾人和老人。人权作为公民权、文化权、经济权、政治权或社会权是不可分割的，是相互依存的。任何一种权利都不能凌驾于其他权利之上，也不

① 张世鹏：《德国社会民主党纲领汇编》，北京大学出版社 2005 年版，第 64—65 页。
② 《社会党国际和社会党重要文件选编》，中共中央党校出版社 1993 年版，第 47 页。
③ 同上书，第 50 页。
④ 同上书，第 54—59 页。

能认为一种权利是享有其他权利的先决条件。① 为进一步促进人权和基本的自由事业的发展，社会党国际除了向各国政府及国际组织、非政府组织以及民间组织提出一般性建议外，还提出了几项专门性建议，如更广泛地接受国际文书和程序，制定人权国际标准，建立永久性国际人权法庭，战时人权保护，防止种族、民族冲突和暴力，将人权问题列入全球化日程等。②

德国社会民主党1989年的《柏林纲领》界定了"人"的概念并阐述了维护人权的基本要求。纲领指出：人是"具有理性和自然性的人，是具有个性和社会性的人。人作为自然界的一部分只能在自然界之中，并且同自然界一起生存。人的个性只能在与自己同胞组成的共同体中得到发展。""人并非注定要成为好人，也并非注定成为坏人，他们都有学习的能力和运用理智的能力……关键取决于他生活在何种环境之中。""一切人都有责任创建符合人的尊严的生活条件。"社会民主党人"对实现人权负有义务。国家和经济应为维护人的权利服务，而不是相反"。它进一步指出："要使人权得到充分实现，就需要对自由权利、政治参与权利和社会基本权利给予同等保障。这些权利不能彼此替代，也不应被用来相互排斥。集体权利应有助于个性的发展。"③

英国工党1982年党纲对此也有专门论述。它声明"致力于保卫和增强个人自由和人权"，"反对一切形式的歧视"。它主张"法律面前平等的权利以及诉诸法律程序的权利"，主张"保护所有的公民免受国家、多国公司或任何一种私人机构或公共机构所施加的专横权力"。"在一个有钱有势的人可以通过他们对生产资料的占有和控制，或者通过他们强壮的体质得以支配穷人和弱者的社会里，不可能有真正的个人自由。因此，没有对一切形式的权力的民主监督，没有使每一个人免除贫困的束缚和侮辱的自由，就不可能有一个自由的社会。"但工党同时也指出：个人自由不等于为所欲为，"个人有权利，

---

① 《社会党国际重要文件选编》，当代世界出版社2005年版，第174页。
② 同上书，第188—197页。
③ 张世鹏：《德国社会民主党纲领汇编》，北京大学出版社2005年版，第93、94页。

但个人之间也有责任"。①

2. 实现公平分配

社会党国际《法兰克福声明》指出:"社会主义的主要动机是满足人民的生活需要。社会产品必须首先根据所有人的基本生活需要进行分配。""社会党人认为,每个人根据自己创造的效益而提出获得相应报酬的要求是完全合理的。"②

德国社会民主党《哥德斯堡纲领》认为:"人把生产力发展到最高程度,积累了巨大财富,却未能使大家公正地分享这个共同成果"③;"收入和财产的分配是不公正的,这不仅是危机、战争和通货膨胀使大量财富被消灭的结果,而且基本上是一种经济政策与税收政策的过错,这种政策有利于收入和财产集中在少数人手里,而使迄今为止没有财产的人遭受损失。""社会民主党希望创造一种生活条件,在这种条件下,所有的人都能够自由地决定如何从日益增加的收入中形成自己的财产。这要以实行公正分配的同时不断提高社会生产为前提条件。为了对收入和财富进行更加公正的分配,工资和薪金政策是一个合适的必要条件。为此还应当采取相应的措施,从不断增长的大企业财产中取出适当部分作为财产进行广泛的分配,或者使它们能够为公共目标服务。"④

德国社会民主党在《1975年至1985年经济政治大纲》中进一步指出:"公民在分享我们社会的财富、成果和经济支配权方面愈是不平等,他们便会被愈加尖锐的利益对立所分裂,他们之间相互谅解和相助的可能性也就愈小。""必须特别重视收入分配和财产分配之间的紧密联系。不平等的收入分配会进一步加剧财产分配的不平等,财产分配的不平等却又是收入分配的新的差别的根源。"而"更加公正的分配不仅其本身具有意义,它还有助于实现更为广泛的社会稳定和民主的更好的发展,从而为卓有成效的经济政策和社会政策创造必要

---

① 《社会党重要文件选编》,中共中央党校科研办公室1985年印行,第435页。
② 张世鹏:《德国社会民主党纲领汇编》,北京大学出版社2005年版,第64页。
③ 同上书,第68页。
④ 同上书,第76页。

条件"。①

英国工党《1982 年纲领》指出：英国"是一个仍然被贫困和肮脏的城区毁损了容貌的国家。占人口 10% 的人占有了 60% 以上的财富，而一千一百万人却生活在官方规定的贫困线以下"。工党努力"实现更大程度的社会平等，消除贫困，并在收入和财富方面实行大规模的重新分配"。②

瑞典社会民主党《1978 年纲领》强调：它"不能接受社会和经济特权以及权力地位所造成的收入和财富上出现的差别。缩小目前收入和财富上出现的差别是工人运动的一个主要目标。为了合理地分配消费机会和使消费者能对生产方面施加同等的影响，就必须减少当前收入和财产上出现的不平等现象。因此，社会民主党支持工会运动的统一工资政策，并且通过税收政策和社会政策对收入实行重新分配"。③

3. 完善社会保障

社会民主党的社会保障思想兴起于 19 世纪末，其直接的理论渊源可以追溯到 1884 年成立的费边社的社会主义主张。费边社始终以支持社会主义价值的核心为目标，认为资本主义在根本上对大多数人来说是不公平的。在它看来，当时社会贫困问题的根源是资本掌握在少数人手中。消除贫困的主要办法，是把土地所产生的地租以及资本所带来的利润当作公共的或社会的财富用到公共事业上，"在这些事业中，社会主义将要把社会保险及对重大事故的预防列为第一位"。④费边社还深刻地认识到社会保障对提高公民的道德水平、促进社会文明、健康发展的影响。它们认为，应该让每一个人都感到生活绝对有保障，应该让每一个人关于他未来的物质需要的所有忧虑都一扫而空。这样一来，那些能够促进社会健康发展的精神因素就会得到发展，进取的精神、创造的快乐、仁慈的本能等都会立即活跃起来并影

---

① 《社会党重要文件选编》，中共中央党校科研办公室 1985 年印行，第 189 页。
② 同上书，第 428、429 页。
③ 同上书，第 477 页。
④ ［英］肖伯纳：《费边论丛》，袁续藩等译，生活·读书·新知三联书店 1958 年版，第 58 页。

响社会的进步。①

英国工党继承了费边社会主义的传统，1935 年，工党领导人艾德礼在《工党的展望》一书中宣称："我要为一旦在我国执政的工党政府拟定一个实践的纲领……它必须满足那些遭受失业、低薪、长时间工作，居住敝陋、营养不良以及伴随资本主义的许多其他弊害的人们的需要。"②

第二次世界大战后，社会民主党的社会保障思想开始兴盛。克罗斯兰是英国工党著名理论家，也是英国民主社会主义社会保障思想的代表人物。在他看来，当时英国尽管平均个人支出已经处于很高的水平，但是还存在大量的社会贫困，即由于自然灾难、身体或智力残疾、家庭规模变动、经济收入的突然波动等造成的生活困难。这些本可以避免却没有避免的社会贫困，仍然在很大程度上限制了许多人的选择和活动自由。救济这种贫困、消除这种痛苦，是社会主义追求的主要目标，也是社会主义者和保守主义者之间最主要的区别。③ 克罗斯兰认为，消除贫困仅仅通过经济高速增长、提高物质生活水平是无法解决的，必须改变社会支出的目标和方式。社会支出的目标应该优先考虑次级贫困，尤其要优先考虑上年纪的人、子女众多的人以及那些由于疾病而影响到收入的人。就社会支出的具体形式而言，除了面向以上群体的传统现金救济以外，主要是政府大规模、高质量地提供学校、住房和医院等公共服务，使公共服务和私人服务在质量上不再存在明显差距。当然，还有一些与广义社会政策相关的其他渠道，比如减免穷人税收。

瑞典的社会保障思想早在 19 世纪末就已出现。瑞典社会民主党领袖布兰亭竭力主张在瑞典建立普遍性社会保险制度。他认为："社会保险应该包括所有人口。"在瑞典这样一个还存在农村和农业的国家，仅仅适用于工人的养老金制度将会忽略这一问题的主要部分，人们不应该将其他一些社会群体排除在这种社会保险制度之外。社会保

① ［英］肖伯纳：《费边论丛》，袁续藩等译，生活·读书·新知三联书店 1958 年版，第 238—239 页。
② ［英］艾德礼：《英国的展望》，吴德芬等译，商务印书馆 1961 年版，第 91 页。
③ Anthony Crosland, *The Future of Socialism*, Constable & Robinson Ltd. , 2006, p. 87.

险给民众以公民权利，它不应该把向社会成员提供保障的责任推给慈善事业，而应该将其看作一种政府责任。[1] 两次世界大战期间，瑞典社会民主党领导人汉森提出了著名的"人民之家"计划。汉森认为，"人民之家"首先应该为民众提供有效的生活保障，这是国家对被雇佣者应该做的基本事情。[2]

第二次世界大战后，德国社会民主党 1959 年《哥德斯堡纲领》提出了社会保障方面的目标，即"社会政策应当创造重要的前提条件，使每个人都能在社会中自由发展，在承担自身责任的情况下塑造自己的生活。不允许把导致个人和社会陷入危难的社会状况当作不可避免和无法改变的事实而加以容忍"。[3] 1975 年，社会民主党通过的《1975 年至 1985 年经济政治大纲》，对社会保障制度改革和发展的目标提出了总体要求。大纲指出："社会民主党为争取一个民主的和社会公正的社会制度而采取的政策，需要得到多数人民的信任。这一政策必须确保充分就业和经济的稳定发展，同时还必须顺利推进改革。人们因已经许诺的改革未能兑现和经济进步受到威胁而产生的失望情绪，同样能动摇这一政策的民主的信任基础。这种信任基础还应该包括维持社会福利国家对人民的保障，特别是对经济上和社会上的弱者的保障。"[4]

法国社会党的社会保障思想也有一定发展。1972 年，法国社会党与共产党签署《共同施政纲领》，纲领第一部分明确提出了社会保障方面的发展目标，规定增加工资和制定最低工资水平，在不减少工资的情况下恢复每周 40 小时工资制，延长休假时间，退休金应占工资的 75%，降低退休年龄，改善教育制度等。[5]

冷战结束后，"福利国家"遭遇到一系列棘手的问题，如财政负担过重、福利依赖等。社会民主党也因此受到尖锐的批评。面对挑

---

① Tim Tilton, *The Political Theory of Swedish Social Democracy：Through the Welfare State to Socialism*, Oxford：Clarendon Press, 1990, pp. 33 – 35.

② Ibid. , pp. 127 – 135.

③ 张世鹏：《德国社会民主党纲领汇编》，北京大学出版社 2005 年版，第 78 页。

④ ［德］托玛斯·迈尔：《社会民主主义导论》，殷叙彝译，中央编译出版社 1996 年版，第 119 页。

⑤ 金重远：《战后西欧社会党》，上海人民出版社 1997 年版，第 70 页。

战，社会民主党决心进行变革，目标是实现社会公正和经济效率的统一，权利和义务、责任的统一。

曾任伦敦经济政治学院院长，被誉为英国前首相布莱尔精神导师的安东尼·吉登斯的改革思想对社会民主党的影响最大。

吉登斯提出了"无责任即无权利"的社会保障思想。他指出：政府对公民负有一系列的责任，但是，个人主义不断扩张的同时，个人义务也应该不断延伸，作为一项伦理原则，无责任即无权利必须不仅仅适用于福利制度的受益者，也应该适用于每一个人。不应该把福利国家的改革简单地理解为营造一张安全网，只有造福于大多数人的福利制度才能产生出一种公民的共同道德。如果社会保障只具有一种消极内涵并主要面向穷人，它就必然导致社会分化。[①]

吉登斯主张"积极福利"。他认为公民个人及政府以外的其他机构也应当为这种福利作出贡献。福利在本质上不是一个经济学的概念，而是一个心理学的概念，它关乎人们的幸福，经济上的利益或好处本身几乎从来都不足以创造出幸福，福利制度还必须在关注经济利益的同时关注心理利益的培育。[②]

吉登斯还提出了"社会投资国家"的概念。他指出，社会投资国家这个概念适用于推行积极福利政策的社会。在社会投资国家中，作为积极福利的福利开支不再完全由政府来创造和分配，而是由政府和其他各种机构包括企业之间共同合作来提供；个人与政府之间的关系发生了转变，自主与自我发展将成为重中之重；自上而下分配福利资金的做法应当让位于更加地方化的分配体制，福利供给的重组应当与积极发展公民社会结合起来；社会保障观念要发生积极的变化。应当逐步废除固定的退休年龄，把老人视为一种资源而不是一种负担，失业福利支出应当维持适当的标准，并且主要用于人力资源的投资方面。[③]

在吉登斯思想的影响下，英国工党前领袖布莱尔提出了"第二

---

① ［英］安东尼·吉登斯：《第三条道路——社会民主主义的复兴》，郑戈译，北京大学出版社 2000 年版，第 68—69 页。

② 同上书，第 121—122 页。

③ 同上书，第 132 页。

代福利"的观念。他指出，"第二代福利"具有这样一些特点：第一，这种福利给人以扶持，而不仅仅是施舍。它意味着多种服务，而不仅仅是现金，福利应成为成功的跳板，而不是缓解措施失败后的安全网，它应当创造稳定，使家庭和社会团体能够应付这个变化的世界。第二，这种福利能够适应家庭生活方式的改变。社会福利必须使这种改变朝好的方向发展，用安全感来代替恐惧感。第三，这种福利承认公民身份建立在权利和义务的基础上。第四，这种福利不会通过高高在上的政府来发号施令，而是鼓励地方决策、鼓励公共与私人开展合作。总之，这种福利是要消除英国中等收入阶层的不安全感和低等收入阶层的贫困。①

　　德国社会民主党前领袖施罗德积极支持社会保障制度的改革。他认为战后社会民主党的理论和实践模式正面临严重危机，不重新考虑既得的社会福利，就不能推行现代化的社会政策，对社会保障体制进行结构改革尤为重要。他主张保持最低福利标准，要求采用资本化的养老金制度取代现行再分配性的养老金制度。② 施罗德强调社会保障制度中的个人责任。他指出，现代公民社会的核心在于实现更多的以公益为目标的自我负责，必须把个人与社会的价值和目标结合起来。"当代社会民主主义者要把社会保障网从一种权利变为通向自我负责的跳板。"③ 他还强调社会公正的重要性，指出："我们要填平我们社会中的社会鸿沟。……我们要所有的人都有工作并过上富裕的生活。我们把自己看成是强者和弱者团结互助的共同体。"④

　　4. 加强环境保护

　　1972 年罗马俱乐部《增长的极限》的发表和联合国人类环境会议召开后，社会上要求关注环境问题的呼声越来越高。同时 70 年代末到 90 年代绿党的兴起也对社会民主党构成了严峻的挑战，除选票

---

　　① ［英］托尼·布莱尔：《新英国——我对一个年轻国家的展望》，曹振寰译，世界知识出版社 1998 年版，第 168—169 页。

　　② 张慧君：《施罗德与新自由主义》，《国外理论动态》1999 年第 6 期，第 20 页。

　　③ 殷桐生：《施罗德的"新中派"经济政策》，《国际论坛》2001 年第 4 期，第 72 页。

　　④ 杨光铮：《"新中派政策"："第三条道路"的德国版本》，《德国研究》1999 年第 4 期，第 21 页。

下降外，党员人数也有所减少。为应对挑战，社会民主党开始关注环境问题并相继在理论上进行了一些调整。

1972 年至 1975 年，德国社会民主党领袖勃兰特、奥地利社会党领袖克赖斯基和瑞典社会民主党领袖帕尔梅等几位社会民主党领导人通过书信和会面商讨的形式，开展关于是否调整民主社会主义目标和价值的讨论，其中就涉及环境保护问题。克赖斯基认识到，"环境保护不能被简单地看成是保健卫生问题，它应被当作具有重大意义的社会政治任务。如果工业社会不受阻碍的发展危害了人们的生存条件，那么思考与探讨我们社会更完善的制度到底还有什么意义?"[1] 勃兰特主张对罗马俱乐部所提出的观点进行扬弃的吸收，认为"'从经济到生态'这句时髦的口号不应成为'反对经济增长的论点'。但是我们的确要让我们的经济增长在某种程度上有所转变，使它能有质的改善。……我们应该着重强调：环境保护是国际团结行动的一项紧迫任务"。[2] 经过讨论，帕尔梅认为，过去的发展使人们付出了沉重的代价："从生产过程中被排挤出来的人，环境的污染，巨大的体制变化，到处增长的社会堕落，这些都是由于技术化和经济上的权力集中造成的。……廉价地相信进步的年代已一去不复返。相反，我们不断领教的是，我们的资源是有限的，环境破坏和气候变化对人类生存基本条件构成了威胁，人口爆炸和营养缺乏愈益接近了危险的程度。"[3]

经过多年讨论，生态问题已成为德国社会民主党关注的重点议题。1989 年通过的《德国社会民主党基本原则纲领》（下称《纲领》）专设"生态革新"部分对此进行阐述。《纲领》认为，环境污染使人类居住的环境遭到严重破坏，大量动植物物种灭绝，"这一切令人触目惊心地表明，我们的自然生存基础正遭受全面破坏。对我们的工业社会进行生态改造已成为生死攸关的问题"。保护自然必须成为一切政治领域的任务。就生态和经济发展的关系而言，"生态并不是经济的添加物，它是具有责任感的经济行为的基础"。"凡是在生

---

① ［德］维利·勃兰特等：《社会民主与未来》，丁冬红等译，重庆出版社 1990 年版，第 22 页。

② 同上书，第 31—32 页。

③ 同上书，第 84 页。

态方面不合理的事，就整个经济而言也就是不合理的。"为使经济发展符合环境保护的需要，从社会的角度规划生态改造显得十分必要。《纲领》为此提出了明确的生态改造目标：废除损害环境的产品、生产和体系，代之以有益于环境的产品、生产和体系；加速必要的技术革新；加强废物利用；有效地组织不可避免的废物处理；及时清理历史遗留下来的环境破坏；节约和爱护土地和耕地。《纲领》强调，人类必须学会和自然和谐相处，"我们只能要求自然界在不受长期损害的情况下给我们提供必需品。我们必须生产和使用与自然界物质新陈代谢相适应的产品"。①

20 世纪 60 年代末 70 年代初欧洲生态运动的兴起以及 1973 年英国人民党（绿党）的诞生，引起了工党对环境问题的关注。1974 年工党政府提出了"保护环境法案"。1979 年大选，工党提出了 6 项环境措施，其中包括每年向国会递交一份"环境状况报告"。1983 年金诺克当选工党主席后在《新领域》杂志发表文章指出："环境政策必须在工党思想中占据更高的地位，生态与环境保护是社会主义实践的一个主要部分，工党必须把这一成就摆在我们形象的首位。"② 1988 年，工党通过了新的决议——《民主社会主义的目的和价值》，首次从理论上阐述了生态问题与社会主义意识形态的内在联系。90 年代以来，工党理论家及其领袖更加关注生态问题。吉登斯认为，在现代性条件下，所谓的"环境"已经不再是传统的纯粹的自然界了，它与人类及其活动越来越密切地联系在一起。过去许多属于自然界的事物，现在可能是人类活动的产物，也可能受到人类活动的影响。"作为全球工业发展的结果，我们可能改变了世界的气候，还大大破坏了地球的生存环境。"③ 环境的改善必须从改变人类自身的思维方式、生活方式和生产方式开始。在他看来，先污染再治理，是一种双重的浪费。科学的做法，应该是以预防为主。"生态计划通常集中于污染

---

①　张世鹏：《德国社会民主党纲领汇编》，北京大学出版社 2005 年版，第 133—134 页。

②　N. Kinnock, "Who Can We Trust?" *New Ground*, No. 1. 1983.

③　［英］安东尼·吉登斯：《失控的世界——全球化如何重塑我们的生活》，周红云译，江西人民出版社 2001 年版，第 17 页。

控制；更先进的管理者和企业并不这么做，它们的方法是在污染产生出来以前就加以预防或限制。在它们看来，环境危害反映了低效率的设计，而不是生产过程中不可避免的副产品。"① 2009 年，吉登斯出版了他的新书——《气候变化的政治》。书中提出了一个以自己名字命名的概念——"吉登斯悖论"（Giddens Paradox）。"吉登斯悖论"是指：既然全球变暖带来的危害在人们的日常生活中不是具体的、直接的和可见的，那么，不管它实际上多么可怕，大部分人就依然是袖手旁观，不做任何具体的事情。但是，一旦等情况变得具体和真实，并且迫使他们采取实质性行动的时候，那一切又为时太晚。② "吉登斯悖论"折射出带有强烈共时性冷漠特征的状态为环境治理所带来的难以消解的宏观困局。作为工党的领袖，英国前首相布莱尔 1996 年 2 月 27 日在伦敦皇家学会的演讲中表达了对环境问题的关切。他说："环境可持续性往往和经济繁荣联系在一起。经济和环境的关系中最重要的是环境生产力的概念。大多数工业化国家目前在环保方面的效率都很低。它们浪费能源和资源，造成的污染大大超过了其经济活动水平所必需的量。这对经济和环境都造成了损害。保护环境意味着提高经济体的环境生产力，意味着更有效地利用资源，降低单位产出所制造的污染量。这便是可持续发展的关键所在。"③ 他在写给女儿凯瑟琳的信中，充满深情地说，"共同努力保护自然，维护世界的美丽，确保留给下一代一个美好、清洁的环境"，④ 是一项伟大的事业。

　　生态环境问题也是瑞典社会民主党关注的重要问题。早在 1974 年，该党领袖欧·帕尔梅就认识到了生态破坏对人类生存造成的威胁。⑤ 此后，党的 1978 年纲领、1990 年纲领、2001 年纲领相继阐述

---

　　① ［英］安东尼·吉登斯：《第三条道路及其批评》，孙相东译，中共中央党校出版社 2002 年版，第 138 页。

　　② Anthony Giddens, *The Politics of Climate change*, London: Polity Press, 2009. p. 2.

　　③ ［英］托尼·布莱尔：《新英国——我对一个年轻国家的展望》，曹振寰等译，世界知识出版社 1998 年版，第 268—269 页。

　　④ 同上书，第 293 页。

　　⑤ ［德］维利·勃兰特等：《社会民主与未来》，丁冬红等译，重庆出版社 1990 年版，第 84 页。

了环境污染的危险性并提出了相应的治理思路。瑞典社会民主党指出:"明智的对地球资源的节约使用是人类前途的必要条件。经济发展必须生态上持久,以便后人能够生活在有新鲜空气、清洁水、自然气候和生物种类多样的世界。但是今天对自然资源和生态环境的利用超过了长期持久的界线"①,"自然的多样化和美丽景色在许多地方已经被毁灭或者受到严重威胁。尽管我们在许多领域内已经采取措施减少排泄并努力把其压缩到一个不危险的水平,但数十年来的环境污染将迫使我们在很长一个时期里与严重的环境问题生活在一起。"② 为了给现代人和后代一个可持续发展的环境,社会民主党呼吁必须改变传统的技术和经济发展模式。"从长远观点看,环境问题不能通过事后修补来解决,对环境问题必须采取预防措施。所有这些将要求人们改变生活习惯,同样企业也需要改变其技术。一项成功的环境政策要求社会的每一部分对良好的环境担负起责任并节约使用自然资源。"③

生态平衡和环境保护问题一方面被西欧社会民主党作为重要的社会问题提出来,同时也反映到 20 世纪 80 年代中期以来社会党国际召开的历次代表大会所通过的有关决议中。社会党国际二十三大和二十四大还就气候变化对地球的影响及能源问题通过专门决议。这表明,生态保护日益成为社会党国际所关注的重要议题。

社会党国际指出,环境危机是全球范围的关键和根本性挑战。无论北方还是南方,生态平衡都受到危害。"动植物种逐年灭绝,且有充分的证据表明臭氧层正在衰竭。在北方,不负责任的工业主义毁坏了森林地带;在南方,对整个世界生存至关重要的雨林正以令人惊恐的速度萎缩。在富国,土壤污染愈加严重;在穷国,沙漠侵蚀着文明。无论何地,都短缺清洁的水源。"④ 生态系统遭到破坏,"对我们所在星球上的生命的基本生存条件构成威胁,并有引起国际冲突的危险。环境受到的干扰同政治和社会的稳定性受到破坏之间有着如此明

---

① 高锋等:《瑞典社会民主主义模式——述评与文献》,中央编译出版社 2009 年版,第 297 页。
② 同上书,第 243 页。
③ 同上。
④ 《社会党国际重要文件选编》,当代世界出版社 2005 年版,第 11 页。

显的联系，这是不能不予注意的"。①

关于环境危机的原因，社会党国际指出："全球环境问题起因于世界人口的增长、物品和服务消费的日益增加以及污染控制措施不利。除此之外，短期的经济行为和对利润的追求，使用对环境有害的技术，都会导致对自然资源的可怕浪费。"②

关于环境危机的责任，社会党国际十九大通过的《关于环境与可持续发展的宣言》指出："尤其是工业化国家应承担责任，他们是制造污染最严重的国家，其中一些国家更应受到谴责。世界上五分之一的人口应对五分之四的环境破坏负责。对全球环境最大的破坏来自造成浪费的生产和技术，发达国家奢华的消费方式，以及对第三世界人力和自然资源残酷的剥削。"③

"避免环境恶化，鼓励环境保护以及在持续发展的基础上对自然资源的管理必须成为社会进步和经济发展的基础。"④　为此，社会党国际呼吁：我们面临着一项制定有关环境保护和自然资源管理的长期战略的重大任务。我们必须找到一个既符合经济与社会发展的要求，又符合安全与持久的世界的要求的发展战略。⑤

社会党国际认为，环境问题不仅仅是一个国家内部的问题，而是一个国际的问题，"因为环境的破坏超越国界，环境保护必须是国际性的"。"环境问题影响了整个世界共同体，并使发展中国家深受其害。没有多边援助和合作，穷国无法解决这些问题。"⑥

（四）国际民主

社会民主党关于国际民主思想的表述，最早出现于 1951 年社会党国际成立宣言《法兰克福声明》中，主要包括三个方面的内容：第一，政治民主、经济民主、社会民主的国际扩展。《声明》指出，

---

① 《社会党国际文件集（1951—1987）》，黑龙江人民出版社 1989 年版，第 490 页。
② 《社会党国际重要文件选编》，当代世界出版社 2005 年版，第 298 页。
③ 同上书，第 62 页。
④ 同上书，第 63 页。
⑤ 《社会党国际文件集（1951—1987）》，黑龙江人民出版社 1989 年版，第 490 页。
⑥ 《社会党国际重要文件选编》，当代世界出版社 2005 年版，第 11—12 页。

社会主义从一开始就是一场国际运动。它之所以是国际性的，就是因为它努力把所有人从所有经济的、思想的、政治的奴役下解放出来。它之所以是国际性的，就是因为它相信，没有一个民族能够单独找到持久解决自己全部经济与社会问题的方案。第二，反对民族奴役和剥削，消除地区贫困。《声明》指出，民主社会主义为反对任何形式的帝国主义而斗争。它为反对施加于任何一个民族的奴役和剥削而斗争。但仅仅反对帝国主义还不够。在世界广袤地区生活着千百万受到疾病侵袭、深陷贫困与愚昧之中的人们。贫困阻碍了走向民主的发展，世界一部分地区的贫困是对其他地区幸福的威胁。提高贫困地区的物质与文化标准是所有国家人民的利益所在。第三，建立集体安全体系，维护世界和平。民主社会主义认为保卫世界和平是时代最迫切的任务。和平只有通过一种集体安全体系才能得到保障。联合国组织的建立是为建立一个国际共同体所采取的重要步骤，必须严格贯彻联合国宪章的基本原则。[①]

　　1986 年社会党国际第十七次代表大会在秘鲁首都利马召开，这也是社会党国际首次在拉丁美洲召开的代表大会。大会通过的《利马委托书》再次强调了国际民主的思想。它指出："社会主义是以对国内社会与世界社会的政治、经济、社会与文化结构实行民主化为手段，来争取人类解放的运动。""社会主义是民主的最深刻、最全面和最具国际性的表现。""不能把社会主义看作是经济先进国家公民的一种奢侈品，而应看作世界上个人与集体自决的普遍人权，在这个世界上，权力和统治越来越具有国际性。"《利马委托书》批驳了那种认为发展中国家没有能力实行民主的观点。它指出："有人告诉我们新兴资本主义社会内的工人和农民还没有能力实行民主。我们曾在理论上和斗争中戳穿了这个谎言。现在又有人——而且不仅是南非白人种族主义者——说什么第三世界的人民不能成功地治理自己。我们将在理论上和斗争中帮助人们戳穿这种谎言。"社会党国际认为，坚持民主的国际性，一方面是出于对世界各地为争取自由而斗争的人民的声援；另一方面，是因为认识到"权力结构越来越具有国际性，

---

① 　张世鹏：《德国社会民主党纲领汇编》，北京大学出版社 2005 年版，第 65—66 页。

任何一国争取社会主义的运动都不能仅仅靠自身力量真正取得成功。资本也比以往任何时候都更具有全球性"。不论对北方还是南方来说，民主社会主义的国际性都不仅是一种道义上的理想，而且是一种实际的需要。①

德国社会民主党 1959 年《哥德斯堡纲领》指出，"民主社会主义始终坚持国际合作和团结互助的思想。在国际范围内所有利益关系都紧密连接在一起的时代，任何一个民族都不能单独解决自己的政治、经济和文化问题。""无论各国的政府制度和社会结构如何，与所有国家建立正常的外交和贸易关系都是绝对必要的。""民族国家必须表明它们尤其要与发展中国家实行团结互助。现在还有一半以上的世界居民生活在严重贫困和愚昧之中。只要还没有对于世界财富进行重新分配，发展中国家的劳动生产率还没有大幅度提高，民主的发展就会处于危险之中，和平就会受到威胁。"②

英国工党宣称自己是一个国际主义的政党，它认为"社会主义的对外政策旨在创造使世界摆脱贫困、压迫和战争的条件"。在它看来，"今天的世界越来越相互依存。因此，工党认为国际方面的政治也日益重要。我们对国际合作和发展的承诺应该成为在英国建立社会主义的必要组成部分"。它认识到，"在许多国家里，人的基本民主权利和工会的权利被否认。作为社会主义者，我们毫不含糊地支持所有为反对不公正、压迫和剥削而进行斗争的人们"。③

法国社会党也宣称它既是民族的党，也是国际性的党。之所以是国际性的党，是因为在它看来，"祖国不过是人类的一部分，社会主义不能在孤立中实现，各国人民之间的关系已具有全球性质，况且社会主义不允许因肤色、种族、国界或发展程度的不同而产生种种歧视，社会主义要求富国与穷国间的积极互助，要求积极声援那些被剥夺了民主治理本国事务权利的各国人民"④。"社会党谴责任何一国人

---

①　《社会党国际文件集（1951—1987）》，黑龙江人民出版社 1989 年版，第 503 页。
②　张世鹏：《德国社会民主党纲领汇编》，北京大学出版社 2005 年版，第 82—83 页。
③　《社会党重要文件选编》，中共中央党校科研办公室 1985 年印行，第 430 页。
④　同上书，第 370—371 页。

民对另一国人民的剥削，支持各国人民自决的权利。"①

国际民主也是瑞典社会民主党关注的一个重要议题，在它看来，"各国及其人民的命运是相互依赖和联系在一起的，决定着人类未来的问题单凭个别国家的努力是解决不了的"。社会民主党"在努力使本国社会朝着社会主义方向发展的过程中，意识到本党与世界上所有为实现民主社会主义事业而奋斗的各种力量的目标是一致的"。它"希望在争取民族独立、经济和社会平等以及争取和平的斗争中，与所有这些力量进行合作"。"世界各国人民的自由与全世界的和平是它的奋斗目标。"②

冷战结束之后，面对全球化的挑战，社会民主党的国际民主思想也进行了一些调整。

传统上，社会民主党的国际民主诉求与社会主义或共产主义有着这样或那样的关联。例如，社会党国际第一次代表大会提出的"使所有人从各种形式的经济、精神和政治的束缚中解放出来"的口号，就具有鲜明的社会主义色彩。直到20世纪80年代末，社会民主党仍然坚持具有社会主义色彩的目标追求。例如，1989年召开的社会党国际十八大通过的《原则宣言》，在展望未来的前景时就指出："在国际化迅猛发展的时代，民主社会主义的目标不可能只在少数几个国家实现。""我们相信，我们原则的坚强有力，我们论据的力量和我们支持者的理想主义，将为缔造走向21世纪的民主社会主义未来做出贡献。"③

20世纪90年代以来，经济全球化加速发展，资本流动性增强，跨国经济联系日益密切，各国之间经济依存度大大提高。全球化一方面促进了世界经济快速发展；另一方面"全球化也是造成新的全球性问题和威胁的根源：贫富差距日益扩大、环境恶化、文化冲突、全球性移民"。④"这是一个充满希望和机会的时代，但同时也是一个不

---

① 《社会党国际和社会党重要文件选编》，中共中央党校出版社1993年版，第301页。
② 《社会党重要文件选编》，中共中央党校科研办公室1985年印行，第483—484页。
③ 《社会党国际重要文件选编》，当代世界出版社2005年版，第21、22页。
④ 同上书，第271页。

稳定和不安全的时代。"① 面对新的形势，社会民主党提出了民主的全球治理思想。

　　社会民主党全球治理的目标是"建立以多边主义、民主、尊重人权和可持续发展为基础的世界新秩序"②，这种"新秩序"在政治上的表现就是为全球公民建立一个既有效又民主的全球政治结构，以保障和维护和平、促进安全和保护对基本人权的尊重，这个政治结构的基础是联合国千年宣言，其中各个国家和政府的首脑就人权、民主和全球治理达成一致，并付诸实施；在经济上的表现是主张建立一种共同负责的全球经济和金融秩序，"国际和平与安全和经济、财政问题密切相关，这要求我们必须以进取的姿态来处理经济和财政问题。因此，保证在国际金融领域内的有效透明度和为所有的金融体系建立审慎的规则，就变得极为重要了，自然也包括投机资本和海外资产领域。取消财政规避，限制短期流动投机资本向发展中国家的流动所带来的不稳定影响，通过更加有序的方式开放资本市场，包括起积极作用的贷款方在解决危机中的机制。反对有组织的国际犯罪、国际毒品走私和洗黑钱，主张在联合国的监督下建立一个经济安全委员会"。③

　　社会民主党认为，全球化所带来的全球问题已超出了民族国家治理能力的范围，要解决这些问题，除了依靠各国政府外，还要依靠各种国际组织、非政府组织、全球市民社会、各种社会运动等其他非国家行为体和次国家行为体。社会党国际前主席维利·勃兰特曾在全球治理委员会的报告中指出："在全球层面上，治理一直被视为主要是一种政府间关系，但现在它必须被理解为也包括非政府组织、公民社会、跨国公司以及全球资本市场，它们均与影响力急剧扩大的全球媒体相互作用。"④ 社会党国际指出："治理全球化要求更完善的政治行为，也需要国家、区域和国际社会的高度民主参与，一个没有约束和规则的世界将会导致不平等和分裂，我们强烈反对这一导致在任何地

---

① 《社会党国际重要文件选编》，当代世界出版社 2005 年版，第 34 页。

② 同上书，第 269 页。

③ *Socialist Affairs*，Issue 3 - 4 Volume 48，p. 63.

④ Ingvar Carlsson, Shridath Ramphal, *Our Global Neighborhood*: *the Report of the Commission on Global Governance*, Oxford University Press, 1995, pp. 2 - 3.

方产生不信任、不确定性、不平等和冲突的思想。"① "民主的全球治理要想控制全球化的结果，它必须采取干预政策。然而，挑战全球化不仅仅是社会党国际和国际机构的努力，也不仅仅是全球治理的问题，它也靠国家和地方政府的努力。这就需要建立一个多元水平的治理，把全球机构和战略同那些区域、国家、次区域和地方水平结合起来，实现共同治理。"② 由此可见，社会民主党人所倡导的全球治理思想中的主体是多元的，既包括国家这一传统主体，也包括非国家行为体。

社会民主党认为，进行全球治理，必须加强国际合作。布莱尔指出，在当今时代，经济是国际化的，环境是国际化的，犯罪也是国际化的。必须把国际接触视为解决跨国问题的逻辑方法，而不是对境内主权的一种威胁。因此，"在国际问题领域，我们必须保持向外看而不是做孤立主义者"。③ 他强调，当今时代，必须充分认识到孤立主义的软弱无能，各国只有与其他国家发展伙伴关系才能强大有力。④ 1992 年，社会党国际在柏林召开十九大，强调国际合作，主张建立地区合作和实行区域一体化；1996 年二十大通过的《世界经济宣言》，主张在国际合作的基础上建立"共同负责的新体系"以解决全球化问题，在《创造和平、保卫世界和平的宣言》中提倡在多边合作的基础上建立"正义与和平的世界秩序"；在 1999 年的二十一大和 2003 年的二十二大上，社会党国际认为在全球化时代，民族国家独立解决全球问题和国内问题的能力有限，只有通过加强国际合作才能得到解决。

①　*Socialist Affairs*, Issue 3 – 4, Volume 48, p. 62.

②　http://www.socialistinternational.org/5Congress/XXⅡCongress/xxiiglobalgovernance. htm.

③　陈林等：《第三条道路——世纪之交的西方政治变革》，当代世界出版社 2000 年版，第 27 页。

④　[英] 托尼·布莱尔：《新英国——我对一个年轻国家的展望》，曹振寰等译，世界知识出版社 1998 年版，第 300 页。

第四章 　西欧社会民主党的执政实践

对任何一个政党来说，获取执政地位，执掌公共权力，都是最基本的目标。西欧社会民主党自诞生以来，一直在为适应时代发展和客观条件变化进行调整和变革。经过一百多年的发展演变，社会民主党从最初受歧视、受迫害的反体制的党变成了认同并参与制定游戏规则的体制内的党，从长期在野的反对党变成了轮流坐庄的执政党。社会民主党在第一次世界大战后步入执政舞台，在少数国家短期执政或联合执政。第二次世界大战后，众多社会民主党粉墨登场，开始单独执政或联合执政。历史地看，社会民主党既创造过执政的辉煌时代，也曾面对长期在野的黯淡时期。但即使扮演在野党角色，社会民主党对政府的国内和国际政策仍然具有重要的影响力。

一　社会民主党执政历程

西欧社会民主党在第一次世界大战后崭露头角，在少数国家短期执政或联合执政，拉开走向执政舞台的序幕。第二次世界大战后，社会民主党进入"黄金时代"，它们"参与了几乎所有西欧民主政府，但只是在英国、瑞典和挪威，它们才掌握控制权。在其他国家，它们与非社会主义政党分享权力"。① 20 世纪 70 年代中期至 90 年代初，社会民主党喜忧参半，一些社会民主党在大选中一再受挫，长期在野，与此同时，南部欧洲的社会民主党在竞选中却屡创佳绩而上台执

① ［英］唐纳德·萨松：《欧洲社会主义百年史》上册，姜辉等译，社会科学文献出版社 2008 年版，第 140 页。

政。20 世纪 90 年代中期，西欧 13 国社会民主党单独执政或联合执政，开始"神奇回归"。新世纪伊始，社会民主党的执政地位又发生了戏剧性变化。

（一）崭露头角

第一次世界大战之前，西欧没有一个社会民主党人在其所属政党支持下进入政府供职。它们的意识形态促使它们坚定地站在反对资产阶级政府的立场上。

战争使这一状况发生了根本的改变。在大多数交战国，社会民主党右派领袖背叛了在第二国际斯图加特大会上做出的竭尽全力阻止战争的承诺，放弃了巴塞尔宣言的革命原则，相继在议会投票赞成战争拨款并加入本国政府。这样做的结果是许多社会民主党成为合法政党，但却是以第二国际的实际瓦解为代价的。

社会民主党在战争中获得的合法的"国家"力量的身份，意味着它们在短期内可以实现对政府权力的分享。战争结束后，西欧国家的社会民主党在选举中取得明显进展。在许多情况下，它的确展现出它已经成为一支具有选举资格的政治力量，尤其是在斯堪的纳维亚国家更是如此。英国工党 1924 年 1—11 月、1929 年 6 月至 1931 年 8 月两次在自由党的支持下短期执政，1940—1945 年与丘吉尔为首相的保守党联合执政。法国社会党 1924 年 5 月至 1925 年 4 月、1932 年先后两次参加激进社会党组成的"左翼联盟"政府，1936 年组阁联合政府一年。德国社会民主党在 1919 年至 1930 年 3 月曾短期单独执政或与其他政党联合执政。西班牙社会主义工人党 1931 年与共和党组成执政联盟，短期执政。瑞典社会民主工党在 1920 年、1921—1923 年、1924—1925 年三次组成少数派政府，1932 年再次上台执政。丹麦社会民主党早在 1916 年就参加了激进党人领导的联合内阁；在 1924 年更是组成了清一色的社会民主党内阁，这届内阁虽然没有多数支持，却执政了两年。1930 年丹麦社会民主党再次上台执政，直至第二次世界大战爆发。1928 年，挪威工党作为最大的政党，在没有多数派支持的情况下组成了一个清一色的工党政府，但只维持了18 天就迅速倒台。1935 年，挪威工党与农民党达成"红—绿"联盟的反危机协议而上台执政，直到第二次世界大战爆发。

西欧社会民主党在选举中虽然获得不菲的成绩，但在多数情况下，只能通过联盟策略，组成联合政府。"法国社会主义者发现自己实际上已经同激进派结盟，英国社会主义者同自由党人结盟，西班牙社会主义者同共和党人结盟，瑞典社会主义者与自由党（1917）和农村党（1936）结盟，挪威社会主义者与农业党（1935）结盟，德国社会主义者与中央党结盟。"① 这种与其他政党的合作往往也并不愉快，经常由于与执政伙伴出现政策分歧而使联合政府倒台，或者被迫右转，采取与党的纲领不一致的政策。例如，1917 年 10 月，瑞典社会民主党与自由党组成联合政府。在关于混居村镇居民的税负问题上，自由党人代表农民利益，社会民主党人代表工人利益，双方互不相让，最终导致联合政府于 1920 年 3 月解体。②

（二）黄金时代

第二次世界大战结束后的二十年内，除了德国社会民主党和意大利社会党，西欧其他国家的社会民主党都在信誉上胜过了它们的政治竞争者。这是因为，二战期间，在那些曾经遭到法西斯主义侵略的国家和曾经由法西斯政党掌握政权的国家，社会民主党作为反法西斯抵抗运动的支柱付出了重大牺牲，因而受到尊敬，赢得信任；而在那些未遭到法西斯主义侵略的国家，例如瑞典和英国，社会民主党则成功地实行了克服经济危机的宏观经济政策。

在比利时，1945—1949 年的 7 个联盟政府，都是由社会党主导的；在荷兰，从战争末期直到 1958 年，拥有不到三分之一选票的工党，参加了全部 5 个联盟政府，而在 1948—1958 年的十年间，政府总理都是由工党领袖威廉·德里斯担任；在奥地利，从 1945 年到 1966 年，社会党与人民党一直联合执政；在芬兰，自 1948 年共产党被逐出政府后，社会民主党一直维持着同农民党及其他小资产阶级政

---

① ［英］唐纳德·萨松：《欧洲社会主义百年史》上册，姜辉等译，社会科学文献出版社 2008 年版，第 48 页。
② 袁群：《瑞典社会民主党的历史、理论与实践》，云南人民出版社 2009 年版，第 58 页。

党的结盟；丹麦社会民主党在 1945 年的联合政府中处于主导地位，在 1947—1950 年，它在共产党和中立的激进自由党的支持下，组成一个少数派政府；在挪威和瑞典，工党和社会民主党在战后多数时期一直占据统治地位；英国工党在 1945 年取得"历史性"胜利，此后又相继在 1950 年、1964 年、1966 年的大选中获胜。

从二战结束到 70 年代中期，西欧社会民主党积极参与国家的政治、经济建设和社会改造，为战后重建作出了巨大贡献。在这一过程中，逐渐形成了现代民主社会主义的理想模式，即凯恩斯主义的宏观经济调控加上社会福利国家建设。它一方面利用了资本主义经济制度所能提供的积极因素，如经济增长、生产力发展和消费需求的灵活取向；另一方面又能通过建设一个广泛包容的社会福利国家来克服资本主义经济制度在社会问题上的消极影响。这一模式在二战后的前 30 年取得了巨大成功，因此，这一时期被西方部分学者称为社会民主党的"黄金时代"。

所谓"黄金时代"的社会民主党的纲领政策模式，根据英国理论家克罗斯兰的观点，是由以下几个特征混合组成的：自由的民主制、混合经济、发达的福利国家、凯恩斯主义的经济和财政政策以及社会平等的信念。① 这一模式一直到 20 世纪 70 年代都是成功的。整体来看，这个时期无论是国民生产总值还是工业生产增长率都大大超过战前时期的速度，其中英国是 3.0%，法国是 5.2%，德国是 5.9%。奥地利社会党在其执政的 10 年间，年均经济增长率达到 4.6%。瑞典社会民主党所取得的经济成就更为世人所瞩目，从 1950 年到 1980 年的 30 年间，国内生产总值年均增长 3.3%，到 1970 年，瑞典人口仅占世界总人口的 0.2%，却创造了世界经济总值的 1.4%，其政绩是十分明显的。②

正因为取得上述成就，"在几乎所有的欧洲国家中，社会民主主义政党在第二次世界大战以后的二十年内至少得到全体选民三分之一

---

① ［德］托玛斯·迈尔：《社会民主主义的转型：走向 21 世纪的社会民主党》，殷叙彝译，北京大学出版社 2001 年版，第 41—42 页。

② 何强：《二战后欧洲社会党经济政策的演变》，《燕山大学学报》2008 年第 1 期，第 29 页。

的支持，在 60 年代和 70 年代所获得的选民支持的份额继续增加。
'社会福利国家政党' 的形象到处都成了社会民主党的标志"。①

（三）危机时代

20 世纪 70 年代中期至 90 年代初，社会民主党声望下降，在大选中纷纷落马，大多长期成为在野党。1976 年，连续执政长达 44 年的瑞典社会民主党下台，1982 年重新上台后 1991 年再次下台。1979 年，英国保守党在大选中获胜，撒切尔夫人出任英国首相，撒切尔主义风靡西欧，工党连续在野 18 年。1982 年，德国基督教民主联盟主席科尔出任联邦德国总理，社会民主党连续在野 16 年。接着，其他各国社会民主党大都在大选中失势。法国、希腊、西班牙、挪威、奥地利等国的社会民主党虽然或者保持执政地位或者曾间断参与执政，但力量也有所削弱。②

"造成 70 年代末开始的持续很久的社会民主党守势时期的原因之一是势头加强的经济危机连同日益增长的大批失业，不断扩大的国家财政赤字和国家的愈来愈显得无效的景气政策。"③

20 世纪 70 年代初，由于"石油战争"的爆发，西方国家陷入了世界性经济危机，西欧各国出现了生产停滞和通货膨胀并存的局面。与此同时，西欧各国的失业率在 1974 年以后呈现上升趋势，并远远高于 1955—1973 年期间的平均失业率 2%。④ 针对这种"滞胀"局面，社会民主党传统的需求管理政策失灵。因为根据凯恩斯主义的需求管理理论，如果经济中存在着过度繁荣状况，国家应采取紧缩经济政策，减少政府开支和降低货币供给量以便抑制通货膨胀，然而，这会增加失业；反之，则相反。失业和通货膨胀并发，难以兼治。因

---

① ［德］托玛斯·迈尔：《社会民主主义的转型：走向 21 世纪的社会民主党》，殷叙彝译，北京大学出版社 2001 年版，第 38 页。

② 吕雅范：《西欧社会党执政历史分析》，《中共天津市委党校学报》2004 年第 3 期，第 31 页。

③ ［德］托玛斯·迈尔：《社会民主主义的转型：走向 21 世纪的社会民主党》，殷叙彝译，北京大学出版社 2001 年版，第 43 页。

④ Max-Stephan Schulze, *Western Europe*: *Economic and Social Change Since 1945*, Longman, London, 1999. p. 47.

此，社会民主党的经济政策在实践中处于两难困境。

社会民主党的福利国家政策也遭遇困境。经济发展速度的下降，使得社会民主党所主张的"高工资、高税收、高福利"的福利政策难以为继。经济增长速度趋缓，失业人数上升，福利开支增加；而国家税收却由于经济不景气而减少，这使国家用于福利开支的资金处于紧张状态。二者的矛盾导致西欧国家福利水平下降，就业工人的工资增幅赶不上物价的增幅，下层工人群众的生活水平大大降低。同时，过高的税收降低了个人劳动的积极性，也打击了企业的投资意愿，加重了企业的成本。在资本全球流动的情况下，大量企业转移生产基地，导致税源流失。正如德国社会民主党著名理论家托玛斯·迈尔指出的那样："对经济发展的调控及其以政治决定支配经济机制的做法，社会福利国家及其福利保障和公共开支，通过高税额筹集再分配政策经费的做法，对雇员利益的保护和以此为宗旨的工会政策，所有这一切都被看成阻止各民族国家的国民经济对全球竞争压力作出必要让步的障碍，因此在欧洲的政治舆论中，社会民主主义的改良纲领突然相当广泛地被看成一种道德上用意良好的、却带来灾难性经济后果的社会供应纲领。"①

（四）神奇回归

从 20 世纪 90 年代中期开始，中右政党在大选中先后落马，社会民主党纷纷上台执政。1994 年 5 月，荷兰工党在大选中获胜，组成了 1976 年以来第一个由工党领导的联合政府。同年 9 月，瑞典社会民主党重新上台执政。接着，丹麦、芬兰、比利时的社会党相继赢得大选，出面组阁。1997 年 5 月，英国工党以压倒优势战胜掌权 18 年之久的保守党，组成英国战后历史上支持率最高的一届政府。同年 7 月，法国社会党也和共产党联合执政，实行与右派总统的"共处"，法国第三次出现"左右共治"局面。1998 年 9 月，德国社会民主党在大选中获胜，与"绿党"组成第一届"红绿联合政府"。同年 10

---

① ［德］托玛斯·迈尔：《社会民主主义的转型：走向 21 世纪的社会民主党》，殷叙彝译，北京大学出版社 2001 年版，第 43—44 页。

月，意大利左翼民主党主席达莱马授权组阁。至此，整个西欧除了西班牙和爱尔兰以外，其余 13 个国家都是社会民主党单独执政或联合执政，西欧政治版图呈现出一片"粉红色"。① 社会民主党的这种状况被人称为"神奇回归"。

社会民主党在 20 世纪末的"神奇回归"，一方面是由于新自由主义政策的失灵；另一方面是基于社会民主党的理论与政策创新。

从 70 年代末开始，新自由主义取代凯恩斯主义在许多国家得势。在国家的作用问题上，它主张"小政府"，反对"大政府"，主张弱化国家的作用；在国家与社会的关系上，它主张市场原教旨主义和强烈的经济个人主义，认为福利国家对公民社会的秩序具有破坏性，但市场不会如此，因为市场的兴衰取决于个人的能动性；在经济制度上，它推崇私人企业制度，认为私有制是人类历史上最完善的制度，主张给私人经济活动以充分的自由；在福利国家问题上，它反对福利国家制度，认为福利不应被理解为国家的救济，而应被理解为最大化的经济增长以及由此带来的总体财富，实现这一目标的唯一办法是让市场自己去创造奇迹；在对待"平等"问题上，它认为平等是"天真的和不合情理的"，平等主义的政策创造出一个单一的社会，而且这些政策只能借助于专制力量来实现。

20 世纪 80—90 年代，是新自由主义的兴盛时期。新自由主义政策的推行，一定程度上遏制了通货膨胀，提高了企业的利润率，促进了经济发展与国家竞争力的增强。但是这种"劫贫济富"的经济政策也造成失业率居高不下、贫富差距拉大、不平等现象加剧、社会矛盾激化等一系列社会问题。对此，法国第八巴黎大学哲学教授丹尼尔·本赛伊这样评论道："最近 20 年的自由主义社会政策已经摧毁了干预的手段。……社会保障体系遭到损害。私有化破坏了积极的工业政策的杠杆。雇主们获得了税收优惠，却未做任何回报。战后凯恩斯主义政策所依靠的劳资关系已由于取消指数工资制，由于工资的个人化，劳动时间的弹性化，工会和集体谈判的削

---

① 〔德〕托玛斯·迈尔：《社会民主主义的转型：走向 21 世纪的社会民主党》，殷叙彝译，北京大学出版社 2001 年版，译者前言第 19 页。

弱而被打乱了。"①

面对危机，中右政党束手无策。而这一时期社会民主党针对危机，提出了超越左与右的策略，即所谓的"第三条道路"。历史上也曾经出现各式各样的"第三条道路"，但以往的"第三条道路"理论总是试图在资本主义制度和社会主义制度之间寻找所谓的"中间道路"，而20世纪末由社会民主党提出的"第三条道路"并不是针对资本主义和共产主义这两种思想和两种制度的冲突，也不是针对所谓改良社会主义与革命社会主义的历史分野，而是针对资本主义社会内部传统的左和右政治意识及其政治运作模式。"第三条道路代表了一种现代化的社会民主主义，热情致力于其社会公正和中左政治目标，但却是以灵活、创新和富有远见的方式来实现它们。"它在坚持自由、公正、互助等社会民主主义核心价值观的基础上，"坚定地超越了那种专注于国家控制、高税收和生产者利益的旧左派，和那种把公共投资以及常常把'社会'和集体事业概念当作邪恶而要予以消除的新右派"。②"第三条道路"强调将社会公正与市场效率有机结合，减少国家干预，注重发挥市场作用；兼顾效率与公平，建立新的个人与社会关系；逐步放弃公有制和国有化原则，积极推进私有化；主张变消极福利为积极福利，等等。这些理论和政策，适应了形势的发展，顺应了时代的潮流，赢得了民众的认同和拥护。

（五）重陷困境

进入21世纪，欧洲政坛局势上演大逆转，社会民主党在国内的政治选举中一再失利。2001年5月，意大利举行了全国大选，以意大利力量党等中右派政党组成的"自由之家"击败了由左翼民主党等中左党派组成的"橄榄树联盟"上台执政；2001年9月的挪威议会选举，执政的工党仅获得24.4%的选票，创下1927年以来的最低得票纪录；同年11月，丹麦在野的自由党为首的政党集团以较大的

① 陈林等：《第三条道路——世纪之交的西方政治变革》，当代世界出版社2000年版，第435页。
② 同上书，第5页。

优势赢得选举，而连续执政 8 年的社会民主党在这次大选中只赢得了
29.1% 的选票，比上届大选减少了 6.8%。2002 年 5 月，法国社会党
不论在总统大选还是随后进行的立法选举中一再败北，其领袖若斯潘
在总统大选的第一轮选举中就被淘汰出局；在随后举行的议会选举中
只获得 138 个议席，而传统右翼势力以压倒多数大获全胜，获议席
393 个，法国左右共治的局面宣告结束。2002 年 5 月的荷兰议会大
选，荷兰工党仅获得 15.1% 的选票，与 1998 年相比下降了 13.9 个百
分点。同年 9 月，德国举行大选，社会民主党和绿党组成的红绿联盟
险象环生，最后仅以 11 个席位的优势侥幸胜出。

社会民主党的颓势近几年也未能得到遏制。德国社会民主党在
2005 年、2009 年和 2013 年的联邦议会大选中连续败给自己的对手基
督教民主联盟。丹麦社会民主党在 2005 年和 2007 年的两次大选中连
续败北。2010 年英国工党在连续赢得三次大选、执政 13 年之后走下
执政舞台，2015 年再次败给卡梅伦领导的保守党。甚至一直被视为
社会民主党的样板和堡垒的瑞典，社会民主党继 2006 年选举失败后，
在 2009 年和 2010 年又接连败北。2011 年，同为债务所困的执政
党——西班牙社会主义工人党和葡萄牙社会党更是一败涂地：前者败
给了右翼人民党，而且选民比上届流失近 40%；后者仅赢得 28% 的
选票，为 1987 年以来最差。2013 年 9 月，连续执政 8 年的挪威工党
也在选举中下台。法国社会党自 1995 年以来在总统选举中连续在
2002 年、2007 年败北，2012 年 5 月，社会党领袖奥朗德成功当选法
国总统，"但奥朗德的当选与其说是社会党理论政策的创新，倒不如
说是前总统萨科齐执政不得人心而导致选民对其深深厌恶的结果"。①

新世纪社会民主党在西欧政坛的失利的原因主要存在以下几个
方面：

第一，外来移民问题。一般而言，社会民主党对外来移民是持比
较积极的态度的，但在经济危机的形势下，社会上排外主义思潮就会
高涨，这样也会影响一些原来支持社会民主党的选民的态度，把选票

---

① 史志钦：《欧洲社会民主党的转型与困境》，《人民论坛》2013 年第 34 期，第 72
页。

投向持反对移民政策的极右势力。

第二，政党政策趋同问题。英国社会学家吉登斯在《超越左与右》一书中提出一个看法：社会主义变得保守了，保守主义变得激进了。左和右的区别仍然存在，但是这一区别的意义已经和过去不同了，现代化发展过程中产生的一些新问题并不明显地属于左翼或右翼，这就使得社会民主党很难提出能够得到社会广泛认同的具有特别吸引力的创新纲领。

第三，欧洲债务危机问题。当新自由主义因为 2008 年的国际金融危机而受到普遍怀疑和指责时，许多人希望社会民主主义能够有新的表现。但面对危机，尤其是主权债务危机问题，社会民主党既没有显示自己领导克服危机的能力，也没有建设性的政策贡献。

二　英国工党的执政实践

英国工党诞生于 1900 年，当时的名称是劳工代表委员会，1906 年易名为工党。二战之前，英国工党 1924 年至 1931 年两度短期执政。二战期间，一些工党人士曾参加丘吉尔领导的战时内阁。1945 年 7 月英国大选，以艾德礼为首的英国工党战胜丘吉尔领导的保守党，成立战后第一届工党多数派政府，并连续执政到 1951 年 10 月。此后，工党开始了 13 年的在野生涯。1964 年，保守党政府任期届满宣布举行大选，工党以 4 席多数险胜，开始了战后第二次工党执政时期。威尔逊和卡拉汉领导的工党随后赢得了 1966 年、1974 年和 1976 年的选举胜利。1979 年卡拉汉工党政府在不信任投票中黯然下台。从此，又开始了工党 18 年的在野时期。1997 年托尼·布莱尔领导的工党以压倒多数的优势获胜。从 1997 年至 2010 年，英国工党在政坛连续执政 13 年，其自身发生了巨大的变化，执政绩效令人瞩目。

（一）麦克唐纳政府时期

工党成立初期，还处于一个弱小政党的地位，远远不能与英国两大传统政党——保守党和自由党——抗衡。它跟着自由党摇旗呐喊，按自由党的意志行事，用萧伯纳等人的话来说，它是"随着自由党潮流的一只软木浮子"。①

第一次世界大战给工党带来了转机。工党领袖参加联合政府，既取得了执政的经验又增强了自己的信心，他们希望自己也要有所作为。为此，工党所做的最重要的一件事情就是制定一个标明自己身份的党纲，以便战后问鼎政权。

1918 年 2 月，工党年会上颁布的党章中，确立了社会主义条款——"在生产资料公有制和对每一工业或行业所能做到的最佳民众管理和监督的基础上，确保体力劳动者或脑力劳动者获得其辛勤劳动的成果和可行的最公平的分配。"（1929 年工党年会，将"生产资料公有制"改成"生产、分配和交换资料公有制"。它被称为"工党社会主义信仰条款"，简称"第四条"）1918 年 6 月，工党又颁布了第一个纲领性文件《工党与社会秩序》。该纲领提出了著名的四条原则：①实施国民生活最低标准；②民主管理工业；③财政改革；④社会的剩余价值必须为公民的福利服务。② 1918 年的党章和党纲的通过，被认为是"社会主义一代"的起点。③ 艾德礼明确指出：1918年工党党章是工党"意识上的变革"，它标志着工党"已经采取社会主义作为它的目标"，1918 年工党的纲领"是一个充满信仰和热情的宣言……是一个毫不妥协的社会主义者的文件"。④

新党章和政纲的积极内容和理想色彩使工党赢得了广大工人阶级的支持，也吸引了相当数量的自由党选民，结果不到六年，工党就取代了自由党的地位，一跃成为议会中的第二大党，并且在 20 年代和30 年代获得了两次组织政府的机会。

1924 年 1 月 22 日，工党领袖麦克唐纳宣誓就任新内阁首相，这是工党自成立以来第一次组阁。

首届工党政府国内的主要政绩是通过"惠特利住宅法"，计划在

---

① ［英］亨利·佩林：《英国工党简史》，江南造船厂业余学校英语翻译小组译，上海人民出版社 1976 年版，第 19 页。

② Paul Adlman, *The Rise of the Labour Party*, 1880－1945, London, 1972, p. 51.

③ S. H. Beer, *Modern Britain Political*, London：Faber, 1982, p. 153.

④ ［英］艾德礼：《工党的展望》，吴德芬等译，商务印书馆 1961 年版，第 24、26页。

15年内建成250万套住房，并立即实施。这一法令对缓解当时英国住房短缺产生了积极的效果，同时也刺激了经济发展，但它的大部分效果直至十余年后保守党执政时才显示出来。工党内阁在对外政策方面进展较大。1924年，工党政府无条件承认了苏联，并带动其他9个西方国家承认苏联，极大地改变了苏联外交上的被动孤立地位。

英苏和解招致国内上层社会的非议。1924年10月，保守党人联合自由党人提出了对政府的不信任动议。麦克唐纳内阁投票失败，只好解散政府重新选举议会，11月选举结果揭晓，工党失败，保守党上台执政。

1929年大选，工党首次成为议会第一大党。在公众舆论"给工党第二次机会"的呼声下，麦克唐纳于6月再次组成工党政府。

新政府上台后面对的主要困难是长期困扰英国的失业问题。1929年世界性的经济大危机使英国的失业大军达到300万，这让工党政府几乎一上台就处于危机之中，而政府却拿不出解决危机的良策。由于工党议席不足半数，其社会立法不是由于自由党的反对而不敢在下院提出，就是由于上院保守党贵族的刁难而被搁置起来。1931年5月，维也纳的安斯特尔特信用银行倒闭，连累英国失去信用，伦敦黄金大量外流。如何解决危机，内阁成员产生了严重分歧，麦克唐纳进退维谷。最终，他向国王提出了辞呈，并表示愿意出面组成一个包括保守党、自由党在内的国民政府以应付经济危机。1931年8月24日，新的国民政府成立，第二届工党政府宣布解散。麦克唐纳也因为抛弃自己伙伴的行为而被工党作为"工人阶级的叛徒"开除出党。

（二）艾德礼政府时期

第二次世界大战爆发后，保守党主战派丘吉尔组成战时联合政府，时任工党领袖艾德礼率领一些工党议员进入内阁。在战时内阁中，丘吉尔本人对内政不感兴趣，他主要关注战争进程，所以内政问题基本上由副首相艾德礼等人掌管。艾德礼处理业务比丘吉尔果断迅速，担任内阁大臣的其他工党领导人也都积累了经验，增长了才干，这为战后工党单独执政打下了良好基础。

欧洲战场的硝烟平息后仅两个月，英国便恢复了已中止十年的大选。艾德礼率领的工党以绝对优势击败了"战争领袖"丘吉尔领导的保守党，组成战后第一届内阁。

国有化和"普遍福利"是这一时期工党的主要施政纲领。

艾德礼工党政府执政头三年，议会连续通过了 8 个国有化法案，包括：英格兰银行、煤炭业、民用航空业、通信业、国内运输业、电业、煤气业和钢铁业。除钢铁工业国有化法案因遭到保守党的反对延期至 1951 年生效外，其他法案均在议会顺利通过，并于 1947—1949 年先后生效。国有企业占整个工业部门的比重达 20%，原企业中的约 200 万工人被国有企业全部接收。

同一时期，政府提出一系列社会改革议案，以建立社会保险和福利补助制度，包括国民保险法、国民医疗保健法、国民救济法、教育法、住房法等等。这些法令标榜"一视同仁"的原则，使英国人的生、老、病、死、伤、残、孤、寡、失业、破产以及 16 岁以下的义务教育，都有了社会保障。这就是所谓"从摇篮到坟墓"都给予保障的制度。

工党政府的改革政策是在战后经济状况十分困难的条件下进行的，实施后不久就遭遇了一系列危机，如 1946 年春的食品危机、1946 年末的燃料危机、1947 年 4 月的兑换危机和 1949 年的英镑危机，等等。为应对危机，政府被迫采取紧缩政策，致使普通群众生活质量受到损害。

1950 年大选，工党虽然侥幸获胜，但得票率大大下降，只得到 6 席的微弱多数。同时随着党内一批有威望的领袖们的引退或者去世，艾德礼深感通过立法的困难，只好于 1951 年 10 月再次举行大选。这次大选工党虽然得到的选票比保守党多，但得到的议席却比保守党少 26 席。25 日，就在大选结果揭晓的当天，艾德礼便向英王递交辞呈，从而结束了工党连续执政 6 年的历史。

（三）威尔逊政府与卡拉汉政府时期

50 年代对英国工党来讲，是失落的十年。不仅连续三次败选，而且党内纷争不断。

继 1951 年大选失败，丢失执政地位之后，工党在 1955 年和 1959

年又接连受挫，得票率也呈下降之势，从 1951 年的 48.8% 下降到 1955 年的 46.4%，1959 年的 43.8%。

这一时期工党影响下降的因素是很复杂的。客观而言，工党的竞争对手保守党改变了策略，争得了民心。保守党吸取了 1945 年大选失利的教训，修改了政治纲领，采取灵活策略，不仅对工党实施的福利政策予以认同，而且对工党的国有化成果也没有作多大改变，同时还将原工党实施的引进资本、改进工业技术等政策归功于自己，另外还利用一切机会宣扬英国进入"富裕国家"是保守党的"创造"。而这一时期的工党又拿不出吸引选民的新政策。这些都使选民感觉两党没有太大的差别。

从主观上讲，下野之后，工党内部斗争公开化和尖锐化。党内主要有以工会领袖比万和克罗斯曼为代表的左翼和以工党新领袖盖茨克尔、克罗斯兰等人为代表的右翼。这两派的斗争成为在野期间工党日常生活的一部分。另外，工党内部还围绕党章第四条关于公有制条款的存废问题以及防务问题出现了激烈的争吵。工党内部纷争使其声望严重下降，人们议论这个大党是否会从此彻底垮台。

进入 60 年代，工党时运出现了好转。一方面是保守党政府陷入严重的经济困境；[①] 另一方面是工党内部争吵已经止息，威信不断上升。被誉为"工党的神童"、既顽强又精明、年仅 47 岁的哈罗德·威尔逊接替了 1963 年 1 月病逝的盖茨克尔成为工党新领袖，这与保守党那位不懂经济、讷于言辞、缺乏威信的领袖道格拉斯·霍姆形成了鲜明对照。

正是在这种对工党十分有利的形势下，迎来了 1964 年大选。大选揭晓，工党以 4 席多数险胜，威尔逊组阁，开始了战后第二次工党执政时期。

工党政府上台后高举"计划化"的旗帜，为此成立了协同劳资双方制订年度计划和五年计划的经济事务部，负责把国家的、地区的和工业部门的生产都纳入计划体系，分别就投资、生产、就业和出口

---

① ［英］阿伦·斯克德等：《战后英国政治史》，王子珍等译，世界知识出版社 1985 年版，第 141—142 页。

作出规定。政府还重新分配经费，增加国营企业投资，扩大教育开支，增加培训设施，发展科学教育，扩大福利和社会保险，加强社会服务和公共住宅修建，扩大妇女就业。1965 年政府还争取在下院通过了新的房租法，确保租赁者只支付合理的房租，并享有租赁期内完全的使用权。此外，政府还相继颁布了《工会争议会》和《多余劳力补贴法》，为工人利益提供法律保障。

1966 年，当威尔逊感觉形势开始对工党有利时，他便解散议会，宣布在 3 月底重新进行大选。结果工党在下院夺得 363 个席位，获得了 96 个席位的稳定多数。

但是工党胜利的喜悦并没有持续太久。就在这年春天，战后第四次经济危机向英国袭来。为挽救经济，政府推行紧缩货币政策，并冻结工资，这引发人们的普遍不满。1967 年夏天再度恶化的经济形势迫使政府宣布英镑贬值，取消免费供应中学生的牛奶并削减住房计划，这引发了选民的严重抗议。到 1969 年，尽管英国经济状况好转，但人们对工党在经济上的拙劣表现深感失望。1970 年议会选举，工党减少 60 个席位，丧失了执政地位。

但是上台的保守党希思政府在经济危机面前并没有妙手回天的良策。经济混乱，通货膨胀，失业率急剧增长，罢工浪潮接连不断，这就是保守党执政三年期间英国的经济社会状况。处于焦头烂额的政府宣布于 1974 年 2 月重新举行大选，结果威尔逊领导的工党以 4 席的微弱多数获胜，再度上台执政。

为应对严峻的经济形势，威尔逊政府主要采取了三项措施。一是掀起第二次国有化高潮，但方式较 1945 年灵活。既有收买整个行业的传统方法，又有国家和私营合资的新方式。二是尝试以"工业民主"的方法扩大改造资本主义工业的范围。三是同工会达成"社会契约"，在保证工人工资分四个阶段增长的情况下，换取工会对政府实行紧缩政策的支持。

工党采取的上述一系列拯救经济的措施并未收到实效，政府预期的四个目标（经济适当增长、充分就业、稳定国际收支和稳定物价）一个也没有实现。1976 年 3 月，威尔逊以自己年事已高，应让年轻人接班为由，急流勇退。

继任工党领袖和英国首相的是年已 64 岁的詹姆斯·卡拉汉。卡拉汉其实是作为工党政府的"救火员"走上执政前台的。面对严峻的形势，尽管卡拉汉进行了努力，但政府调整的空间极其有限。1979年 5 月 3 日大选，工党惨败，撒切尔夫人组成了保守党政府。

（四）布莱尔政府与布朗政府时期

工党自 20 世纪 70 年代末下野之后，又接连经历了 1983 年、1987 年、1992 年三次大选的失败。为振兴工党，1994 年 5 月继任工党领袖的托尼·布莱尔，对工党进行了大刀阔斧的改革，其中具有根本性的措施是修改党章第四条，放弃坚持了 76 年的象征工党宗旨的公有制条款，从指导思想上破除了改革的阻力。对此，工党议员托尼·怀特把它视为工党的哥德斯堡纲领。[①] 布莱尔自己也直言不讳地表示："今天，一个新的工党诞生了。"[②] 与此同时，布莱尔调整了工党与工会的关系，降低了工会在工党代表大会上的表决权，这从组织上消除了改革的阻力。布莱尔着力塑造工党新形象的改革带来了回报。1997 年大选，工党获得了全胜：在下院 659 个议席中赢得 419席，比保守党多了 254 席，比其他政党和独立候选人所获得席位的总和还多了 179 席，这是战后工党在大选中从未有过的好成绩。此后，工党又连续赢得 2001 年和 2005 年大选的胜利。

寻求变革是布莱尔本人及新工党的象征。

在经济方面，布莱尔相信市场是经济资源配置和财富创造的最重要和最有效的手段。因此，工党上台后，在市场自由化方面继承了保守党的主要遗产，如进一步推进私有化改革、放松市场管制、限制工会权力等，努力创造更加公平的市场竞争环境。但与保守党不同的是，工党特别重视对市场失灵领域的积极干预，在教育、培训、研发、基础设施等领域显著加强了政府的积极干预。而且政府干预的前提是不影响经济效率，避免任何可能增加企业负担、妨碍公平竞争的不必要干预。

---

① Martin Powell, *New Labour*, *New Welfare State*? London：The Policy Press，1999，p. 7.
② Ibid.，p. 268.

在政治方面，布莱尔1997年上台伊始就极力推行宪政改革，寻求在各个层次上重建政府权力，致力于补偿现有政体在民主上的亏空。首先，在工党政府的支持下，苏格兰和威尔士分别于2000年和1999年设立了地方议会，各自负责治理地方事务，并在文化教育、医疗保健、环境、交通和农牧渔业等方面享有广泛的权力，这是英国战后最重要的一次宪政体制改革。其次，1998年年初英国下院通过了废除英国上院的世袭贵族制的法案，废除了三百年来议会中以爵位世袭为传承纽带的特权制，代之以非世袭的议员选任制。议会上院的民主化，是对英国三百多年来保守政治传统的一大革新。此外，布莱尔还全力推动北爱尔兰的和平进程，促成北爱尔兰各方于1998年4月10日达成了《星期五和平协定》，这一历史性协定对结束北爱尔兰流血冲突、推动和平进程起了关键作用。

在社会保障制度方面，"工作福利"是布莱尔社会保障政策改革的切入点和中心环节。它的基本含义是通过工作来享受社会福利，通过国家的投资来提高失业者的受教育、受培训水平以使其更顺利地找到工作，从而改变以往那种单纯的、消极的、依赖性的失业福利。在国民医疗体系改革方面，逐步将医疗保健服务由普遍的权利向个人责任转变，鼓励国民健康服务的市场化，以便有效降低政府用于医疗保健服务方面的财政支出。布莱尔政府还推出了艾德礼政府以来英国最大的一次退休金制度改革，延长退休年龄，提高民众个人养老储蓄的积极性。

但是，在对外政策方面，布莱尔政府奉行的对美国亦步亦趋的外交政策及追随美国出兵伊拉克的行动，不仅造成工党政府声望下降，也使工党内部要求布莱尔早日下台的呼声日趋高涨。于是布莱尔在2007年5月10日宣布辞去工党领袖职务，并于6月27日正式卸任首相职务。

继任的首相布朗曾经担任布莱尔政府财政部部长一职达十年之久，这时终于从后台走向前台。

布朗政府继续进行全面经济结构调整，推进正在进行中的各项社会改革。2008年4月，工党政府宣布下调个人所得税以及企业税，以刺激经济的快速增长。在社会政策方面，重视环境保护，在住房节能、汽车尾气排放、燃油等方面引入了有利于环保的财政政策。在教育改革方面，将原来的教育和技能部重组并拆分成为两个部：儿童、学校和家庭部与创新、大学和技能部。通过两部门的设立，英国明显改变了之前地方政府过度自治的状况，强化了中央政府对于教育事业的领导能力。

出任首相的布朗可谓生不逢时，2008 年突如其来的金融危机重创英国经济，使英国进入二战以来最严重的衰退之中。失业率上升，企业大量倒闭，民众之怨愤自然指向政府。保守党乘机以变革者的姿态出现，大肆指责政府处置危机不力。而议员"骗补门"①丑闻更给了民众及反对党对其攻击的口实。另外，布朗本人"嘴不如人"，在2010 年大选时，相对于保守党党首卡梅伦的咄咄逼人、口若悬河，口才欠佳的布朗往往只有招架之功，不仅在国会辩论时常遭对手哄笑，在英国历史上首次采用的大选电视辩论直播，更使布朗的弱点暴露无遗。就这样，在当了三年首相之后，布朗黯然下台，工党在连续执政十三年之后，再次成为在野党。

三　法国社会党的执政实践

法国社会党源于 1879 年在马克思亲自指导下建立的法国社会主义工人党。此后，法国社会主义运动内部纷争不已，派别丛生，1901年形成盖德领导的法兰西社会党与饶勒斯领导的法国社会党对峙的局面。1905 年 4 月，两个社会党在巴黎环球大厅举行统一代表大会，实行合并，取名为"工人国际法国支部"，即法国统一社会党。第一次世界大战期间，围绕是否参加共产国际，党内产生了严重分歧。1920 年 12 月，法国社会党在图尔召开代表大会。多数派宣布成立法国共产党，决定立即加入第三国际。以勃鲁姆为首的少数派反对加入共产国际，他们继续使用工人国际法国支部的名称，也被人们称为法

---

① 在英国，议员享受多项补贴。2009 年 5 月 8 日，英国《每日电讯报》揭露了英国内阁 13 名成员涉嫌利用议员身份，骗取额外补贴。"骗补"人数大约占内阁成员一半，其中包括时任首相戈登·布朗。

国社会党。1936 年，第一届人民阵线政府成立，勃鲁姆成为法国历史上第一个社会党人总理。

战后初期，法国社会党的政治影响不断扩大，先后参加过戴高乐领导的临时政府，还同法共、人民共和党组织过三党联合政府，第四共和国时期法国社会党是参与联合执政的主要政党之一。1958 年第五共和国成立后，法国社会党长期在野，直到 1981 年密特朗成功当选为总统，才改变了这种沉闷的局面。密特朗连续担任两届总统，执政 14 年，这段时期是社会党的鼎盛时期。1997 年，若斯潘带领社会党赢得议会大选，组成社会党政府直到 2002 年。2012 年 5 月，社会党在奥朗德的率领下，时隔 10 年之后成功问鼎法国总统宝座。

（一）勃鲁姆人民阵线政府时期

1929 年经济危机给法国带来极大影响，尽管法国由于自身经济发展相对落后，危机来得稍晚一些。面对危机，一些法西斯主义性质的右翼团体纷纷建立，它们与德、意法西斯遥相呼应。面对动荡的社会局势，法国进步力量和民主力量加强团结与合作，已势在必行。勃鲁姆在 1934 年 2 月 6 日宣称，如有必要，"我们将向全国，向一切共和派力量，向工农大众发出呼吁……在现在进行的战斗中，我们愿意站在最前列，法西斯反动派休想通过"。[1] 法国共产党总书记莫·多列士也指出：要"不惜任何代价，同社会党的工人一道，实现反法西斯的统一行动。"[2] 经过多次磋商，法共和法国社会党就采取共同行动反对法西斯和战争威胁、维护民主自由、比例代表制等达成协议。1935 年 7 月，法国人民阵线正式成立。参加人民阵线的除法共和社会党外，还有代表中产阶级利益的激进党和保卫人权同盟、法国总工会等。1936 年 4 月 26 日至 5 月 3 日，法国举行议会选举。大选结果，国民阵线获得 425 万张选票，人民阵线则获得 562 万张选票，人民阵线获得胜利。[3] 社会党成为议会第一大党并受命组阁，6 月 5

---

①　张芝联：《法国通史》，北京大学出版社 1989 年版，第 499 页。

②　［法］克洛德·维拉尔：《法国社会主义简史》，曹松豪译，中共中央党校出版社 1992 年版，第 120 页。

③　Herbert Tint, *France since 1918*, New York: St. Martin's Press, 1980, p. 60.

日，第一届人民阵线政府组成，勃鲁姆由此成为法国历史上第一个社会党人总理。第一届人民阵线政府由社会党人和激进党人组成。作为人民阵线三大支柱之一的法国共产党虽然谢绝入阁，但公开表明全力支持勃鲁姆政府。

第一届人民阵线政府时期，勃鲁姆进行了大规模的改革，主要内容包括四个方面：

第一，创造了雇主和工会三方谈判的方式。在政府主持下，法国雇主协会和法国总工会经过艰苦谈判，于 1936 年 6 月 7 日达成"马提翁协议"，① 其内容包括实行集体合同制、工人加入工会的权利等。

第二，改善劳动人民的工作和生活条件。根据"马提翁协议"和有关法令，提高职工工资（从 7% 到 15%），实行每周 40 小时工作制，每年 15 天带薪休假。

第三，进行某些结构性改革。如军火工业、飞机制造业、铁路实行国有化，调整和扩大法兰西银行委员会成员的结构和数量等。

第四，解散所有的法西斯组织。由于措施不十分得力，一些法西斯组织转入地下活动，甚至改头换面重新出来活动。

勃鲁姆政府的改革措施使工人群众的社会权利得到一定保障，生活得到适当改善。但改革的阻力也很大，一些大资产阶级公开或暗中作梗，加之改革本身出现某些失误，1937 年 2 月，勃鲁姆终因财政困难被迫"暂停"人民阵线纲领，6 月 21 日，勃鲁姆政府集体辞职，"勃鲁姆试验"宣告结束。

（二）战后三党联合政府时期

第二次世界大战结束后，法国左翼力量获得较大发展。法国共产党党员由 1936 年的 32 万人增加到 1945 年 6 月的 90 万人，社会党由 28 万人增加到 33.8 万人。②

1945 年 10 月，法国举行制宪会议选举，社会党获得 142 席，共产党获得 160 席，人民共和党获得 152 席。法共提议建立法共、社会

---

① 马提翁大厦是总理府所在地。
② 沈炼之等：《法国通史简编》，人民出版社 1990 年版，第 566 页。

党占多数的民主联合政府，但社会党不愿意因为仅仅和共产党结盟而使自己处于从属地位，于是邀请人民共和党组成议会多数，并一致推举戴高乐为政府首脑。1946年1月戴高乐因军备案被议会否决，于20日宣布辞职，于是社会党、共产党和人民共和党签署共同组阁协议，法国政坛开始了三党联合执政，直到1947年5月初，总理拉马迪埃（社会党人）将共产党人部长逐出政府。11月19日，拉马迪埃政府也在工人的罢工声中倒台。这一时期，社会党虽然从未取得第一大党的地位，但在四届内阁中，除第二届内阁总理由人民共和党人担任外，其他三届都由社会党人出任。

三党联合政府时期，法国进行了一系列经济和社会改革。

在经济领域，最重要的就是国有化和计划化。①

国有化涉及国民经济许多重要领域。在能源工业，所有的煤矿和北方—加莱煤矿合在一起组成"法国煤炭公司"，电力和煤气分别组成"法国电力公司"和"法国煤气公司"。在交通运输行业，国家增设了"法国航空公司"和"巴黎公共交通专营公司"。在金融行业，国有化扩展到法兰西银行和四大主要存款银行（里昂信贷银行、兴业银行、巴黎贴现银行、国家工商银行），但商业银行和保险公司没有进入国有化行列。在信息产业，国家控制了电台和法新社。在国家政策的引导下，国有企业部门很快实现了现代化，对整个经济产生积极影响。

在计划化方面，1946年1月成立了"计划总署"。1947年1月，计划委员会制订了第一个为期5年的"现代化和装备计划"。计划确定了8个优先发展部门：煤、电、钢铁、水泥、交通、农业机械、碳氢燃料和氮肥，提出了增长速度。计划不是强制性的，而是指导性的，计划把国家的作用限制在确定财政预算、制定经济政策和对国有企业提供指导性意见之上。

在社会领域，促进了劳工立法。颁布了恢复40小时工作周的法令。工人每年有2周假期，职员有3周假期，休假期间工资照付。1945年10月4日通过了对所有雇佣劳动者实行劳动保险的法令。凡

---

① 沈坚：《当代法国》，贵州人民出版社2000年版，第42—43页。

年满 65 岁，或者丧失劳动能力者，可得到养老金；患病或失业者可得到救济金。社会保险基金一部分由雇员交纳（工资的 6%），另一部分由资方负担（工资总额的 10%）。50 名以上工人的企业建立"企业委员会"，主要研究工人的劳动条件和生活福利等问题，委员会由厂方、工人、工程师和技师的代表共同组成。此外，还出台了矿工条例和公务人员条例，拟订了为劳动者修建住房的计划。[①]

（三）摩勒政府时期

在法兰西第四共和国时期（1947 年 1 月至 1958 年 6 月），法国社会党确立的政治路线是全力阻止法国共产党或戴高乐掌握政权，奉行既反对右翼的戴高乐派又反对左翼的法共的"第三种力量"路线，它因此只能同中右派政党人民共和党或激进党联合，组织"第三种力量"政府。当联合政府过于右倾时，社会党人又退出政府，为此使六届政府倒台。

1956 年 1 月，法国提前举行议会选举。社会党、激进党、民主和社会抵抗同盟等中左政党，组成比较松散的共和阵线。人民共和党、温和派、社会共和党等中右政党，则组成比较松散的政府联盟。游离于两个政党联盟之外的还有法国共产党和布热德运动两个政治派别。选举结果，没有一派政治力量获得议会多数，这给组阁造成很大困难，需要科蒂总统来解决。经过慎重选择，总统科蒂决定委任社会党总书记居伊·摩勒组织内阁。摩勒内阁从 1956 年 2 月 1 日一直延续到 1957 年 5 月 21 日，为时 16 个月，创下第四共和国内阁寿命最长的纪录。由于这届内阁主要成员来自共和阵线的党派，因此这届内阁也被称为共和阵线政府。

摩勒政府在经济和社会领域进行了某些改革：提高工资，增加人民购买力；实行工薪阶层三周带薪休假制度；建立全国老龄人互助基金会，解决老年人社会保险问题；改革社会保障体系，保证社会保险 80% 的费用能够报销；提高领工资者所得税的起征点，扩大了低工资

---

① 李兴耕：《法国共产党和社会党的第二次合作（1944—1947）》，《国际共运史研究资料》1986 年第 1 期，第 38 页。

者的受益范围。

在欧洲政策上，积极推行法德和解和欧洲联合政策。1956 年 6 月，法德卢森堡协定签订，法国承认 1955 年 10 月萨尔的全民表决结果，萨尔并入德国。1956 年通过了建立欧洲原子能合作组织计划。1957 年 1 月制订建立欧洲经济共同体计划，1957 年 3 月签订了《罗马协定》，建立了共同市场。

在殖民地问题上，1956 年 3 月，突尼斯和摩洛哥实现了独立，黑非洲也迈出了非殖民化的步伐。根据 1956 年通过的一个"框架协议"，每块法属非洲领地都应选出地方议会，组成当地内阁，由法国总督兼任内阁总理，但同时推举一名非洲人担任副总理，形成自治框架，为独立打下基础。

然而，摩勒政府在阿尔及利亚推行的政策是不成功的。最初，法国承诺对阿尔及利亚民族解放运动实行"停火、自由选举、谈判"三步走政策，但在对方提出以独立作为先决条件的建议后，摩勒政府转而采取武力镇压的政策。除持续向阿尔及利亚增兵外，还于 1956 年 10 月 22 日劫持了从摩洛哥飞往突尼斯的飞机，绑架和拘捕了以本·贝拉为首的阿尔及利亚民族解放阵线的五名领导成员。此外，法国认为，埃及总统纳赛尔是阿尔及利亚民族独立的幕后支持者，于是以埃及把苏伊士运河收归国有为借口，伙同英国于 11 月 5 日用空降部队占领了苏伊士运河，发动了苏伊士战争。但美国不愿意看到它在中东的利益受到侵害，苏联也威胁要向法国发射导弹，11 月 7 日举行的联合国紧急大会又通过了要求英、法撤军的决议。这样，英、法被迫宣布停火和撤军。

由于外交政策的失败，摩勒政府遭到左右两翼的攻击，陷入无法自拔的困境。1957 年 5 月，摩勒政府在国民议会以 250 票对 213 票被推翻。

（四）密特朗政府时期

1958 年，戴高乐将军修改宪法，法兰西第五共和国宣告成立。1962 年修改选举法，将共和国总统的产生改为全民直接选举，加强了总统的权力，削弱了议会的作用。这使社会党借以组成和拆散政府，并取得部长肥缺和施加影响的议会环境遭到破坏。由于内部矛盾以及联盟策略失误等因素，社会党急剧衰落，不仅连遭选举败绩，而且党员人数也急剧下降，到 60 年代末，社会党的党员人数已从 1945年时的 33 万多人降到 7 万多人。①

法国社会党屡遭失败，促使党内出现一股要求总结经验，摆脱居伊·摩勒控制，重组社会党的力量。在他们的推动下，1969 年 7 月，法国社会党、争取左翼复兴俱乐部联盟和"社会主义小组、社会主义俱乐部联盟"在伊西—莱—穆利诺联合举行了代表大会。大会决定：与会党派合并成立"新社会党"，党不再称作工人国际法国支部，并将基层组织设在工厂和大学；党的总书记改称第一书记，以显示党的集体领导。大会选举阿兰·萨瓦里为第一书记，从而结束了摩勒对社会党 23 年的控制。1971 年 6 月 11—13 日，在塞纳河畔埃皮内召开全国代表大会，密特朗领导的共和制度大会党并入社会党，密特朗于 6 月 16 日当选为社会党第一书记，社会党进入了一个在密特朗领导下的新的历史发展时期。

在密特朗的推动下，1972 年 6 月，社会党与共产党、激进党签订了《共同施政纲领》，"左翼联盟"正式建立。"共产党之所以这么做，是想以此能贴上'民主'的标签，社会党则想得到一个所谓'革命'的荣耀，重新获得一部分工人阶级的信任。"② 双方都想借此扩大自己的影响。正是依靠这一策略，法国社会党的力量逐步得到恢复和发展。1971 年以后，在不到 4 年的时间里，党员人数从 7 万人增加到 15 万人；在 1974 年 9—10 月的部分议会选举中，社会党已超过法共，成为左翼最大政党。③

1981 年迎来总统换届选举。4 月，在第一轮选举中，10 名候选人的得票率都不超过半数，位居前两位的候选人德斯坦和密特朗，得票率分别为 28.32% 和 25.85%。按照选举法，二人进入第二轮竞逐。这时，失去参加第二轮角逐的法国共产党总统候选人马歇号召共产党的

---

① 金重远：《战后西欧社会党》，上海人民出版社 1997 年版，第 61 页。
② 刘成：《欧洲社会民主主义的缘起与演进》，重庆出版社 2006 年版，第 214 页。
③ 张契尼、潘琪昌：《当代西欧社会民主党》，东方出版社 1987 年版，第 112 页。

选民把票投向密特朗，其他极左小党也敦促自己的选民支持左翼总统候选人。5 月，密特朗在第二轮较量中以 52.24% 的得票率击败对手德斯坦，入主爱丽舍宫，成为第五共和国第一位左翼总统，结束了 23 年来戴高乐主义多数派独占总统职位的局面。接下来的 6 月议会选举，社会党及其左翼力量获得 285 席的重大胜利（其中 270 席属于社会党），组成了以社会党为主的多数派。[①]

密特朗是打着社会主义的旗帜上台的，他宣布在任内将要实现"法国式社会主义"，也就是试图寻找一条"将西方民主国家的政治多元论同经济的某种集体经济组成形式结合起来的中间道路"。[②] 具体设想是：在不触动私有制的前提下扩大国营部门；改变高度中央集权的行政管理制度；进行社会改革以消除不平等现象。

在 1981 年 5 月至 1986 年 3 月社会党执政期间，先后组成莫罗瓦内阁（1981 年 5 月至 1984 年 7 月）和法比尤斯内阁（1984 年 7 月至 1986 年 3 月）。共产党人因在一系列问题上同社会党人产生分歧，在参加政府 3 年后，于 1984 年 7 月宣布退出政府。

在执政期间，社会党对法国政治、经济、社会、文化等领域进行了大规模的改革。

1. 加强政府对经济的干预，实行"计划民主化"

1981 年 12 月政府提出《过渡计划（1982—1983）》。1982 年 6 月 15 日法国议会通过了计划改革法案，规定在经济计划工作中实行"民主化"、"分权化"、"合同化"的改革。国家分别与地区、公私企业、地方团体等签订双边"计划合同"，规定双方相互承担的责任，如果违背"计划合同"则要承担法律责任。1983 年 4 月，法国政府又制订第九个五年计划（1984—1988 年）。社会党政府希望通过这些措施加强国家对经济的干预，但同时还注意国家干预作用和市场力量作用的平衡。社会党领导人强调："在开放的世界和商品经济中，既要看到市场经济的不公正和残忍，不能盲目拥护它，又要直接

[①]　Maurice Larkin, *France since the Popular Front*: *Government and People* 1936 – 1986, Oxford: Clarendon Press, 1988, pp. 355, 258.

[②]　李兴耕：《当代西欧社会党的理论与实践》，黑龙江人民出版社 1988 年版，第 180 页。

实行市场经济，从中获取最大的益处。"①

2. 扩大国有化的规模和范围

密特朗认为："必须把掌握关键经济部门的工业企业变为国家集体单位……我们认为只有付出这个代价才有可能建设社会主义。"②他把扩大国有化视为"法国式社会主义"的先决条件。根据1982年2月11日通过的《国有化法令》，国家通过对股东进行赔偿的方式，将通用电气公司、圣戈班—蓬阿穆松公司集团（玻璃）、佩西埃—尤吉内—库尔曼公司集团（有色金属）、罗讷—普朗克化学公司、汤姆逊—布兰特家用电器和国家电子公司五大垄断集团收归国家，还对拥有10亿以上存款的39家大银行和两大金融公司实行国家化。这样一来，国家控制的企业达到3500家，其投资占工业总投资的1/3以上，产值达国民生产总值的14%，其国家化的程度超过同时期社会民主党长期执政的瑞典等国。③

与此同时，社会党政府强调对国有企业实行民主化管理。国有企业的董事会由国家代表、职工代表和"经济界"代表三方代表组成，共同组织管理企业的活动；加强企业的经营自主权，国家对国有企业不再派驻国家监督团和监督员。这种做法被社会党称之为"自治管理"。

3. 改革税收制度和社会福利制度

在密特朗竞选总统时提出的《对法国的110条主张》中，要求实行累进的财富税，改革遗产税，降低低收入者所得税，增加高收入者所得税，并把这看作是贯彻社会正义的要求之一。社会党执政后，立即着手对税制进行改革。政府规定对收入32万法郎以上的纳税者征收12%的附加税，即从原来的55%提高到65%；收入37万法郎以上者征收15%的附加税，即从原来的55%提高到70%；拥有300万法郎以上财产者则征收大资产税，税率从0.5%逐步增加到8%；月

---

① 王捷、杨祖功：《欧洲民主社会主义》，社会科学文献出版社1996年版，第216—217页。

② 吴国庆：《战后法国政治史（1945—2002）》，社会科学文献出版社2004年版，第323页。

③ 张芝联：《法国通史》，辽宁大学出版社2000年版，第714页。

薪超过 4 万法郎的征收工资税；年收入 2 万法郎以下的家庭免征所得税。[1] 这些措施在一定程度上缩小了法国各阶层收入的差距，减缓了法国贫富悬殊的现象。

社会党还大力推行社会改革的措施。在皮埃尔·莫鲁瓦执政初期，将最低工资提高 20%，养老金提高 20%，残疾人补助金和住房补贴增加 50%。1981—1986 年间，国家基本养老金个人增加了81%，夫妻两人增加 64%，这都高于通货膨胀率。家庭补贴也普遍提高，对拥有两个孩子的普通家庭的补贴增加了 112%。[2] 为解决失业问题，莫鲁瓦政府在 1982 年连续颁布 18 个法令，如推广 5 周带薪休假制度；实行 16—18 周岁青年职业培训；宣布每周 39 小时工作制，并逐年递减，到 1985 年完全实现每周 35 小时工作制；实现提前退休和鼓励半日工作制，腾出更多空缺让失业者填补。[3]

4. 实行权力下放

1981 年 8 月社会党政府通过了《权力下放法案》，扩大各级地方权力机构的职权。这一职权在 1983 年 1 月 7 日和 7 月 7 日再次得到确认。根据该法案，中央政府从 1983 年起三年内分批把权力移交给大区、省和市镇。1983 年移交城市规划、住宅建设、职业培训、计划的权力；1984 年移交交通运输、社会活动和司法权；1985 年移交教育文化、环境保护、警察权等。在全国设置 15 个大区，设立选举产生的大区委员会，拥有独立广泛的自治权；省议会的权力大大增加，省议会议长是省行政部门的首脑。省长改称共和国专员，权力遭到削弱，[4] 只管辖警察和中央各部派驻省里的机构，对省的行政和财政事业起监督作用；市长拥有自治权，可以确定自己的预算。[5] 这次权力下放是自法国大革命以来法国地方行政管理体制的最重要改革，

---

① 李兴耕：《当代西欧社会党的理论与实践》，黑龙江人民出版社 1988 年版，第 186 页。

② 刘成：《欧洲社会民主主义的缘起与演进》，重庆出版社 2006 年版，第 222 页。

③ 吴国庆：《战后法国政治史（1945—2002）》，社会科学文献出版社 2004 年版，第 329 页。

④ 这一计划未能实现。后保留省长职位，但其职权遭到削弱。

⑤ 李兴耕：《当代西欧社会党的理论与实践》，黑龙江人民出版社 1988 年版，第 187 页。

初步克服了中央与地方的矛盾，调动了地方的积极性。

5. 改革司法制度

1981 年 8 月 2 日和 9 月 18 日，国民议会分别通过取消国家安全法院法案和废除死刑法案。国家安全法院是根据 1963 年 1 月 15 日颁布的两部法律设置的，其主要任务是审理在和平时期进行颠覆活动的案件。当局可以某案犯犯有"政治罪"为由，将该案犯从任何民事或刑事法庭移交国家安全法院进行审理。实际上，国家安全法院主要是用来对付法国人民反抗的特别司法措施。该法院从建立以来一直受到各方的责难。社会党政府还于 1982 年 6 月废除常设军事法庭，1983 年进一步废止了"佩尔菲特法"（即"安全和自由法"）。①

尽管实行了一系列重大的改革，但由于经济形势一直没有根本好转，人们逐渐丧失了对社会党的信心。1986 年 3 月 16 日举行的法国国民议会选举，保卫共和联盟、法兰西民主联盟以及其他右派在全部 573 个议席中占了 288 席。在这样的情况下，3 月 18 日，密特朗任命希拉克组成新政府。于是在第五共和国历史上第一次出现左派总统和右派总理"左右共治"局面。

在 1988 年的总统选举中，密特朗以 72 岁高龄再次赢得总统选举的胜利，成为法国历史上第一个通过普选连任两届的总统。

在密特朗第二任总统任期内，社会党领导人不再坚持"与资本主义决裂"的方针，社会党中央执行委员会波普朗明确表示："社会党已经放弃了与资本主义决裂的战略。"曾三次出任总理的罗卡尔则声称："要给法国资本主义注入更多的活力。"并再三强调："同资本主义决裂不能瞬间完成，改革不能操之过急，在经济上要尊重价值规律，实行市场经济，鼓励企业竞争。"②

1988 年议会选举，结果社会党在议会中获得相对多数。走马上任的罗卡尔内阁，并没有将那些才实现一年至两年的私有化企业重新国有化，也没有实施新的国家化或私有化政策。③ 在罗卡尔主持政府

---

① 刘成：《欧洲社会民主主义的缘起与演进》，重庆出版社 2006 年版，第 224 页。
② 金重远：《战后西欧社会党》，上海人民出版社 1997 年版，第 83 页。
③ 刘成：《欧洲社会民主主义的缘起与演进》，重庆出版社 2006 年版，第 277 页。

的三年时间里，主要的政绩有两个：第一个政绩是解决新喀多尼亚问题。在他的主持下，1988 年 6 月 26 日，新喀多尼亚对立的双方和法国政府签订了《马提翁协议》，同意在该海外领地建立 3 个省及其议会。协议签订后提交全民公决，结果 80% 的投票人表示赞同。罗卡尔的第二个政绩是于 1988 年提出并获议会通过的待业生活保障金法案。根据该法案，每月给那些没有任何经济来源的居民发放 2000 法郎的救济金，促使他们能够融入社会生活中。

从 1990 年开始，法国经济出现衰退，最初发生在私营部门，不久便向公共部门扩展。1991 年，企业投资减少 2.8%，到该年第三季度，法国工业生产实际上已停止增长。

为了改变经济形势，密特朗于 1991 年 5 月任命素有"法国铁娘子"之称的克勒松夫人取代罗卡尔，但经济形势依旧没有好转，一度雄心勃勃的克勒松夫人在当了 323 天总理后，悄然下台，继任总理的前财政部部长贝雷戈瓦虽富有理财经验，但仍然回天乏术。

正是在这种黯淡无光的经济形势下，迎来了 1993 年 3 月的国民议会选举。右翼政党获得第五共和国以来最大的胜利，社会党则遭受 1981 年执政以来最惨重的一次失败，在议会的 577 席中仅得 67 席。密特朗只得任命保卫共和联盟的巴拉迪尔组织政府，开始了第五共和国时期第二次"左右共治"。

1995 年是总统大选年，密特朗年老体衰，不再寻求连任，被人看好的前欧盟主席、社会党人德洛尔拒绝参加竞选，仓促上阵的前社会党总书记若斯潘与保卫共和联盟前主席希拉克经过两轮角逐，最终希拉克胜出，登上总统宝座。

（五）若斯潘政府时期

希拉克虽然如愿夺得了总统宝座，但是他所推行的某些改革由于操之过急，并未得到人民的理解和支持。为保证他所构想的整套改革方案得以顺利实施，希拉克于 1997 年 4 月宣布解散议会，提前举行大选。选举结果令总统大失所望，信心满满的右翼遭到惨败。希拉克只得任命获得议会多数的社会党领导人若斯潘组成有 3 名共产党人参加的新内阁。这样在法兰西第五共和国出现了第三次"左右共治"。

与前两次不同的是此次由右翼的总统和左翼的总理共同掌握治理法国的大权。

走马上任的若斯潘政府以务实主义作为指导方针，在务实主义中体现社会民主主义，若斯潘称之为"左翼现实主义"。左翼现实主义优先解决国内的经济、财政、失业和两极分化问题，建立国家和市场的平衡，把社会公正和经济效能协调起来。

1. 强调国家调节市场

1998年6月19日，若斯潘在美国华盛顿会见记者时把左翼联合政府的经济和社会政策概括为"要市场经济，不要市场社会"。这句话成了他的"名言"，不但在法国社会党的文献中反复出现，而且被许多西欧社会民主党所接受。所谓"不要市场社会"就是不允许整个社会商品化，不通过自由市场来分配全部社会财富，不把利润法则当作衡量价值的唯一标准。若斯潘指出市场经济不管有多大的活力、灵活性和可塑性，"对我们来说，市场是给定的，是一种技术，是一种我们愿意掌握的实行生产和分配资源的技术"。[1] 若斯潘反对社会的全面商品化。他说："我们拒绝社会的商品化，健康不是商品，精神作品不是商品，人的劳动也不是商品，自然环境不是商品，不是取之不尽的储备。不能把对后代的责任当作商品来交易。"[2] 法国社会党承认资本主义制度是它必须在其中开展活动的客观现实，但是它拒绝屈服于这一现实。若斯潘指出："对我来说，选择是清楚的：要适应现实，但是不屈服于一个所谓自然的资本主义模式。"他还特别强调，历史的经验是"对资本主义必须不断加以控制和调节"。[3]

2. 大力推行私有化，改造国有企业

法国是西方发达国家中国有企业比重最大的国家之一。由于缺乏资金和活力，国有企业普遍处于亏损状态，成为政府沉重的负担。为提高经济效益，若斯潘下决心对国有企业进行改革。政府通过资本开放、资产转让、公私联营等政策，对竞争性工业和商业以及公共服务

---

① 黄宗良等：《冷战后的世界社会主义运动》，北京大学出版社2003年版，第276页。

② 同上书，第277页。

③ 同上书，第278页。

部门等十多家国营大企业实行资本重组。若斯潘政府的改革力度大，速度快，与当年朱佩右翼政府表现出的畏首畏尾情形形成鲜明对照。国有企业的改造还吸引了大量外资，对法国经济的复苏起到了重要作用。

3. 强化就业措施，实行35小时工作制

失业是长期困扰法国社会的痼疾，解决就业问题是这届政府的当务之急。1997年10月，若斯潘政府召开就业、工资和工时全国大会，要求雇主、工会等社会伙伴配合政府的就业行动。与此同时，法国会同英国，要求1997年10月签订的《阿姆斯特丹条约》中增加社会专章，争取各成员国配合解决失业问题。1998年，政府在财政预算中，增加了3.6%的拨款，总共达1551亿法郎，用来安排就业。积极的就业计划促进了就业的增长。根据经济合作与发展组织统计，法国失业率1997年为11.8%，1998年为11.4%，1999年为10.7%，2000年下降到9.3%，2001年再下降到8.6%。[1]

2000年，法国进行了有限宪制改革方案，即将总统的任期从原来的7年缩短到5年从而与国民议会的任期相一致。2002年，法国迎来了改制后也是新世纪的第一次大选。4月进行总统选举，6月进行国民议会选举。结果社会党双双落败。究其原因，一是若斯潘竞选策略的失败；二是社会党政府无力解决日益严重的犯罪和公共秩序危机；三是身份特征的模糊。[2]

（六）奥朗德政府时期

2002年大选失败之后，若斯潘宣布引退，党内群龙无首，派系斗争日趋激烈。面对2007年的总统大选，社会党准备不足，结果社会党的女强人罗亚尔不敌执政的人民运动联盟主席萨科齐，社会党只得再次吞下与总统职位失之交臂的苦果。

2012年，法兰西又一次迎来了总统大选。5月6日晚，大选结果

---

① 《欧洲发展报告（2002—2003年）》，社会科学文献出版社2002年版，第234页。
② 林建华等：《冷战后欧盟诸国社会民主党政坛沉浮研究》，人民出版社2010年版，第137—138页。

揭晓，社会党候选人奥朗德在第二轮选举中击败人民运动联盟候选人、时任法国总统萨科齐，当选法兰西第五共和国第七任总统。在密特朗离开 17 年后，社会党终于重返爱丽舍宫。

奥朗德上任时，由于受欧债危机和自身结构问题等多种因素的影响，法国经济处于低迷状态，经济增长几乎为零，失业率高达 10%。面对困境，奥朗德主张将经济增长和改善就业放在首位，并为此出台了一揽子改革计划。主要有：增收减支降低债务，加大投资刺激增长；支持中小企业发展，提高企业活力；完善劳动力市场，改善失业状况。尽管如此，法国经济状况并没有明显改善。"从奥朗德和执政党面临的局势看，法国似乎正陷入'不改革不行，改革即引发危机，而危机又反过来掣肘改革'的泥潭。经济困顿、社会问题重重、政治激荡，多重危机交互激励，法国政治生态在恶性循环中发展，解决问题异常艰难。"①

四　德国社会民主党的执政实践

德国社会民主党的前身是 1863 年 5 月 23 日由斐迪南·拉萨尔创立的全德工人联合会。1875 年 5 月，全德工人联合会和另一个德国工人组织（社会民主工人党）在哥达城合并为德国社会主义工人党。1878 年帝国议会颁布《镇压社会民主党危害社会秩序法令》（简称"非常法"）。根据这项法令，德国社会主义工人党被置于非法地位。"非常法"废除后，1890 年 9 月，德国社会主义工人党制定了"爱尔福特纲领"，并将党的名称正式改为"德国社会民主党"。从此，这个名称一直沿用至今。

第一次世界大战爆发后，德国社会民主党主要领导人采取与政府结盟政策，支持帝国主义战争。随着形势的发展，党内产生了赞成战争和反对战争的两派。1917 年，一部分反对进行战争的社会民主党人在哥达城召开会议，组成了一个新的独立社会民主党。1918 年 12

---

① 陈新丽等：《奥朗德的困境——试析当前的法国政治生活》，《法国研究》2013 年第 4 期，第 13 页。

月，罗莎·卢森堡和卡尔·李卜克内西从独立社会民党分裂出去，成立了德国共产党。

第一次世界大战结束后，社会民主党以维护魏玛共和国的民主体制为己任，曾多次与其他政党联合执政，但始终拒绝与共产党进行合作。1933 年希特勒上台后，社会民主党同共产党一样落到非法的地位，遭到法西斯主义的残酷迫害。

第二次世界大结束后，在库尔特·舒马赫的积极组织下，德国社会民主党在 1946 年恢复重建。1959 年，社会民主党制定了《哥德斯堡纲领》，标志着社会民主党从阶级政党向人民政党的转型。

1966 年，社会民主党参加了由联盟党主导的大联合政府。1969 年，社会民主党大选获胜，与自由民主党组成联合政府。此后，社会民主党又接连在大选中获胜。1982 年，施密特政府被联邦议院"建设性不信任案"赶下台，从此开始了社会民主党连续 16 年的在野生涯。

经过多年的反思和调整，1998 年社会民主党重新赢得联邦议会选举的胜利，与绿党共同组成"红绿"联合政府，社会民主党人格哈德·施罗德出任联邦总理。2002 年 9 月，社会民主党和绿党再次赢得联邦议会选举。2005 年，社会民主党与联盟党联合执政，组成战后德国第二届大联合政府。2009 年第 17 次联邦议会选举结束后，联盟党与自民党组成中右联合政府，社会民主党再次沦为在野党。

（一） 魏玛共和国时期

第一次世界大战结束后，1919 年 1 月，德国举行了制宪会议选举，社会民主党获得占总数 37.9% 的选票、165 个议席。[1] 由于社会民主党所获选票未超过半数，不能单独组织内阁，独立社会民主党又拒绝了与之共同组成联合内阁的邀请，社会民主党只能与拥护民主共和制度的民主党和中央党合作，组成"魏玛联合政府"。国会选举社会民主党人艾伯特为共和国总统，谢德曼出任总理。

新政府成立不久，就遭遇了重大危机。一方面，社会民主党接手

---

① 吴法友：《德国现当代史》，武汉大学出版社 2007 年版，第 96 页。

的是一个战败的德国，被迫代表国家在屈辱的《凡尔赛和约》上签字。《凡尔赛和约》使被战争蹂躏的疮痍满目的德国雪上加霜。另一方面，魏玛共和国确立的政权形式并没有真正体现普通工人和士兵的利益，正如威廉·佩特森指出的那样，早在第一次世界大战之前，"社会民主党虽在公开场合仍然是反对现存社会制度的党，但实际上，党比以前更多地卷入到现存社会体制中去了"，它将党的目标付诸实践的倾向性是"消极被动的"。①　于是社会民主党政府遭到来自左和右两方面的攻击。1920 年 3 月，魏玛共和国内部发生了右翼君主主义派的卡普暴动，企图推翻魏玛共和国并复辟帝制。接着，共产党领导的"红色鲁尔军"也不断对政府构成威胁。在这种情况下，社会民主党在公众中的地位也发生了变化。1920 年 6 月举行的国会选举，社会民主党得票率下降到 21.6%，虽然仍保持了国会第一大党的地位，但面临共和国内忧外困的局面，社会民主党放弃了再次组阁的机会，试图利用在野党的地位，重新恢复党在工人群众中的影响。在此后的 8 年中，社会民主党仅作为小伙伴参加过四届短暂的内阁。

1928 年 5 月，社会民主党在议会大选中得票 900 多万张，在国民议会中获得席位 153 个，成为议会第一大党。6 月 28 日，社会民主党人赫尔曼·米勒组成了一个包括社会民主党、中央党、德意志民主党和德意志人民党的大联合政府。正当社会民主党雄心勃勃，力图大展宏图之际，1929 年年底，以美国纽约证券交易所价格暴跌为发端的世界经济大危机席卷欧美各国。这次经济危机对负有大量外债的德国打击尤其沉重。这次危机使德国经济倒退到 1896 年的水平。②危机使政府财政捉襟见肘，困难重重。1930 年，在关于提高还是降低保险金问题上，社会民主党和德意志人民党无法达成共识，3 月，米勒联合政府倒台。米勒政府是最后一届根据宪法组成的政府，它的倒台，标志着魏玛共和国进入衰亡时期。

1933 年希特勒上台后，社会民主党同共产党一样落到非法的地

①　［英］威廉·佩特森等：《西欧社会民主党》，林幼琪译，上海译文出版社 1982 年版，第 156 页。
②　朱忠武等：《德国现代史（1918—1945）》，山东大学出版社 1986 年版，第 172 页。

位，遭到法西斯主义的残酷迫害。

（二）勃兰特政府时期

第二次世界大战结束之后，战败的德国被苏、美、英、法四国分区占领。大柏林作为特区也分为相应的四个占领区。

1946 年 5 月 9 日，德国西部三个占领区的社会民主党在汉诺威举行代表大会，决定建立统一的西占区（包括西柏林）社会民主党组织，舒马赫、奥伦豪尔分别当选为党的正、副主席。从此，历史上的社会民主党便沿着这一脉继续发展下去了。

在 1949 年 8 月举行的战后西德第一次大选中，社会民主党仅获得 29.2% 的选票，131 个议席。而其竞争对手基督教民主联盟和基督教社会联盟（简称联盟党）则获得 31% 的选票，139 个议席，从而掌握了组阁权。此后几次大选中，联盟党得票率节节上升，1957 年甚至获得了 50.2% 的绝对多数票。而社会民主党屡次受挫，党员人数也开始急剧下降，从 1947 年的 87.5 万人降到了 1958 年的 62.4 万人。

几次选举失败使社会民主党得出结论：战后德国的社会条件已发生了巨大的变化，如果不顺应变化及时改变党的纲领和政策，就难以重新执政。于是党内开展了一场关于改革的大讨论。讨论结果是 1959 年在哥德斯堡通过了一个新的原则纲领，人们通常称它为"哥德斯堡纲领"。它抛弃了一切马克思主义的词语和论证，并公开声明："社会民主党已经从一个工人阶级政党变成了一个人民政党。"[1]

哥德斯堡纲领不仅从理论上，而且也从具体政策上宣布社会民主党改变了立场。在"国防"一节中，纲领一改社会民主党战后长期坚持的立场，明确指出："德国社会民主党宣布承认保卫自由民主的基本制度，它支持国防。"[2] 在经济政策方面，纲领宣布"德国社会民主党赞成使竞争始终真正居于统治地位的自由市场"，"要尽可能

---

① 张世鹏：《德国社会民主党纲领汇编》，北京大学出版社 2005 年版，第 84 页。
② 同上书，第 73 页。

进行竞争，在必要时进行计划"。① 同时进一步声明保护和促进"生产资料私有制，只要它不妨碍建立一个公正的社会制度"。② 在对待宗教和教会的态度问题上，纲领提出社会民主党不仅"尊重教会和宗教团体"，而且"随时准备按照自由伙伴关系的精神与教会和宗教团体进行合作"。③

在哥德斯堡纲领出台之后，德国社会民主党有了很大的变化和发展，与联盟党的差距逐渐缩小。1961 年大选，社会民主党获得了36.2% 的选票和 190 个议席，1965 年大选，则分别上升到 39.3% 的选票和 202 个议席。

1965 年大选，社会民主党的选票虽然比上次增加了 3.1%，但联盟党的得票也增加了 2.3%，总体上处于优势，于是联盟党和自由民主党组成联合政府。1966 年年底，自由民主党与联盟党出现政见分歧，谢尔等 4 名自由民主党部长相继退出联邦政府，结果导致艾哈德政府垮台。经过短暂的幕后谈判，社会民主党与联盟党组成了战后德国第一届"大联合政府"（由于两党在联邦议院共有 447 席，占总席位的 90%，而当时唯一的议会反对党自由民主党只有 49 席，所以人们将其称为"大联合政府"）。在大联合政府中，基督教民主联盟的库尔特·格奥尔格·基辛格出任政府总理，社会民主党人勃兰特任副总理兼外交部长。社会民主党在政府中的 20 个部长职位中占据 9 个。三年的联合执政使社会民主党得到了检验自己执政能力的机会，为以后取得第一执政党地位打下了基础。

1969 年 9 月 28 日，联邦议院举行战后第六次议会大选，社会民主党获得 42.7% 的选票，虽然少于联盟党的 48.8%，却与自由民主党达成协议，组成联合政府。社会民主党主席勃兰特当选为联邦政府总理。这样，社会民主党在联邦德国历史上第一次成为主要执政党。联盟党虽然仍是联邦议院中的第一大党，却不得不退居在野党地位，在联邦德国历史上第一次成为联邦议会的反对党。

---

① 张世鹏：《德国社会民主党纲领汇编》，北京大学出版社 2005 年版，第 74、75 页。
② 同上书，第 75 页。
③ 同上书，第 80 页。

勃兰特政府上台后提出了一揽子改革计划并取得了一定的成效。通过工资税和所得税改革，工人工资有所提高，雇主收入相应下降，财富和收入的分配不合理状况得到一定缓解；联邦政府加大对教育的经费投入，使更多的中下层家庭子女享受到助学金的资助，升学率和深造机会增多；通过社会保障体系的立法工作，老弱病残的生活条件得到实质性改善；推行经济民主化改革，提高职工在企业管理方面的作用和地位；在经济方面，兼顾自由市场和国家计划的双重作用，将经济的持续增长、充分就业和稳定物价作为经济改革的重要目标。

与国内的改革成果相比，勃兰特在外交政策方面的建树更为显著。勃兰特以其"新东方政策"为联邦德国的对外关系开创了新局面。

第二次世界大战结束以后，以美国为首的西方资本主义国家对苏联和东欧社会主义国家实行"遏制政策"。联邦德国作为西方集团的一员，它的"东方政策"也明显带着集团对峙的特点。50 年代，联邦德国拒不承认战后欧洲边界，特别是德意志民主共和国和波兰之间的奥得—尼斯河边界线，也拒不承认德意志民主共和国是一个独立主权国家，声称只有联邦德国"在国际事务中代表全体德国人"。联邦德国不与跟德意志民主共和国建交的任何国家（除苏联外）建立外交关系。这样，联邦德国实际上把自己同东方国家隔绝起来，因而在国际事务中的作用受到很大限制。

勃兰特决心修改联邦德国一直坚持的立场，不再把重新统一放在首位，而是先承认现状，然后再谈统一问题。

勃兰特上任伊始，马上宣布推行"新东方政策"。其主要步骤包括：①改善与苏联的关系，1970 年与苏联在莫斯科签订条约，双方保证战后欧洲边界不可侵犯，承认民主德国与波兰以奥得—尼斯河为边界线；②改善两个德国的关系，1972 年两个德国签署《关于两国关系基础的条约》，实现了国家间的关系正常化，1973 年两国同时加入联合国；③改善与东欧其他国家的关系，1973 年 12 月分别与波兰、捷克斯洛伐克、匈牙利、保加利亚等国家建立外交关系。

通过东方条约和西柏林协定，以及随之而来的一系列政治、经济关系的恢复和发展，联邦德国摆脱了 50 年代那种僵化封闭的状态，并加入了联合国，在国际事务中的活动余地迅速扩大。更为重要的是，"新东方政策"还意味着缓和与合作，通过互相接触、交流、对话，增进了解，克服分裂，为最后统一创造条件。"新东方政策"在70年代初结出果实，但它的影响却远远超出了70年代。80年代末，从德国统一的完成就可看出"新东方政策"的深远影响。维利·勃兰特也因此成为世界外交史上的一位著名人物。

勃兰特政府在内政外交方面的成绩使社会民主党赢得了1972年提前举行的联邦议院大选的胜利。它获得了45.8%的选票，首次成为全国第一大党。但好景不长，1973的中东战争爆发及随后触发的西方世界石油危机，使西方各国普遍陷入经济危机。联邦德国也不例外。正当勃兰特政府被经济危机弄得焦头烂额之时，1974年4月25日，一位长年追随勃兰特的亲信京特·纪尧姆被揭露是民主德国长期埋伏下来的间谍。勃兰特只好于5月6日引咎辞职。

（三）施密特政府时期

在勃兰特辞职10天之后，也就是1974年5月17日，时任社会民主党副主席的施密特走马上任，成为继勃兰特之后社会民主党人的第二位联邦总理。

施密特受命于危难之机，他是在联邦德国陷入战后第二次全国经济危机的情况下上台的。在1974年5月14日的施政声明中，施密特指出："在世界上问题日益增多的时代，我们要现实而理智地把精力集中在当务之急的事情上，其他事情都可以放一放。"与勃兰特当年的施政声明中提出的"连续性和革新性"相对照，施密特提出："连续性和集中——这便是本届政府的指导方针。"①

从这种指导方针出发，尽管施密特政府仍把勃兰特政府改革计划中的一些项目如所得税改革、共同决定法等努力付诸实施，但其对内政策的首要目标是稳定政局和保障充分就业。他推行以市场经济为主，国家干预为辅的全面调节的社会市场经济。由于措施得力，步骤

---

① ［德］赫尔穆特·施密特：《均势战略》，上海外国语学院英语系等译，上海人民出版社1975年，第24页。

稳妥，联邦德国平稳地渡过了这次严重的危机，经济持续保持低速稳步增长，进而增强了经济实力，保持了世界经济大国的地位。当时，联邦德国国内生产总值在经济合作与发展组织国家中，仅次于美国、日本，居第三位。国际收支经费项目方面，除少数年份以外，多年都有盈余。与西欧其他发达国家相比，联邦德国显得繁荣而稳定。除瑞士之外，它的通货膨胀率最低，约4.5%左右。实际工资增长率，仅次于瑞典和瑞士，至于外汇和黄金储备，一直居西方世界第一位，马克是世界上最坚挺的货币。

施密特在调整国内经济政策的同时，也对联邦德国的外交政策进行了调整。均势战略是施密特政府最重要的对外政策。施密特指出："保持政治、经济、军事和心理的均势，是我们对外政策和安全政策的指导原则……保持均势，是有效防御和改善东西方关系的一个先决条件。"[1] 他还说："从我们自己防务利益的观点来看，欧洲的均势仍然是政治稳定的一个必需的条件，政治稳定乃是我们的安全必须有的基础。我们只有预先规定均势的必要，才能够发展有关将来的欧洲安全体系的有意义的设想。"[2] 在施密特看来，均势是实现安全和缓和，进而实现德国外交政策目标的先决条件。施密特主张美苏之间以及东西方之间在保持均势的前提下均衡裁减军备，停止军备竞赛，实现低水平均势，以此来保证安全。施密特指出："在保持迄今存在的均衡局面的同时，减少欧洲土地上目前存在的武器密度，实际上对一切有关方面都是好事……现在几乎每个人都承认，在某种较低的军备水平上取得稳定的均势是首要的战略目标。"[3] 因此，应该"尽力把双方的军备和部署从高水平降到较低的水平"，[4] "以使欧洲的武装力量的对垒降到更低的水平"，[5] 这样才可能提高核均势下的安全的可信度。

施密特处理国内、国际各种经济政治危机的出色表现使其赢得了

---

[1]　[德]赫尔穆特·施密特：《均势战略》，上海外国语学院英语系等译，上海人民出版社1975年，第24页。

[2]　同上书，第280页。

[3]　同上书，第101页。

[4]　同上书，第280页。

[5]　同上书，第248页。

"沉着冷静的政治实干家"和"处理危机的能手"的赞誉。

施密特政府内外政策的良好表现使社会民主党获得公众的普遍认同。

在1976年的大选中，虽然社会民主党只获得42.6%的选票，把第一大党的位置又让给了联盟党，然而却能继续和自民党结盟，保持了执政党地位。在1980年的大选中，社会民主党获得的选票比1976年增加了0.3%。社会民主党与自由民主党又一次联袂组成政府。

但施密特组成新一届政府的时机并不是很幸运。1980年，联邦德国同其他西方资本主义国家一样，还未从70年代后半期的长期滞胀中走出来，就又一次陷入了严重的经济危机。这次危机造成的失业工人之多、企业破产率之高、财政赤字之庞大、国家债务之重、国际收支逆差之巨，都远远超过了前两次危机（60年代中期和70年代中期两次经济危机）。

在应对危机的措施上，社会民主党和执政伙伴自由民主党发生了尖锐的分歧。自由民主党决意与社会民主党公开决裂。1982年9月17日，自由民主党在政府中任职的4名部长宣布辞职。反对党联盟党不失时机地提出对施密特的不信任案。10月1日，联邦议院举行表决，联盟党人科尔以256票的多数（总数496票）获胜，推翻了施密特而出任总理。施密特成为联邦德国历史上第一个被不信任案赶下台的总理，同时也标志着社会民主党长达16年的执政地位的结束。

（四）施罗德政府时期

随着1982年施密特政府的垮台，德国社会民主党开始了16年的在野生涯。在此期间，社会民主党在1987年、1990年、1994年三次议会大选中接连败北，1990年大选更是创战后以来的最低，仅获得33.5%的选票。

1995年11月，拉封丹出任党主席后，积极致力于克服党的瘫痪状态，使社会民主党的状况有所改善。一是促进了该党的思想统一，增强了党内的聚合力，使党内长期以来形成的物质主义者和后物质主义者两个思想流派之间在政策思想上的分歧得到弥合。二是增加了对中间选民的吸引力。社会民主党奉行的混合型经济政策思想较之联盟党奉行的单一的新自由主义政策思想更具战略眼光和进取性，深得广大中小企业主、科技界知识分子和大中学生的支持，从而使该党以向中间阶层更为开放的形象活跃于政坛。

1998年9月27日，在四年一度的德国联邦议会大选中，在野的社会民主党战绩骄人，获得了41.8%的选票，执政的联盟党损失惨重，仅获选票的34.6%。社会民主党以较大优势战胜了联盟党，继1972年之后第二次成为联邦议会最大的党团。

社会民主党与绿党组成了红绿执政联盟，社会民主党人格哈德·施罗德出任联邦德国第七任总理，也是继勃兰特和施密特之后社会民主党的第三位总理。

施罗德红绿政府执政之路并不顺利。它先后遭遇党主席拉封丹辞职、地方选举失利、绿党对政府科索沃政策的反对、欧洲疯牛病和口蹄疫事件对德国造成的恐慌等危机。

尽管遇到各种困难与危机，施罗德领导的第一届红绿联盟政府取得的成绩还是可圈可点。在社会政策领域，1999年新《国籍法》和2002年新《移民法》得以通过。另一项社会政策改革是养老金制度。2001年5月，施罗德政府提出了一个养老金制度改革的具体方案。它包括两部分：一是从2011年起逐步提高个人交付的养老金比例，从当时的19.3%提高到2030年的22%，而个人领取的养老金却逐步从当时占工资的70%降低到67%；二是鼓励工人向一个国家扶持的私人基金账户投资，其比例逐步从占工资的1%增加到4%，以便获得国家总额达84亿美元的免税优惠。这意味着国家到2030年可以节约达70亿美元的养老金支出，同时又可以使私人养老金占到工人养老金总支出的40%。[①]

在环境政策领域，经过与工业界异常艰苦的谈判，施罗德政府提出的未来20年内分阶段废除核能的折中方案得到工业界的认可，并获得联邦议院通过。按照这一方案，占德国能源1/3的19座核电站

---

① "Schroeder Carves Another Slice out of Once-fat German Social State", http://www.sfgate.com/cgi-bin, May 16, 2001.

将在每个平均运营 30 年后即 2020 年前关闭。① 这一方案使德国成为第一个做出停止使用核能和主动进行能源结构创新的政治承诺的发达国家。

在外交领域，德国政府在一系列重大国际问题上都表现出自己较为独立的立场。在美国退出《京都议定书》、退出美苏《反弹道导弹条约》、部署 NMD 等问题上，德国政府都对美国提出了批评。同时，政府大力支持欧元流通，积极推动欧盟东扩和宪政改革，全力支持美国打击恐怖主义袭击，这些为社会民主党特别是施罗德本人赢得了一定的国际和政治声誉。

然而，在公众最为关心的经济增长和大幅度降低失业率等问题上，第一届红绿联盟政府做得有些不尽如人意。德国经济在 2001 年年底进入衰退，GDP 年增长率仅为 0.6%，失业人口迅速回升到达 390 万左右。

经济的不景气和徘徊在 10% 左右的失业率是德国面临的最为严重的经济与社会问题，也是影响 2002 年大选的重要因素。

为了赢得选举，施罗德及社会民主党进行了充分准备，终于在 9 月 23 日结束的 2002 年议会大选中以微弱多数战胜联盟党。社会民主党和绿党在议会中共获得 306 席，联盟党和自民党共获得 295 席，另有 2 席属于民主社会主义党。红绿联盟蝉联执政。

2003 年 3 月 14 日，政府总理施罗德在国会宣布了题为《2010 规划》的改革方案。改革方案的基本原则是大幅度削减社会福利，促进经济发展。主要目标是降低失业率并通过改革来整顿濒临崩溃的社会保障系统，降低工资附加成本。主要内容包括削减福利开支、缩短领取失业金的时间、松动对小型企业解雇职工的限制措施、减少企业附加工资比例、减少法定医疗保险的项目、放松劳工法的限制和鼓励中小企业发展等措施。改革方案尽管遭遇党内外不少人的反对，但在 2003 年 12 月 19 日的议会表决中仍然顺利通过。

为显示改革的意志和决心，施罗德辞去社会民主党主席的职务，

---

① "Germany Renounces Nuclear Power", http: //news. bbc. co. uk/1/hi/world/europe, June. 15, 2000.

专心致力于政府事务。同时为了在议会中获得支持改革的稳定多数，施罗德决定放手一搏，把 2006 年的联邦选举提前到 2005 年秋天。

大选结果出乎所有人的意料。施罗德的红绿联盟与反对派的黑黄联盟都没有获得国会多数。这在联邦德国近 56 年的历史上是空前的。为了不再浪费需要等待重新大选的 6 个月时间，在野的基民盟和执政的社会民主党经过 20 多天讨价还价的谈判，于 2005 年 10 月 10 日确定，由默克尔领导的联盟党和社会民主党组成大联盟联合执政。时年 51 岁、出生于东德、2000 年 4 月起担任基民盟主席的默克尔出任德国首位女总理。这样就组成了战后德国第二次大联合政府。施罗德试图继续当总理的愿望随着谈判议程的进展灰飞烟灭。社会民主党主要领导人希望施罗德继续留在政府内，最好出任副总理和外交部长。但施罗德表示，他不愿在默克尔手下干。他在社会民主党中央会议上说："那不是我为人生所做的规划。"

施罗德执政的七年，也是改革的七年。1998 年施罗德上台后，逐步推出各项改革方案，希望通过削减社会福利来减少国家财政负担，削减税收以增强企业活力，抽出财力投入到教育和高科技上，大力发展高技术产业，增强产业竞争力，以此来改善财政状况和解决失业问题。施罗德的改革药方直指现存体制的弊病，方向不能说有问题，但大选结果却表明改革之艰难。其原因，一是利益问题。德国需要改革，这道理谁都明白，可减福利减到自己头上谁也不干，更何况主要"牺牲者"是承受能力差的社会中下层民众。二是改革环境不好，步子过急。体制改革是一项大的社会工程，需要较长的时间、较好的外部环境和逐步推进的政策。当时，德国经济发展的外部环境不好，施罗德急于在任期内看到改革成效，连续推出多项改革措施，急功近利的后果是改革成本超出了社会承受能力，导致社会严重动荡。

五　瑞典社会民主党的执政实践

瑞典社会民主工人党，通称瑞典社会民主党，成立于 1889 年 4 月，是瑞典现代历史上具有重要影响的政党，以其所推行的"瑞典式社会主义"闻名于世。它曾经创造在瑞典连续执政 44 年（1932—

1976 年）的辉煌，也是迄今为止西欧社会民主党中单独或累计执政时间最长的一个政党，被称为"欧洲社会民主党最坚强的堡垒"。①1976 年下野后，经过短暂的调整，1982 年再度上台执政，并取得三连任。1991 年受苏东剧变影响和国内经济形势恶化牵累，社会民主党再度下野。1994 年起，在连续获得三次大选的胜利后，又在 2006 年和 2010 年遭遇两连败。

（一）布兰亭汉森政府时期

在第一任主席亚尔玛·布兰亭的领导下，初创时期的社会民主党把争取普选权和参加议会竞选作为头等任务。经过 20 年的奋斗，党的力量不断壮大，在议会中的席位数逐年增多，1896 年 1 个，1902 年 4 个，1905 年 15 个，1908 年 33 个，1911 年 64 个。1914 年，党的议席增加到 73 席，首次成为议会第一大党。

随着力量的增强，党是否参加联合政府的问题开始提上议程。在 1914 年召开的党的代表大会上，布兰亭指出："现在要由党代表大会来决定，我们究竟是实行民主合作的路线，同那部分和我们具有相同看法的资产阶级左翼进行合作，以便通过必要的改革去实现我们的目标呢，还是根据原则，使我们自己成为一个孤立的党呢？现在代表大会必须决定，是应该采取预备措施呢，还是党——在其他人而不是我担任主席的情况下——应该独行其是，不考虑国内政策的后果呢？"②经过激烈辩论，大会决定在原则上不反对接受政府所交付的任务。

在 1917 年 9 月举行的议会选举中，社会民主党在议院的议席从原来的 73 席增至 86 席。同年 10 月，社会民主党与自由党组成联合政府，包括布兰亭、埃里克·帕尔姆斯提埃纳在内的四位社会民主党人进入自由党人主持的联合内阁，布兰亭出任财政大臣，这是社会民主党有史以来第一次参加政府。联合执政期间，社会民主党和自由党一起推动议会通过了扩大选举权的新条例，其中包括下院选举投票人的

---

① 袁群：《瑞典社会民主党的历史、理论与实践》，云南人民出版社 2009 年版，第 5 页。

② ［美］卡尔·兰道尔：《欧洲社会主义思想与运动史》上卷，群立译，商务印书馆 1994 年版，第 594 页。

年龄限制从 24 岁降低至 23 岁；废除某些财产限制；推行妇女参政权，妇女有竞选议会议员的权利等。

1920 年，在地方村镇征收赋税问题上，自由党与社会民主党之间发生了冲突。双方互不相让，最后自由党人退出联合政府，于是组成了亚尔玛·布兰亭为首相的清一色的社会民主党政府，这是社会民主党第一次单独执政。

在 1920 年至 1926 年间，社会民主党前后三次执政，历时四年。执政期间，实行了部分国有化和国家干预政策，主张实行社会福利政策。1920 年颁布了劳资纠纷仲裁和调解法，使工会的权力得以增强。

可是，在 20 年代，社会民主党人尚未成为议会绝对多数，当它上台执政时也未建立起可靠的联盟，因而无法实施协调一致的经济计划。社会民主党政府在增加失业救助、解决劳资纠纷的规章条例等社会政策的方式问题上，遭到了资产阶级政党的反对。1925 年 2 月，布兰亭在任上去世，继任的理查德·桑德勒维持社会民主党政府运行一年零四个月，在 1926 年 4 月被推翻。

1928 年，社会民主党第二任主席汉森开始调整党的政策，提出了"人民之家"（people's home）的思想。在他看来，"人民之家的基础是共同体和团结。好的家庭没有偏袒、冷漠、偏心和后娘养的孩子。没有人轻视他人，或以牺牲他人的利益为代价，获取自己的利益；强者亦不欺凌弱者。好的家庭是平等、体贴、和谐、互帮互助的。把国家建设成为伟大的人民或公民之家，意味着打破把人民分为特权阶层与无权阶层、统治者与被统治者、富人与穷人、有产者与无产者、劫掠者与被劫掠者的经济社会藩篱。瑞典社会现在还不是一个好的公民之家……如果如此森严的阶级壁垒被打破，社会关怀就会大行其道，经济发展也将突飞猛进，工人参与经济管理，民主将被引入并应用于经济社会生活"。[①] 他还认为，社会化不是目前亟待解决的问题，而是党的未来经济政策的一部分。平等、福利与合作是"人民之家"的基本要素，应当将它置于社会化长远目标之前。建设

---

① R. Gerwart, ed., *Twisted Paths: Europe 1914 - 1945*, Oxford: Oxford University Press, 2007, p. 24.

"人民之家"不必广泛地改变资本主义生产关系，应承认私人经济对国家经济发展的作用。这等于放弃了此前社会民主党一直坚持的社会化的目标。

　　1929—1933 年的资本主义世界经济危机为瑞典社会民主党执政和实现其"人民之家"思想提供了契机。汉森领导的社会民主党充分利用危机给执政的自由党政府造成的困境，在 1932 年的竞选宣言中，强调了"实现经济平等，改善人民生活"的重要性，并采取与农民党结盟的策略，在大选中得到 41.7% 的选票，在时隔 6 年之后再度上台执政。

　　从 1932 年当选为瑞典首相至 1946 年去世，汉森连续组织四届内阁。在他的领导下，"人民之家"的思想逐步付诸实践。一是兴办基础工程，吸纳失业者。政府通过发行公债和提高税收，筹集 2 亿克朗，建设铁路、公路、港口等基础设施，并按市场价格向参加施工的工人支付工资，使失业人数逐年降低。1933 年 7 月，失业人数为 13.9 万人；到 1936 年 8 月，这个数字减少到 2.1 万人；到 1937 年 8 月，进而减少到 9600 人。[①] 二是建立社会保障制度。1934 年，建立分类失业保险制度，发放建房补助金；1935 年，提高基本养老金的给付额度；1936 年，通过农业工人工作时数法案；1937 年，为低收入母亲发放补助金和给新婚夫妇发放政府贷款的法案开始实行；1938 年，每个工人每年两周带薪休假法案开始实行；1945 年，开始实行九年义务教育。[②] 三是促成"历史性和解"。为解决劳资纠纷，汉森政府促成工会联合会与雇主联合会在 1938 年签订《萨尔茨耶巴登协议》。该协议使劳资集体谈判有了明确的程序，并对解决冲突的方式作了严格规定。比如，规定双方须经谈判达成为期一年至三年的协议，共同遵守。如协议到期前两个月内，任何一方没有提出异议，协议继续有效。如双方发生争执，无法达成协议，则由政府指派一名调停人介入谈判。协议还规定，如果要举行罢工，或是厂主要关闭工

---

　　① ［美］卡尔·兰道尔：《欧洲社会主义思想与运动史》下卷，群立译，商务印书馆 1994 年版，第 493 页。

　　② 陈界：《汉森"人民之家"思想述析》，《贵州社会科学》2011 年第 1 期，第 120 页。

厂，都必须提前通知对方。这一"历史性和解"使"劳工运动获得了对生产成果的较大支配力，雇主们则保持了控制生产过程和投资的权利"。① 这在一定程度上使瑞典剧烈的劳资冲突趋于缓和。

汉森执政时期，瑞典逐步实现了从摇篮到坟墓的福利制度，被称为"福利社会的奠基人"。

（二）埃兰德政府时期

1946 年 10 月，汉森因心脏病突然发作而去世，继任的塔格·埃兰德直到 1969 年一直担任瑞典社会民主党主席和瑞典的首相。

埃兰德继续坚持汉森的福利政策，坚信社会民主主义是变革社会的根本途径，认为社会民主党推行改良的目标是实现一个充满"保障、自由、合作与团结、平等"的"无阶级的社会"，最终建立一个富强的社会。具体而言，保障意味着为所有人创造劳动的机会，实现充分就业，使人们享有一定的社会地位；自由是发扬民主基础上的公民权利。埃兰德认为，社会只有通过合作和团结才能向前发展，而社会改良政策从根本上来说就是体现了人与人之间的团结与合作，这是和平和谅解的世界的理想。他认为，平等就是使每个人在福利国家中过上幸福的生活，享有平等的机会。②

在执政策略上，埃兰德首相特别强调政府与各种利益集团的协商与合作。1949 年，"星期四俱乐部"由社会民主党倡导建立，因每逢星期四活动而得名。它是政府与企业界人士就重大经济政策问题定期会晤的非正式协商机制。1955 年，这种活动停止后，埃兰德首相又定期邀请企业界、工会及各大利益集团领导人到他的乡间别墅"哈普森"，在政府的非正式主持下商讨国家大事，因此有"哈普森民主"之称。社会民主党政府与各政党、各利益集团的这种合作"使得各政党在议会就某个问题表决之前，该问题实际上早已定好了"。③

---

① ［丹麦］考斯塔·艾斯平—安德森：《转变中的福利国家》，周晓亮译，重庆出版社 2003 年版，第 56 页。

② 殷叙彝：《当代西欧社会党人物传》，黑龙江人民出版社 1988 年版，第 470 页。

③ 向文华：《斯堪的纳维亚民主社会主义研究》，中央编译出版社 1999 年版，第 160 页。

　　埃兰德政府重视福利国家建设。50 年代，社会民主党提出了补充养老金方案，规定所有受雇职工将取得由雇主提供财源的强制性补充养老金。在职期间，每一职工将取得养老金分数，使他们将来领取的养老金数额和他们目前所得的工薪挂钩。60 年代，社会民主党还提出了住房政策的"百万方案"，承诺从 20 世纪 60 年代中期开始的 10 年间，每年将建造 10 万套住房。社会民主党还推动相关立法，规定所有职工每年享受至少四星期带薪假期，每周工作时间一般缩短到 40 小时。国会还通过了把早先几项社会保险制度合并成一种社会保险制度。1965 年，社会福利支出大约占中央政府预算的 30%。

　　埃兰德政府还致力于教育的民主化。1950 年通过的九年制综合学校制度是使学校民主化的第一步。第二步是 1962 年推行的强制性学校改革，目的是消除社会不同阶层子女所上不同学校之间的差距。改革使所有年龄在 7—16 岁的青少年一律上九年制综合学校。旧的初级中学、女子学校及曾与综合学校并存的其他学校一律停办。1963 年又对高级中学进行了改革。

　　在对外关系方面，瑞典长期奉行积极中立的外交政策，并成功地避免了卷入两次世界大战。二战结束以后，瑞典的和平中立政策在埃兰德政府时期得到进一步的巩固和发展。在国际冷战的气氛下，社会民主党政府不为外部环境左右，努力置身于北约军事同盟之外。在与欧共体的关系上，基于保持外交政策和经济货币体制的独立性，它放弃了加入欧共体的打算，但在贸易关税方面与之进行积极合作。

（三）帕尔梅政府与卡尔松政府时期

　　1969 年，已连续担任 23 年首相、年届 68 岁的塔格·埃兰德宣布退休，年富力强的奥洛夫·帕尔梅出任社会民主党主席和瑞典首相。他先后在埃兰德领导的政府中担任交通大臣、教会与教育大臣，素以精明干练著称，是埃兰德的得力助手和亲密伙伴。

　　帕尔梅出任首相时，正值社会民主党人一贯倡导的"福利社会主义"局限性日益突出、吸引力逐步丧失的时期，很多国家的社会民主党政府纷纷下台。瑞典社会民主党亟须重新调整和安排自己的社会、经济、政治路线和政策；另外，自 60 年代中期以来，西方社会出现了大量对资本主义批判的思潮，人们对"经济民主"的要求越来越高，要求对生产资料所有权进行根本改造。为保持执政地位，社会民主党必须直面这种挑战。

在 1969 年举行的党的特别代表大会上，许多代表纷纷要求对生产资料所有制问题给予更大的关注，并提出对银行及其他重要的经济部门实行广泛的国有化，制定更加明确的经济关系民主化的措施。在刚刚接任主席职务的帕尔梅的主持下，大会的最后决议发生了相应的变化，"开始了一次意识形态再思考的进程"，其核心就在于重新评价社会化问题。

值此"意识形态危机"之际，瑞典社会民主党理论家卡尔松发表了《职能社会主义：瑞典的民主社会化理论》一书，系统地提出了"职能社会主义"的理论框架。

职能社会主义的核心概念是"所有权"，强调所有权并不是不可分割的，而是一个包含了众多不同所有权职能的概念，可以被随意相互分割。所有权 O，并不仅仅等于全部所有权，而应等于 a、b 或 c 等项职能，其公式为 $O = a + b + c + \cdots + n$。实现社会主义目标，没有必要实行全盘社会化，而只要对所有权的个别职能如 a 或 b 实行社会化，但职能 c 除外，就足够了。根据这种理论，通过各阶级各团体都能接受的和平方式，即通过对构成所有权的各个职能逐个实现社会化，既可避免大规模补偿，又可实现职能社会主义的社会化目标，它是一条理想而又可行的道路。[1]

如果说"职能社会主义"是社会民主党对当时经济民主化呼吁的理论回应，那么帕尔梅出任首相后的政策重心就是将这种经济民主思想付诸实践。1974—1976 年，社会民主党政府凭借议会中的优势地位连续颁布了一系列有利于劳工的立法。其中比较重要的有：（1）工作环境法。该法规定，如果工人有遭遇严重事故的危险，工会代表有权要求停止工作，有权获知有关工厂布局、设备使用的一切资料，并根据安全的情况决定是否继续工作。（2）就业保险法。该法规定，

---

① ［瑞典］阿德勒—卡尔松：《职能社会主义：瑞典民主社会化理论》，斯德哥尔摩 1969 年英文版，第 37 页。

不允许任意开除工人，工人的就业应得到法律的保障。（3）车间工会代表法。该法规定了工会代表在车间活动的一些权利。（4）公司董事会代表法。该法规定，任何公司的董事会或管理机构中必须有2名工人代表，他们有权得到各种信息，以维护工人的权益。（5）共同决定法。该法规定，工会在企业的劳动组织与各种管理问题上，有与雇主协商谈判的权利，工人有参与生产决策过程的机会，并拥有一定程度的咨询权和否决权。社会民主党政府的这些经济民主化立法是当时西方最激进的劳资关系立法。

在对外关系方面，帕尔梅推行积极的外交政策，参加广泛的国际合作。他反对超级大国的侵略和扩张政策，重视维护弱小国家的利益，曾经走上街头参加抗美援越的示威游行，还强烈谴责苏联出兵捷克斯洛伐克。在各种国际会议上，帕尔梅发表演讲，呼吁富国更多地考虑第三世界国家的经济利益。瑞典身体力行，不断加大对发展中国家的经济援助。由于帕尔梅的积极努力，瑞典在国际上的影响力不断扩大。

1973—1974年爆发的世界性经济危机波及瑞典，以凯恩斯主义为基础的社会民主党的经济政策无法使瑞典摆脱经济困境。在恶化的经济环境下，右翼政党对社会民主党的重税政策、官僚作风、核能崇拜等方面展开激烈的批评，致使社会民主党在群众中的威信下降。在1976年议会选举中，社会民主党以11个议席之差败给了由保守党、中央党和自由党组成的竞选联盟，从而结束了其长达44年的连续执政局面。1979年大选，社会民主党再度失利。

瑞典社会民主党下野后，不断进行反思，对党的政策纲领进行了调整，使之不断适合选民的需要，加之右翼三党联合政府执政后期瑞典经济形势进一步恶化，政府找不出脱困之道，这样在1982年9月的大选中，多数公众再次把信任票投向社会民主党，使其走向前台。1985年社会民主党再次获得议会选举胜利，帕尔梅蝉联首相。

帕尔梅主政以后，继续把经济民主推向深入。在社会民主党的推动下，瑞典议会于1983年12月21日通过了雇员投资基金法案。该法案的主要内容包括：第一，组织机构：建立5个雇员投资基金组织，每个组织设有自己独立的委员会，每个委员会设9名委员，4名候补委员。其中至少要有 5 名委员和 2 名候补委员为雇员的代表。5
个雇员投资基金组织分地区建立，各委员会以及下属机构都必须以本
地区为基础产生和建立。第二，基金来源：通过两条渠道筹集。一是
利润分享税。所有瑞典股份公司、合作社、储蓄银行和财产保险公司
都要向基金支付超额利润的 20%。二是养老金税。此税由所有雇主
支付。1984 年为各企业工资总额的 0.2%，以后逐年增加到 0.5%。
法案规定上述两种税征收 7 年，即 1984 年到 1990 年。第三，基金使
用。雇员投资基金将用于在股票市场中购买瑞典企业的股份。5 个雇
员投资基金组织每年可分别购买同一企业的股份，但每个基金最多只
能允许掌握一个企业股份与投票权的 8%，5 个基金最大限度可在同
一企业中拥有 40% 的投票权。通过占有股份，增强雇员在股东大会
与董事会中的力量，以实现参与决定与管理，影响企业的经营方向，
促进生产和就业。①"雇员投资基金"的设立，在一定程度上突破了
瑞典社会民主党的传统战略，更直接、更全面、更深刻地触及了资本
主义社会改造的根本问题，比"职能社会化"方案更带有积极进攻
的意识。正因为这样，很多人将"雇员投资基金"方案称之为"基
金社会主义"。

　　在经济方面，瑞典社会民主党在吸取以往经验教训的基础上，开
始着手实行介于"膨胀"和"紧缩"之间的第三种选择，即在压缩
政府开支、减少政府干预和私人消费的同时，通过刺激工业生产、增
加公共投资带动以出口为导向的经济回升。② 一是减少干预，国家放
弃了对信贷金融市场长达 50 年的行政控制，政府还取消了农业补贴
和对农产品以及食品的价格控制；二是降低个人和企业的税收负担，
使最高收入者的所得税率降至 45% 左右，企业名义税率降至 28%；
三是改造国有企业，对经过改造不能扭亏为盈的企业，政府将其关闭

---

　　① 黄安森、张小劲：《瑞典模式初探》，黑龙江人民出版社 1989 年版，第 112—113
页。
　　② 袁群：《瑞典社会民主党的历史、理论与实践》，云南人民出版社 2009 年版，第
127—128 页。

和转售私人，使它们在竞争中得到发展。①

在外交领域，这一时期社会民主党和平中立的外交政策得到了进一步拓展。一是推动和支持第三世界国家的民族解放斗争。瑞典是西方国家中第一个对南非种族主义政权实行经济制裁的国家，同时又从财政上给予南非解放运动以最大的支持；二是推动裁军，制止美苏军备竞赛。在帕尔梅首相的倡导下，瑞典、阿根廷、印度、希腊、墨西哥以及坦桑尼亚共同发起"五大洲和平倡议"，呼吁美苏终止核武器试验，并签订一项完全禁止核试验条约。这些外交行动极大地提高了瑞典的国际形象。

1986 年，帕尔梅遇刺身亡，副首相英瓦尔·卡尔松被选举为社会民主党主席，并继任首相职务。卡尔松继任后，继续推行帕尔梅制定的各项政策，并成功率领社会民主党赢得 1988 年的议会大选，执政到 1991 年。

（四）佩尔松政府时期

90 年代初期，瑞典经济不断恶化，再加上苏东剧变所造成的不利的国际环境，社会民主党在 1991 年的大选中失去了执政地位。对此，许多西方人士断定，20 世纪蓬勃发展的瑞典左翼政治进程已经画上句号。但是以保守党为首的四党联合政府执政后推行的以自由化和私有化为特点的新自由主义政策并未使瑞典经济走出低谷。1994 年大选中瑞典的政治钟摆迅速向左，社会民主党以高得票率取得近十年来的最好成绩，再次走向执政舞台，此后又连续赢得 1998 年和 2002 年大选的胜利。

1994 年大选胜利后，英瓦尔·卡尔松再次出任瑞典王国首相。1996 年 3 月，卡尔松自动告退，佩尔松随后当选为社会民主党主席并继任首相职务。

执政初期的社会民主党面对并不乐观的经济形势，经过痛苦的思考和反复权衡，决心转变执政思路，加快改革力度。一是强调思想的

---

①　高峰等：《瑞典社会民主主义模式——述评与文献》，中国编译出版社 2009 年版，第 80 页。

多元性，认为社会民主主义有多种思想渊源，党在新形势下要重新理解自由、平等、公正、互助的核心价值观，赋予其新的内涵①；二是表示反对资本主义，但需要市场经济，又强调不能对其放任自流，必须通过立法对市场经济的消极作用加以限制；② 三是放弃社会化的主张，不再提所有制的重要性，认为"夺取生产资料所有权不再是决定性的因素，决定性的是对经济的民主控制"③。

在新的思想指导下，社会民主党放弃了扩张经济以刺激增长，扩大公共开支以增加就业的传统政策，转而走一条介于传统民主社会主义和新自由主义之间的"第三条道路"。为此，社会民主党政府取消了前政府提出的国有企业私有化计划，同时主张政府作为一个"积极的所有者"，应加大国有企业的改革力度，推动国企进行改组和重组，以提高管理效率和创新意识。政府还采取措施大力推动高科技发展和提高劳动者素质，并加大对重点领域的科技资金投入。到 1997 年国内科研开支占 GDP 的比例跃居世界第一位，2000 年更是达到了 GDP 的 3.8%。④ 针对瑞典能源短缺和经济发展造成生态恶化的现实，社会民主党政府还制定了以"人与自然和谐发展"为最终目标的 15 项新的环境保护目标，以增强全社会的生态保护观念。

在社会政策方面，社会民主党政府在维护完善福利制度总体框架的同时，加大改革力度。一是改革社会保障津贴。社会民主党政府不顾工会的强烈反对，决定把社会保险的补偿程度由 80% 下调到 75%，养老金、儿童补贴、住房补贴等其他福利补贴也被全线下调，从而彻底打破了社会福利只增不减的刚性发展。二是改革社会保障筹资模式。改变过去保险费用几乎完全来自国家和雇主的做法，加大个人缴费力度。经过几年努力，个人所缴费用占瑞典社会保险基金的比例由

---

① 高峰等：《瑞典社会民主主义模式——述评与文献》，中国编译出版社 2009 年版，第 277—278 页。
② 同上书，第 288 页。
③ 同上书，第 280 页。
④ 同上书，第 86 页。

1994 年的 1% 提高到 2000 年的 7%。① 三是加强培训、扩大就业。政府每年投资 10 亿克朗用于职工技能培训，鼓励工会发挥工人业余教育和培训的作用；增加劳动市场弹性，放宽就业限定，允许企业雇用临时工；简化约束企业的规章制度，实施有竞争力的企业税。通过采取相关措施，社会民主党从 1994 年到 2001 年执政期间共计增加就业岗位 30 万个。②

在对外政策领域，社会民主党政府开始从中立主义转向"后中立主义"。③ 长期以来，瑞典一直奉行中立主义和不结盟政策，但在 1995 年瑞典加入欧盟后，社会民主党政府对外政策也进行了调整。加入欧盟后，社会民主党政府把与欧盟关系作为其外交重心，主张通过推动欧盟一体化，参与世界经济竞争与合作，同时支持欧盟东扩，认为这将有助于欧洲安全新格局的形成和欧洲经济的发展。支持联合国进行改革，主张加强联合国在维护和平稳定、保护人权、反对贫困、解决全球问题等事务中的作用。继续支持促进国际性的全面裁军，坚持全部销毁核武器、大规模杀伤性武器、生物和化学武器等目标，反对任何形式的恐怖活动和有组织的针对平民的暴力行径。主张加强同北约和其他国际组织的安全合作，以谋求维护国家的和平与独立，但表示瑞典不加入北约，继续坚持军事上不结盟、战时保持中立的既往政策，认为北约在使用军事力量时，原则上必须以国际法为基础。④

为了推翻社会民主党政府，在 2006 年的大选中，保守党与其他右翼政党结成竞选联盟并吸收了许多社会民主党的成功经验。而社会民主党领导人出于一党独大的考虑拒绝与其支持性政党进行竞选合作。社会民主党对执政十余年的成就持盲目乐观态度，忽视了困扰着许多民众特别是青年人的失业问题，使充分就业这个社会民主党的传

---

① 丁建定：《瑞典社会福利制度的发展》，中国劳动出版社 2004 年版，第 177 页。

② 本书编写组：《兴衰之路：外国不同类型政党建设的经验和教训》，当代世界出版社 2002 年版，第 368 页。

③ 金日：《从中立主义到后中立主义：瑞典外交政策之嬗变》，《欧洲研究》2003 年第 1 期，第 109 页。

④ 袁群：《瑞典社会民主党的历史、理论与实践》，云南人民出版社 2009 年版，第 175—176 页。

统强项变成了反对党手中的大棒。再加上竞争性政党政治中的"钟摆效应",选民对在野党的期待心理,这一切都使社会民主党在经济形势较好的情况下遭到惨败,失去了执政党地位。

第五章　西欧社会民主党的执政经验

第一次世界大战期间，西欧一些国家的社会民主党人进入战时联合内阁，迈出了社会民主党执政的第一步。从那时以来，社会民主党在西欧政治舞台就从一个无足轻重的小角色日益成长为重要的政治力量，成为与右翼政党或政党联盟相抗衡的对手。在一个世纪的历程中，社会民主党人在不断融入资本主义机体的同时，也在塑造着资本主义，在资本主义的文明发展中深深地打上了社会民主主义的烙印。与此同时，资本主义也在塑造着社会民主党，迫使社会民主党自身不断发生变革。社会民主党通过执政实践，走出了一条独特的社会民主主义发展道路。无论是辉煌时代的成就，还是低谷时期的反思，社会民主党的执政经验都是一笔重要的财富，具有重要的借鉴价值。

一　执政理念的与时俱进：从制度替代到价值诉求

长期以来，西欧社会民主党人一直谋求用一种制度来代替资本主义，认为在资本主义制度下，剥削造成社会的分裂，社会民主党人的目标在于消灭这种剥削，以实现社会自由与公正。同科学社会主义不同的是，在目标实现途径上，他们更加强调和平与渐进的特点。二战后，社会民主党人一方面强调制度替代，同时又突出基本价值的重要地位，把基本价值作为追求的重要目标。冷战以后，社会民主党人在执政理念上基本放弃了制度替代的目标，转变为把基本价值作为目标追求，并赋予基本价值以新的内容。

（一）改良主义色彩下的制度替代

19 世纪下半叶至 20 世纪初，西欧社会民主党相继成立。由于自身发展状况和社会政治条件等原因，他们没有执政或参政的机会。恩格斯去世后，特别是第一次世界大战前后，社会民主党发生了分化和变异，继续沿用"社会民主党"这一名称的政党，虽然大多数是由原来的社会民主党的右派和中派演化而来，但是，它们毕竟与马克思、恩格斯时期的社会民主党有着千丝万缕的联系。所以，在社会民主党早期理论中，突出强调了代表工人阶级利益和建立社会主义制度的目标。与以俄共（布）为代表的共产主义政党的理论不同的是，社会民主党更加强调阶级调和而不是阶级斗争。社会民主党人认为，工人阶级必须设计出具体的"改良替代方案"，作为社会主义因素来逐步取代资本主义关系。这些"改良替代方案"必须以工人的利益、社会主义的原则、工人的经验水平和现有的社会可能性为出发点。社会主义将由于这些具体的"改良替代方案"而逐步建设成功，① 因为社会主义改造始终以现存关系为出发点。一个不现实的党纲尽管能鼓舞人心，但由于无法实现，以后必然会引起失望，并使人们脱离社会主义。对于工人运动内部的这种改良主义，革命导师列宁曾经给予深刻的解剖，他说，"改良主义无非是要统治阶级让步而不是推翻统治阶级，无非是在保持统治阶级的政权的条件下要统治阶级让步"；② "改良主义就是要人们只局限于为一些不要求铲除旧有统治阶级的主要基础的变更，即一种同保存这种基础相容的变更进行鼓动"；③ 改良主义的害处在于"把局部改善的要求作为中心来代替革命口号"。④

第一次世界大战后，重新恢复的第二国际（伯尔尼国际），一方面在决议上明确写道："资本家阶级采取各种方法最大限度地剥削雇佣工人，……这些方法如果不受到限制，工人及其后代的体力、精力

---

① ［德］托玛斯·迈尔：《社会民主主义导论》，殷叙彝译，中央编译出版社 1996 年版，第 55 页。

② 《列宁全集》第 32 卷，人民出版社 1985 年版，第 310 页。

③ 《列宁全集》第 23 卷，人民出版社 1990 年版，第 87 页。

④ 《列宁全集》第 24 卷，人民出版社 1990 年版，第 53 页。

和智力必将横遭摧残，从而使社会的繁荣受到阻碍，甚至使社会本身的存在受到威胁。只有消灭资本主义生产方式，才能彻底消灭资本家摧残工人阶级的企图。"① 另一方面又强调，"任何一项社会主义的社会改革，如果不牢固地依靠民主制所提供和发扬的自由原则，便不可能推行，便不可能真正实现"。② 它们认为无产阶级可以利用资产阶级国家的一些民主手段，如普选权、议会制等，达到社会改造的目的。它们反对通过暴力的方法实现生产结构的社会化，尤其反对无产阶级专政，认为无产阶级专政"更危险"，"这只能使无产阶级在国内战争中遭到屠杀，最后则导致反动派专政"。③

维也纳中派国际在自己的章程中明确宣布："社会党国际工人联合会是力求通过革命的阶级斗争，夺取政治和经济权力来实现社会主义的各社会党的联合组织。"④ 它主张根据当时的革命形势来确定自己的斗争手段和策略。"当工人阶级还是作为政治上的少数派在资产阶级国家内部进行斗争的时候，它在斗争中既不能仅限于采取现有的那些单纯的工会活动和议会政治活动的方法，也不能硬搬其他国家工农群众尖锐的革命斗争的方法。一旦无产阶级取得了政权，它将在资产阶级抵制或反抗无产阶级最高权力的一切地方，运用专政手段。"⑤

1923 年，实现合并的社会主义工人国际，在其有关决议和章程中仍然提出了制度替代的目标，指出"消灭资本主义生产方式是工人阶级解放的目标，而阶级斗争则是实现这一目标的手段"，⑥ 规定"凡是旨在以社会主义生产方式代替资本主义生产方式，并承认表现在政治和经济活动中的阶级斗争是工人阶级解放斗争的手段的社会主义工人政党，均可加入社会主义工人国际"。⑦ 理论上虽然没有放弃阶级斗争的手段，但在实践上，社会民主党人的内心深处已基本放弃

---

① ［苏］伊·布拉斯拉夫斯基：《第一国际第二国际历史资料（第二国际）》，中国人民大学编译室译，生活·读书·新知三联书店 1964 年版，第 263 页。
② 同上书，第 257 页。
③ 同上。
④ 同上书，第 289 页。
⑤ 同上书，第 285 页。
⑥ 同上书，第 329 页。
⑦ 同上书，第 330 页。

了用暴力摧毁资本主义制度的念头，而决心在资本主义制度之内通过程序民主的手段，逐步达到自己的目标。德国社会民主党的理论家希法亭系统地提出"有组织的资本主义"的理论，把资本主义生产的增长，资本主义合理化生产和垄断组织的加强，解释为"有组织的资本主义"的形成。在这种制度下，工人阶级不必触动现存制度的基础就可以通过争取"经济民主"和"生产民主"的方法扩大劳动者对私人资本主义企业的管理，扩大国家对经济和社会发展的干预，逐渐对重要经济部门实行有偿国有化，对垄断组织实行国家监督，对利润做有利于劳动者的再分配。希法亭的这套"理论"，对当时的社会民主党人和社会主义工人国际都颇具影响。这一时期社会民主党人的政治活动中，"务实"而不是革命的宣传鼓动，已占据主要地位。争取选票，参加政府，上台执政，以便有节制地逐步实现国有化，改变生产资料的所有权，缓慢地接近社会主义，这些成了它们的新战略。社会主义工人国际，也把社会民主党人参加资产阶级政府合法化了。它的章程第 15 条明确规定："执行委员会委员如参加内阁，即自动取消执行委员会委员的资格。在他退出政府后，可以再度当选为执行委员。"① 这条规定等于把入阁问题合法化了，对社会民主党人走上执政舞台，具有重要的推动作用。

　　这一时期的社会民主党虽然基本放弃了摧毁资本主义制度的念头，决心在资本主义制度之内通过合法、民主的手段实现自己的价值目标，但是，在这些党中间，马克思主义影响仍相当强大，阶级意识仍较浓厚，掌握意识形态领导大权的主要还是战前那些属于"马克思主义正统派"的理论家如考茨基、鲍威尔等人。他们已经接受了改良主义观点，但是，这种改良主义仍被置于阶级对立和阶级斗争理论基础之上，其目标仍然被规定为用社会主义取代资本主义，承认社会历史发展的必然性。这种改良主义与马克思主义的结合体现在社会民主党的各种纲领和理论文件中。例如，1920 年瑞典社会民主工党十一大后，对纲领重新作了修改，提出通过阶级斗争"取消私人资

---

　　① ［苏］伊·布拉斯拉夫斯基：《第一国际第二国际历史资料（第二国际）》，中国人民大学编译室译，生活·读书·新知三联书店 1964 年版，第 332 页。

本主义对生产资料的所有权并将其置于社会控制与占有之下"。①
1921 年 2 月 13 日，法国社会党全国常务委员会在巴黎召开的代表会
议所通过的宣言指出：法国社会党仍是一个阶级的党，其目的是把资
本主义社会改造为集体主义社会。② 1925 年，德国社会民主党海德堡
纲领强调工人阶级"要消灭资本主义制度"，这一目标"只有通过把
资本主义的生产资料私有制转变成社会所有制才能实现"；"工人阶
级反对资本主义剥削的斗争不仅是经济斗争，而且必然是政治斗
争"。③ 奥地利社会民主党 1926 年的《林茨纲领》申明，该党以科学
社会主义学说为依据，以消灭资本主义和建立社会主义的社会制度为
奋斗目标，着眼于通过议会道路和民主手段实现和捍卫无产阶级在共
和国中的统治权，但在必要时也不排除采取暴力和专政的手段来回击
资产阶级对民主制度的威胁和破坏。④ 1938 年英国工党党章规定：
"在生产资料公有制和对每一工业或行业所能做到的最佳民众管理和
监督的基础上，确保体力劳动者或脑力劳动者获得其辛勤劳动的成果
和可行的最公平的分配。"⑤

（二）制度替代与价值诉求二元并重

从 20 世纪 50 年代初到 80 年代末，西欧社会民主党一方面强调
制度替代；另一方面又突出基本价值的重要地位，把基本价值的实现
作为其执政的基本目标，强调伦理原则是社会主义思想和社会主义政
策的基础。当然，这种二元性的目标定位在不同时期侧重点有所
不同。

1951 年 6 月 30 日到 7 月 3 日，社会党国际第一次代表大会在德
国的法兰克福举行。这次会议通过了题为《民主社会主义的目标与
任务》的纲领性宣言，后被称为《法兰克福声明》。这份声明成为各

---

① 高锋等：《瑞典社会民主主义模式——述评与文献》，中央编译出版社 2009 年版，第 171—172 页。
② 楼均信：《法兰西第三共和国兴衰史》，人民出版社 1996 年版，第 421 页。
③ 张世鹏：《德国社会民主党纲领汇编》，北京大学出版社 2005 年版，第 40—41 页。
④ 王海霞：《奥地利社会民主党研究》，北京广播学院出版社 2003 年版，第 205 页。
⑤ Henry Pelling & Alaslair J. Reid, *A Short History of the Labor Party*, Macmillan Press Ltd., 1996, p. 39.

国社会民主党的正式理论和纲领性文件。至今社会党国际所属的许多成员党仍把它作为指导本党思想和政策的基础。

《法兰克福声明》在序言中首先对资本主义作了具体分析。声明认为，19世纪以来，资本主义发展了极大的生产力，但也付出了巨大的代价。资本主义使多数公民失去对生产的影响力，它把所有权置于人权之上，创造了一个没有财产和社会权利的、靠工资生活的新阶级，它使阶级之间的斗争尖锐化了。宣言指出，虽然世界蕴藏的资源可以供每个人过像样的生活，但资本主义未能满足世界人口的基本需要。资本主义无法避免灾害性的危机与失业，它产生了社会不安定和贫富对立。资本主义对外诉诸帝国主义扩张和殖民剥削政策，从而使民族之间和种族之间的冲突更加剧烈。声明特别指出，在某些国家中，强有力的资本主义集团帮助过去的野蛮主义，使之以法西斯主义和纳粹主义的形式重新抬头。

消除资本主义所造成的沉重灾难，是社会民主党人的重要使命。《法兰克福声明》指出："在资本主义制度下，剥削造成人群的分化。社会党人的目的在于消灭这种剥削，以实现自由与公正。"① "社会党人为通过民主手段建立一个自由的新社会而奋斗。"② "社会主义的目的是要把人们从对占有或控制生产资料的少数人的依附中解放出来。它的目的是要把经济权力交到全体人民手中，以建立一个自由人能以平等地位共同工作的社会。"③ "社会主义谋求用这样一种制度来代替资本主义。在这种制度下，公共利益优先于私人利润的利益。"④ "为了达到这些目的，生产必须是为人民的整体利益而计划的。"⑤ "应根据有关国家的本身结构来决定公有制的范围和所要采用的计划化形式。公有制可把现有私营企业国有化，建立市有或地区性企业、消费合作社或生产合作社等形式。"⑥ 这些阐述表明，社会党国际并没有

---

① 《社会党国际文件集（1951—1987）》，黑龙江人民出版社1989年版，第3页。
② 同上书，第4页。
③ 同上书，第2页。
④ 同上书，第5页。
⑤ 同上。
⑥ 同上书，第6页。

放弃传统社会主义目标：建立一个新的社会制度，实现"公有制"和"计划生产"，实现生产资料社会化。不过，社会党国际同时也指出："不应把各种不同形式的公有制本身看成目的，而应看成是对决定经济生活和社会福利的基础工业和服务行业的监督手段，也是使效益差的工业合理化，或是阻止私营垄断企业和卡特尔剥削公众的手段。""社会主义的计划并不意味着一切经济决定都置于政府或中央机构手中。只要与计划的目的相符，无论在什么地方，都应当实行经济权力的非集中化。"①

在强调制度目标的同时，《法兰克福声明》又突出了社会主义的伦理价值。声明指出："社会主义的意义远不止于建立新的经济和社会制度。凡是有助于解放和发展人的个性的经济与社会进步，都具有相应的道德价值。社会党人之所以反对资本主义，不仅是因为它造成经济的浪费，也不仅是因为它使群众不能享受物质权力，最主要的是因为它违背了社会党人的正义感。"② 显然，社会民主党人不仅把社会主义看成是一种制度目标，也把社会主义看作是自由、正义、民主、团结等道德目标的实现。

从 1951 年社会党国际的重建到 1989 年《社会党国际原则宣言》的通过，社会民主党人的这种二元目标一直没有改变，只是在不同的阶段其侧重点有所不同。大体上经历了 50—60 年代的"非意识形态化"和 70—80 年代的"重新意识形态化"两个阶段。

第一阶段：20 世纪 50—60 年代的"非意识形态化"阶段

"非意识形态化"概念是在 20 世纪 50 年代中期提出的，其直接创始人是贝尔、利普塞特、希尔斯、阿隆等人。1955 年 9 月中旬，"争取文化自由大会"知识分子协会在意大利米兰的国家科学艺术博物馆举行例会，讨论"自由的未来"，会议目的是"促进自由主义思想和社会主义思想清除无用质层的过程，揭示它们的共同基础，并提出形成对自由社会的生存条件来说更现实和更富有内容的思想的任务"。③

---

① 《社会党国际文件集（1951—1987）》，黑龙江人民出版社 1989 年版，第 6 页。
② 同上书，第 7—8 页。
③ ［苏］莫斯克维切夫：《"非意识形态化"理论的产生》，载《现代外国哲学社会科学文摘》1984 年第 2 期，第 33 页。

持"非意识形态化"观点的人认为，20 世纪上半叶所固有的深刻的意识形态冲突的根源在相当大程度上业已消失，不妥协的社会主义和不妥协的自由主义已没有地位，因此，"意识形态争吵"的时代已经结束，于是，"意识形态终结"成为整个意识形态潮流的名称。1960 年，丹尼尔·贝尔的《意识形态的终结——论五十年代政治思想的枯竭》和利普赛特的《政治的人：政治的社会基础》相继出版。在这两本书中，"意识形态的终结"这一论题得到了最充分、最详尽的阐述，成为"非意识形态化思潮"的重要理论基础。到 20 世纪 60 年代中期，这一思潮几乎成了学术讨论中表达赞成和反对的主要标的物。

在社会大气候的影响下，淡化意识形态色彩，抛弃在某种程度上残留的传统社会主义特征和马克思主义思想，就成了这一时期社会民主党的主流思想倾向。这种倾向不仅表现在一批年轻的社会民主党理论家的言论中，也体现在一些国家社会民主党新修订的党纲之中。

从 20 世纪 50 年代初开始，各国社会民主党内相继崛起了一批民主社会主义理论家，他们撰写了大量对社会民主党的理论与政策很有影响的著作。在英国，主要有休·盖茨克尔、安东尼·克罗斯兰、理查德·克罗斯曼、约翰·斯特拉彻等人。他们撰写了《新费边论丛》、《英国经济问题》、《英国民主社会主义的思想发展》、《社会主义与国有化》、《社会主义的未来》、《现代资本主义》等。在德国，主要有维利·埃希勒、费里茨·埃勒、卡络·施密德等人。他们撰写了《社会主义是伦理的实际应用》、《社会主义中的伦理根源》、《第二次工业革命时期的社会主义》、《当代德国社会主义意识形态立场》等。在奥地利，主要有卡尔·考茨基之子贝内迪克·考茨基、卡尔·切尔内茨等人。他们发表了《人道主义的社会主义》、《社会主义与共产主义》等著作。在法国，主要有拉马迪埃和居伊·摩勒，他们撰写了《社会主义的总结和前景》等著作。在瑞典，曾长期在政府任职的 E. 维格福尔斯、卡尔·缪尔达尔等人退出政坛，潜心著述，写下了《当代的社会主义》、《超越福利国家》等著作。20 世纪 50 年代崛起的这一批社会民主党理论家更加注重二战经验的总结和对现代资本主义的分析，阐述民主社会主义的新原理，提出新的论点。到 50 年代末 60 年代初，大多数欧洲社会民主党都基本接受了"克罗斯兰叙述的五点原则，即政治自由主义、混合经济、福利国家、凯恩斯主义经济学与平等的信念"。①

与此同时，自 20 世纪 50 年代末开始，西欧几乎所有国家的社会民主党都根据《法兰克福声明》的原则和各国党新一代理论家的思想主张重新修订了党的纲领。

1958 年 5 月，奥地利社会党通过了著名的"维也纳纲领"。这个纲领规定"社会党人的宗旨是要建立一种社会秩序，也就是说建立一种生活条件和人类关系的秩序，它的目的是使人类个性得到自由的发展。社会党人的目的是消灭阶级和公平地分配社会产品"。党纲同时规定奥地利社会党是城乡劳动人民的党，承认私有经济和各种形式的公有经济并存的权利。党纲还指出，社会主义和宗教并不是两个对立的东西，任何一个宗教人士同时可以是社会党人。②

1959 年 6 月，在文特杜尔举行的瑞士社会党代表大会制定了新的纲领。该纲领抛弃了党的阶级斗争原则，把党的性质规定为各界人民的政党，并规定其目标是通过发展消费合作和生产合作以及建立"雇佣劳动和企业之间的平等关系"来建设"民主社会主义"，使所有的人都有平等的权利。它表明"社会主义的目的在于使所有的人均能过上一种符合人类尊严的生活，以及促进国家的繁荣和培养文化的价值"。③

1959 年 11 月，在哥德斯堡特别党代表大会上，"德国社会民主党原则纲领"获得通过，人们通常称它为"哥德斯堡纲领"。该纲领在战后德国社会民主党的发展史上占据着里程碑式的地位，标志着德国社会民主党的一次重要转折。与战前社会民主党最后一个正式纲领"海德堡纲领"（1925 年制定）相比，"哥德斯堡纲领"中完全没有了关于马克思主义、无产阶级阶级斗争、反对剥削阶级和垄断资本主义等词句。纲领提出社会民主党追求的基本价值是"自由、公正和

---

① ［英］威廉·E. 佩特森等：《西欧社会民主党》，林幼琪等译，上海译文出版社 1982 年版，第 3 页。

② 《各国社会党重要文件汇编》第 2 辑，世界知识出版社 1962 年版，第 236—240 页。

③ 同上书，第 300—317 页。

团结互助"，"民主社会主义植根于西欧基督教伦理、人道主义和古典哲学，它不想宣布什么最终真理"。关于社会民主党的性质和任务，纲领声明："社会民主党已经从一个工人阶级政党变成了一个人民政党"。它"是一个思想自由的党。它是由来自不同信仰的思想流派的人组成的一个共同体。他们的一致性建立在共同道德的基本价值和相同的政治目标基础之上。社会民主党努力追求一个体现这种基本价值精神的生活制度"。纲领摒弃了以往从马克思主义中得出的关于社会主义是最终目标的观念，把社会主义看作是"一个持久的任务——为实现自由和公正而斗争，保卫自由和公正，而且自身也要经受自由和公正的考验"。"德国社会民主党希望自己在同其他民主政党进行权利平等的竞赛中获得多数人民的支持，以便根据民主社会主义的基本要求建设国家和社会。"①

欧洲其他一些国家的社会民主党也通过了新的党纲。如1953年挪威工党和丹麦社会党、1958年意大利社会民主党、1959年卢森堡社会主义工人党和比利时社会党、1960年芬兰社会民主党和瑞典社会民主等相继通过了新的党纲。英国的盖茨克尔等在1959年一次特别会议上提出修改党章中有关纲领性表述的意见虽未变成现实，但他们却在1960年3月推动通过了题为《工党的目标》的声明，以"单行法"优先于"根本法"的方式完成了实际上的变更。上述这些党纲虽然各有特色，但大都与奥地利、德国新党纲相似。

第二阶段：70—80年代的"重新意识形态化"阶段

20世纪60年代末，资本主义世界的经济危机不断发展，资本主义国家的内外矛盾不断激化，资本主义世界的社会形势急剧恶化。在社会剧烈冲突的情况下，西方许多学者开始意识到社会危机的解决不仅需要经济和技术手段，还要借助于意识形态手段和强硬的政治措施。为寻求资本主义发展的新的精神支柱，于是出现了"重新意识形态化"思潮。就连鼓吹"非意识形态化"的著名人士，也开始对自己原来的观点进行"纠偏"以适应新的形势。如丹尼尔·贝尔在1973年出版的《后工业社会的来临》一书就辩解："在《意识形态

①　张世鹏：《德国社会民主党纲领汇编》，北京大学出版社2005年版，第70—85页。

终结》里，我并没有说所有的意识形态的思考都结束了。我实际上认为，旧的意识形态的枯竭不可避免地导致新的意识形态。"① 这表明用技术工艺学方法解决精神文化问题已是徒劳无益，所以技术统治论者开始认为"发展和维护一整套使社会有效或合法化的信念，从而以此证明它的存在价值"，② 这对当代资本主义国家的巩固显得十分必要。

正如"非意识形态化"思潮曾经对社会民主党人产生了巨大影响一样，"重新意识形态化"思潮也给社会民主党人带来了不小的冲击。从 70 年代初开始，思想意识问题开始成为社会民主党人的注意中心。社会党国际的许多成员党，曾多次举行会议，专门研究这些问题。

德国社会民主党和奥地利社会党理论活动特别活跃。德国社会民主党内围绕《七十年代社会民主党的前景》（1968 年）和《德国社会民主党 1973—1985 年间经济政治方针》草案（1972 年）等最重要的文件开展了一场空前激烈的论战。在奥地利社会党内，左翼社会党人要求更加明确地制定社会党的任务，强调必须在两种改革之间进行抉择：一是使现存制度永久保存下去而进行部分改善的改革；二是改变这种制度并最终根除这种制度的改革。

法国社会党的立场在左转方面步子比较大。60 年代末和 70 年代初，在法国社会党内部的尖锐斗争中，左翼极大地增强了自己的力量。1969 年 7 月举行的伊西—莱—穆利诺代表大会作出重要决议，强调"左翼的团结是社会党人的战略轴心，党禁止一切和资本主义代表势力的结盟"。③ 1971 年在埃皮纳举行的代表大会，党的领袖密特朗提出了一个十分激进的动议，指出必须与"资本主义决裂"，"不同意与资本主义社会决裂的人不能成为社会党党员"；认为只有

① ［美］丹尼尔·贝尔：《工业社会的来临——对社会预测的一项探索》，高铦等译，商务印书馆 1984 年版，第 43 页。
② ［波兰］维克多·奥辛廷斯基：《未来启示录——苏美思想家谈未来》，徐元译，上海译文出版社 1988 年版，第 132 页。
③ ［英］拜伦·克利特尔等著：《法国社会党》，克拉伦顿出版社 1984 年英文版，第 8 页。

掌握政权，才能进行社会改革；强调"没有生产资料、交换手段和研究手段的集体所有制，就没有社会主义"；并声称"我们的兄弟和战友"是"劳动者世界"，社会党的基础是"阶级阵线"，而其敌人则是"垄断资本"，同时主张在法国建立一个"十分广泛的左翼联盟"。① 密特朗的动议得到与会多数代表的支持，并获得大会通过。

60 年代末以来，英国工党内部崛起一批青年左翼，他们的领袖是托尼·本。青年左翼大都是英国 60 年代"反传统运动"中的活跃分子，深受"西方马克思主义"思潮的影响，对资本主义持强烈的反对态度。青年左翼认为，工党的实践表明传统社会主义和"修正主义"理论都不能从根本上改造资本主义。在他们的推动下，工党再次把"第 4 条款"②精神作为制定政策的依据，强调"第 4 条款"不仅是一个理论而且是一项事业，它是能够把新精神和活力灌输到经济生活的唯一基础。

1971 年，挪威工人党通过了《日常民主》的纲领性文件。在这个文件中还写上了反映劳动人民利益的要求。纲领指出："工人运动将实现对私有制的限制，以使任何人都不能只因为他有钱，拥有工厂和土地，而决定其他人的命运或妨碍民主的发展。"③

社会民主党这种向左转的倾向自然也会反映到社会党国际的有关决议中。在 1975 年 4 月于丹麦的赫尔辛格、1975 年 11 月于荷兰的阿姆斯特丹、1976 年 5 月于法国巴黎等城市举行的社会党国际调查研究委员会上，在 1977 年 6 月于意大利的罗马和 1978 年 10 月于法国巴黎举行的执行局会议上，以及分别于 1976 年 11 月和 1978 年 11 月召开的社会党国际代表大会上，对相关的问题都进行过讨论。

必须指出的是，社会民主党的向左转的倾向，其主要目的是通过恢复民主社会主义理论的某些旧原则，并在坚持原有的纲领原则基础上进行革新，是要"完善"现有的资本主义制度而不是"战胜"现

---

① 金重远：《战后西欧社会党》，上海人民出版社 1997 年版，第 63 页。
② 1918 年 2 月，工党代表大会通过了新党章。该党章第 4 条规定，党的目标是"在生产资料公有制和对每一工业和事业所能做到的最完善的管理、监督的基础上，确保从事体力劳动和脑力劳动生产者获得勤勉劳动的全部果实和可能做到的公平分配"。
③ 《社会党事务》1971 年第 7 期，第 135 页。

实的资本主义制度。例如在社会党国际第十三次代表大会召开之前，意大利社会党建议不再遵循法兰克福宣言，因为这个宣言已不能反映世界和社会民主运动的新形势。但是，这一建议并未得到一些有影响的党尤其是德国社会民主党的响应。在"重新意识形态化"的过程中，大多数社会民主党领袖试图把党的任务局限于"改进"、"完善"现行制度，只有其中一部分人走得较为远些，主张改造现存制度的基础。

（三）放弃制度替代，强调价值诉求

随着经济全球化和科技革命的深入发展，资本主义国家的经济结构和社会阶级结构发生了很大的变化，这使得传统上主要以中下层人民为阶级基础和选民基础的社会民主党遭遇重大危机，面临失去身份特征的危险。尤其是苏东剧变，更使西欧社会民主党人雪上加霜，他们原本打算从这次世纪剧变中捞取政治红利，却迎来了社会右翼分子的大规模声讨，原因很简单，在右翼政治势力看来，社会主义已经终结，不论是苏东的社会主义还是西欧的社会主义。为了摆脱危机，迎接挑战，社会民主党率先在意识形态进行革新，主要内容就是淡化意识形态色彩，彻底放弃制度替代的社会主义理想，强调基本价值的社会主义诉求。

布莱尔成为英国工党领袖后，在 1994 年布莱克普尔工党年会上，这位年轻的政治家提出了"社会—主义"的概念。他指出这种"社会主义""不是马克思或国家控制的社会主义"，它将"改变区分右派和左派的传统路线。它需要一种新政治——没有教条、不以我们的偏见换取他们偏见的新政治"。① 在他的推动下，1995 年 4 月 29 日，英国工党举行特别代表大会，经过激烈的辩论，终于通过了对党章第四条的修改建议，它取消了有关生产资料国有化的含义，强调工党的奋斗目标是建立一种"共同体"，"在这个共同体内，权力、财富、机会掌握在多数人而不是少数人手中；在这个共同体内，我们享有的

---

① ［英］托尼·布莱尔：《新英国——我对一个年轻国家的展望》，曹振寰等译，世界知识出版社 1998 年版，第 47—48 页。

权利反映了我们应尽的义务；在这个共同体内，我们以团结、宽容和尊重的精神，自由生活在一起"。① 该目标反映了工党的价值追求，正如布莱尔所指出的："新第四条包括了具体的社会主义价值，特别是社会公正、自由和团结。公正是建立一个公平社会的基石；自由则保证了人们公平的收入和机会，是真正将权力交给人民，而不是集权又不负责任的政府；团结反映了人性的结合，人与人之间的责任与义务。"②

法国社会党在若斯潘领导下，调整党的方针和政策。若斯潘在接受《社会主义评论》的采访时对"社会主义是什么"作了很明确的表述："本世纪的一个教训是：已不能再把社会民主主义界定为一种制度。我认为，现在按照制度的概念——资本主义制度、计划经济制度——来行动已不是绝对必要的了。我们自己也没必要来界定一种制度。我不知道作为制度的社会主义将会是什么样子的，但是我知道作为价值总和、作为社会运动、作为政治实践的社会主义可能是什么样子的。它是一种思想启示、一种生活方式、一种行动方法。"③ 这说明他已经放弃了用社会主义制度取代资本主义制度的目标，致力于资本主义制度框架内的改良。他倾向于把社会主义界定为一种人们之间的伦理关系，更多地从个人责任、家庭伦理和社会道德等方面对社会主义作出论证，把社会主义目标规定为开放与多元、自由与团结、公正与安全的社会。

德国社会民主党素以奉行具有特色的"民主社会主义"的理论与政策闻名。其主要特色在于，奉行的基本理论、原则具有一贯性；而奉行的政策方针有较大的应变性，能不断根据客观形势的变化发展进行调整和更新。在冷战后时代，德国社会民主党的理论、政策和实际活动都在进行调整。受苏东剧变的冲击，全党展开了对民主社会主

---

① 刘成：《理想与现实——英国工党与公有制》，江苏人民出版社 2003 年版，第 227 页。

② A. Blair. "Socialist Values in the Modern World ", Labour Party, 28 January 1995. in Tudor Jones, *Remarking the Labour Party From Caitskell to Blair*, Routledge Press. 1996, p. 146.

③ 黄宗良等：《冷战后的世界社会主义运动》，北京大学出版社 2003 年版，第 279 页。

义的争论，各方的争论实质上基本一致，即认为民主社会主义的理论
与政策在改良资本主义制度方面取得了巨大成就，它在同保守主义和
自由主义的竞争中深刻地改变了社会；认为坚持以民主社会主义的基
本价值（自由、公正、互助）和民主原则改革资本主义制度仍是
"绝对必要"的；党还对 1989 年《柏林纲领》中把"民主社会主义"
目标描述为伦理目标和制度目标的综合体的观念进行修改，放弃谋求
建立一种"新的"社会制度的提法，主张在资本主义制度范畴内，
以一种替代性原则和替代性政策对之进行改良，实现伦理目标。

　　瑞典社会民主党强调社会主义就是为大多数人积极参与变革和实
现民主控制的社会而进行努力，这是民主社会主义的发展方向。该党
认为民主社会主义就是要建立一种不一味追求利润的利益所支配的生
产秩序，同时还强调该党所走的是一条改良主义的社会主义道路，尽
管颇费精力和时间，但它有效，并有坚固的民众基础。该党在 2001
年召开的第三十四次党代表大会通过的党纲中强调："我们的目标是
建立一个没有高低贵贱、没有阶级差别、性别歧视和种族差异，没有
偏见和歧视，一个人人都需要，人人都有位置的社会。人人享有同等
的权利和同等价值，所有儿童都能成长为自由的独立的人。这里人人
可以管理自己的生活，都可以通过平等的、团结的合作，对社会问题
寻求符合公众利益的解决。"① 相对于以前的立场，该党也出现了一
些微妙的变化。该党更多地从抽象的意义上谈论社会主义，刻意回避
制度性的社会主义，更多地从伦理道德的角度去描述。而且，该党使
用民主社会主义的提法也不如以前多，在一些层面还以社会民主主义
加以代替。

　　伴随着各党纲领的调整，社会党国际的理论也发生了变化。它明
确放弃了制度替代的目标，致力于对资本主义的管理。"在欧洲，社
会民主主义表明了其改良的力量，而所谓'现实社会主义'却被证
实是失败了。在社会民主主义思想中首创新潮流的愿望来自对公正的
向往，其基础是对自由的需要。这个信念我们有别于同公民自由不能

---

① 高锋等：《瑞典社会民主主义模式——述评与文献》，中央编译出版社 2009 年版，
第 269 页。

相容的共产主义的概念并使我们与之对抗。我们为实现自己的目标所采取的手段在性质上是改良和合于时宜的，这一点得到公认。我们反对将社会主义作为对资本主义的有限替代，这种看法只有助于系统地使手段和目的混为一谈，似乎这些都是宗教或颠扑不破的概念。"①放弃了制度替代的社会党国际，为凸显自己的特色，强调社会主义是对资本主义的价值批判。"民主社会主义是在同资本主义永久的批判性关系中诞生和成长的。互助的定义是争取社会公正、性别平等的斗争，是对歧视的搏击，是主张对利益实行更公平的分配，互助是这种批判性关系的存在理由。"社会党国际采纳了法国社会党"要市场经济，不要市场社会"的精神，强调自由、团结、公正等基本价值观在市场经济条件下的重要作用。"除了指导利润优化的价值之外，还有其他的人类价值。教育、卫生、文化都增加了价值，加强了开放性经济的有效运行并使之可以持续发展。尽管如此，这些价值并不能通过市场调节的方式来扩大。民主社会主义的这种批判性的关系导致了产品和机会的再分配，使其发挥主要作用的社会较之其他社会远为坚强有力。"②社会党国际承诺："在我们的人类社会和各个民族社会中实现更大的平等、公正和自由。面对全球化的挑战，我们主张全球进步。"③

总之，冷战结束之后，西欧社会民主党已基本放弃了对资本主义的制度替代的理念。在它们看来，"社会主义在理论上和实践中设计并实际建立一个替代的经济制度的尝试，应被看作是最终失败了。按纯经济的标准衡量，虽然存在着对资本主义市场经济制度的种种替代选择，但是只有比它更差的，却没有比它更好的"。④社会主义"今天所描述的不是一种模式，也不是我们力求实现的一种社会经济结构，而是一种由基本价值加以界定的规范性政治和理论思想。而我们知道，这一思想只能在以下的基础上获得实现：受到社会限制的生产

---

① 《社会党国际重要文件选编》，当代世界出版社 2005 年版，第 233 页。
② 同上书，第 236 页。
③ 同上书，第 240 页。
④ 中央编译局世界社会主义研究所：《当代国外社会主义：理论与模式》，中央编译出版社 1998 年版，第 261 页。

资料私有制，承认资本市场和货币市场具有重要的协同调控职能，以及承认社会制度的各个部分具有仅仅是有限的民主化能力"。①

二　执政方式的因时制宜：从"管治"走向"治理"

现代政党执政有两个基本的目标追求，即发展与平等，但两个目标的同时实现并非易事。"发展和平等"之间经常充满着悖论。科学技术、物质生产的高速发展往往伴随着社会不平等的尖锐化；而对平等问题的矫枉过正，反过来又可能影响到发展的效率，阻碍社会发展。为在二者之间找到一种平衡，许多政治家和理论家都提出过种种方案。历史地看，社会民主党传统上所奉行的凯恩斯主义理论主张国家全面"管制"社会和经济生活，认为国家有义务提供市场无法提供，或者只能以零散方式提供的公共服务，由政府、企业主和工会共同参与的集体决策可以在一定程度上取代市场机制。而新自由主义反其道而行之，极力主张"小政府"，反对"大政府"，主张弱化国家的作用。冷战后时代的社会民主党批判性地吸收了传统社会民主主义和新自由主义的有益经验，提出改变执政方式，变"管治"为"治理"的新思路。

（一）社会民主党的传统"管治"理论与政策

社会民主党传统"管治"理论与政策的形成，与凯恩斯主义的产生有密切的关系。面对1929年西方资本主义世界出现的大危机，传统的经济学说，如瓦拉尔的"一般均衡理论"和马歇尔的"局部均衡理论"，都失去了效力。在这种情况下，凯恩斯主义经济学应运而生，并形成了经济学史上的所谓"凯恩斯革命"。凯恩斯主义认为资本主义经济危机的根本原因是社会总需求不足，这是市场机制的自行调节所无法克服的，因此需要加强国家对经济和社会生活的干预和调控。凯恩斯主义形成了一个完整的政策体系，它确定充分就业、经济增长等宏观目标，以政策手段保证国民经济稳定增长，采用经济计

---

① 中央编译局世界社会主义研究所：《当代国外社会主义：理论与模式》，中央编译出版社1998年版，第234页。

划，包括金融财政、产业和税收政策，干预价格和工资；以福利手段对国民收入实行再分配，扩大政府开支；以立法手段调控社会经济，如反垄断和维护经济秩序；以制度手段实施经济干预，如实行国有化，建立国企系统。[①]

社会民主党的传统"管治"思想，是凯恩斯主义和民主社会主义的混合物。它坚持了社会主义中的生产资料公有制、经济管理上的国有化观念以及福利国家的观念，同时吸收了凯恩斯主义学说中的宏观管理的政策。这种"管治"思想的政策实践，主要表现在以下几个方面：

1. 在混合经济的范围内实行公有化和社会化

一般而言，在二战之前以及二战后初期，除瑞典社会民主党外，[②] 大多数欧洲社会民主党在所有制问题上基本坚持马克思主义的观点，即认为在社会经济关系中，所有制是具有决定意义的因素，生产资料资本主义私人占有是工人阶级贫困和受奴役的根源，只有消灭资本主义生产资料占有制，工人阶级才能获得解放。1934 年德国社会民主党理事会发表的布拉格宣言指出："没收大地产。森林归国家所有和国家管理。耕地归由农业工人组成的、得到国家资金充分支持的、有生存能力的农民垦殖区和合作社企业经营。无偿没收重工业。帝国银行归国家所有和管理。由国家指定的领导机构对大银行实行社会化并予以接管。"[③] 在英国，除了前面所述 1918 年工党党章第四条规定生产资料公有制是英国社会和经济变革的必要条件外，1927 年工党又发表了《工党与国家》，强调工党关于国家干预和控制的政策思想，保证在工党上台后，将扩大社会服务的范围，在基础工业实行公有制。在法国，二战结束后不久，法国社会党于 1946 年 2 月通过的《原则声明》指出，"社会党的特性在于它坚持废除资本主义所有

---

① 吴必康：《变革与稳定：英国经济政策的四次重大变革》，《江海学刊》2014 年第 1 期，第 171 页。

② 在 20 世纪 20 年代之前，瑞典社会民主党坚持通过生产资料的社会化，变资本主义为社会主义的主张。但 1917 年的参政和 20 年代的两次单独执政，其思想发生了较大的转变，它开始认为在一个生产资料私有制的国家，实行生产资料社会化并不是一件简单的事情，社会主义的目标可以通过一系列其他步骤加以实现。

③ 张世鹏：《德国社会民主党纲领汇编》，北京大学出版社 2005 年版，第 52 页。

制以解放个人"，它的目的是"要把自然财富，如生产资料和交换手段等，收归国有，从而用消灭了阶级的社会来代替以资本主义所有制为基础的社会"。①

50 年代之后，社会民主党逐步放弃了消灭资本主义私有制的主张，转而认为，"不应把各种不同形式的公有制本身看成是目的，而应看成是对决定经济生活和社会福利的基础工业和服务行业的监督手段，也是使效益差的工业合理化、或是阻止私营企业和卡特尔剥削公众的手段"，"社会主义的计划化并不以所有生产资料的公有为先决条件。它同重要的生产领域内，如农业、手工业、零售业和中小型工业内私有制的存在是可以相容的"。② 英国工党理论家克罗斯兰于 1956 年出版了《社会主义的未来》一书，比较系统地检讨了工党原有的在重大理论问题上的观点并对其进行了修正，他认为社会主义的本质是平等，而不是生产资料私有制的被消灭，国有化是手段而不是目的，为此，他建议取消工党党章第四条关于生产资料公有制的原则。克罗斯兰的观点得到了时任工党领袖盖茨克尔的认同，认为战后由于政府加强对经济的干预以及企业的管理权和所有权的分离，所有权问题已降到次要地位。③ 1959 年德国社会民主党《哥德斯堡纲领》对所有制问题专设了一节"所有制和权力"来进行论述，但重点已不是"所有制"而是"权力"。公有制的主张在《哥德斯堡纲领》中已处于非常次要的地位，已经沦落为私有制的陪衬和附属物。提及公有制，也主要是从保护生产资料私有制角度来讲的："因为公共企业参与竞争是防止私人统治市场的关键手段。应当借助这些公共企业来维护公共利益。"④ 法国社会党在 1988 年执政后，其政策发生了较大的转变，社会党中央执政委员会波普朗明确表示：社会党已经放弃了与资本主义决裂的战略。社会党国际十八大在《原则宣言》中也强调："经验表明，社会化在某些情况下可能是必要的，但它本身并不是医治社会弊病的特效药……无论私有

①　《社会党重要文件选编》，中共中央党校科研办公室 1985 年印行，第 278 页。
②　《社会党国际文件集（1951—1987）》，黑龙江人民出版社 1989 年版，第 6 页。
③　殷叙彝：《当代西欧社会党人物传》，黑龙江人民出版社 1988 年版，第 109 页。
④　张世鹏：《德国社会民主党纲领汇编》，北京大学出版社 2005 年版，第 75 页。

制或国家所有制，其本身既不能保证经济效率又不能保证社会公
正。"① 公有制的主要作用体现在两个方面：一是它能与大企业竞
争，防止垄断，起到调节物价的作用，有助于保护消费者的自由；
二是拾遗补阙，在"缺少私人主动性或对公认的社会需求须承担特
大风险的地方"发挥作用。②

2. 市场基础上的国家干预

社会民主党置身于发达资本主义社会，深信市场在经济发展中的
重要作用，认为它是高效率和灵活性的必要前提。在德国社会民主党
看来，"在以民主方式确定的框架内，市场和竞争都是不可缺少的。
市场能够有效地协调大量纷繁庞杂的经济决策"。"效率竞争有利于
消费者和他们的自由消费选择。市场是一种促成供需平衡的手段；如
果将市场纳入一个适当的总体框架内，它也是一种调控供给和需求的
有效手段。它能告诉人们可能出现的经济发展和结构发展的情况。"③
英国工党前领袖金诺克等人认为：在许多领域，供求体系和价格机制
一般能够成为确定需求和真正的消费的手段。私营企业之间或社会化
企业之间的竞争是一个对消费者利益和整个经济都有好处的动态因
素。完全取消市场分配机制会造成减产、配给不当和供求失调。④ 瑞
典社会民主党也认为："市场机制在生产者和消费者之间形成了一个
快捷的、灵活的信号系统"⑤，"在市场价格机制最有能力将生产引导
向人们的愿望的地方，它愿意利用这一机制。"⑥ 它的《思想纲领》
强调：市场是协调经济生活的重要辅助手段。在经济生活中的重要领
域，行之有效的市场经济是高效率和灵活性的必要前提；竞争则是经
济发展的基石，通过竞争可以使人力物力得到最有效的使用，平衡生
产者和消费者的利益，刺激企业改进经营管理，推动原有的结构按照

① 《社会党国际重要文件选编》，当代世界出版社 2005 年版，第 14 页。
② 李宏：《另一种选择：欧洲民主社会主义研究》，法律出版社 2003 年版，第 57 页。
③ 张世鹏：《德国社会民主党纲领汇编》，北京大学出版社 2005 年版，第 140—141
页。
④ 殷叙彝：《当代西欧社会党人物传》，黑龙江人民出版社 1988 年版，第 150 页。
⑤ 高锋等：《瑞典社会民主主义模式——述评与文献》，中央编译出版社 2009 年版，
第 241 页。
⑥ 同上书，第 209 页。

未来需求及时调整。①

　　然而，"市场"这只"看不见的手"作为影响经济发展的手段并不是万能的。正如德国社会民主党在《1975 年至 1985 年经济政治大纲》中所指出的，市场只能满足那些表现为购买力的需求，只有当收入分配公正时，商品通过市场进行的分配才是公正的；不受限制或监督的市场会日趋取消竞争，康采恩和卡特尔等大财团可能垄断市场，滥用权力，从而导致不稳定的或毁灭性的市场状况；在提供基础设施方面，市场往往失灵，而基础设施在满足社会需求方面则具有越来越大的意义；市场会加剧地区之间的不平衡状态，这时就需要国家的地区政策采取协调性的干预；市场本身不能解决重大的社会任务，如保障充分就业、币值稳定、生产的不断增长、促进社会和谐和保护环境。② 英国工党认为，"只受利润、自私自利和贪婪的力量支配的自由市场"不能"保证工业满足社会的需要"。③ 工党前领袖金诺克强调："毫无控制的市场经济体系存在剥削、不负责任和浪费宝贵资源等缺点。"④ 瑞典社会民主党前主席卡尔松等人在《什么是社会民主主义?》一文中表示："市场从来不是根据真正的需要来生产，而仅仅根据那些可以转化为金钱的需求来分配"，"即使购买力在不同的消费者之间分配得非常公平，生产者仍然愿意生产数以万计的消费者所需要的产品，而不愿意生产十个、八个人所需要的产品，不管这些产品对这十个人多么重要。"⑤

　　正是由于认识到市场本身具有的这些局限性，因此，社会民主党认为，要保证经济持续稳定发展，促进人民生活水平不断提高，必须在承认市场法则的前提下，加强国家对经济的干预。

　　英国工党 1982 年党纲指出："社会有权制订利用和分配社会资源的计划以满足社会的需要，既承认我们作为消费者的权利，也承认我

---

① 李兴耕：《当代西欧社会党的理论与实践》，黑龙江人民出版社 1989 年版，第282—283 页。

② 《社会党重要文件选编》，中共中央党校科研办公室 1985 年印行，第 206 页。

③ 同上书，第 433 页。

④ 殷叙彝：《当代西欧社会党人物传》，黑龙江人民出版社 1988 年版，第 150 页。

⑤ 高锋等：《瑞典社会民主主义模式——述评与文献》，中央编译出版社 2009 年版，第 47 页。

们作为工人的权利"；不加干涉的市场"绝不能为一整套公用事业和工业适当地提供必需品"。① 工党前领袖金诺克指出："没有国家干预就不会有正确的竞争，而只会有依靠垄断地位的剥削；没有国家监督，消费者就会由于错误的广告和推销措施而上当；没有国家施加影响，许多工人只会得到不足温饱的工资。"②

法国社会党认为，在人民要求从科学和技术的进步中得到好处的合法愿望面前，一种不能适应我们的时代的自由主义，是有其缺陷的。要使经济得到正常、和谐而迅速的发展，首先应有一个与专门的工业、贸易和农业机构共同拟订的计划。这个计划经议会批准以后，即应视其必要程度由一个负责经济和社会化的机构实施于私人企业。③ 社会党已故领袖密特朗指出："法国式的社会主义应有别于世界上其他形式的社会主义。我们不仅要实现制止人剥削人的社会愿望，而且也要大大触动经济结构，实现国有化和相应的计划化。"④

德国社会民主党认为，市场由于它的灵活性而具有种种优越性，因此不应取消非中央集权制的、由各个企业作出最终决定的权力。相反，应当把这种决定权纳入一个符合社会愿望的计划网络，使它的优点保持下来，缺点得到克服，以利于社会发展。国家应承担对经济的全部责任，有预见地规划对社会和生态的变革，支持符合社会需求的经济发展并制止或减少错误的发展。国家的行动必须以经济效果来衡量，国家规划应把经济的整体考虑与政治的预定目标结合起来。同时，国家制定规划的范围不是包罗万象的，在制定和实施过程中要有高度的合理性与明确性。国家干预还是防止垄断的重要手段，国家必须支持企业的多样化，尤其是中小企业的发展。⑤

瑞典社会民主党指出，不管经济活动是建筑在私人所有制基础上还是不同形式的集体所有制基础上，都必须将其统筹到一个计划性经济之内，如果不想让劳动力和物质资源因无所事事或者有效生产不足

① 《社会党重要文件选编》，中共中央党校科研办公室 1985 年印行，第 432—433 页。
② 殷叙彝：《当代西欧社会党人物传》，黑龙江人民出版社 1988 年版，第 150 页。
③ 《社会党重要文件选编》，中共中央党校科研办公室 1985 年印行，第 302 页。
④ 何宝骥：《世界社会主义通鉴》，人民出版社 1996 年版，第 614 页。
⑤ 《社会党重要文件选编》，中共中央党校科研办公室 1985 年印行，第 206—215 页。

而浪费掉的话。这一统筹只有在社会领导下并让私人利益和集团利益总体上服从于共同追求的目标时才能实现。计划经济必须在维护经济稳定的同时，保障全面就业和公平的生产分配。①

3. 基于公正追求的福利国家

社会民主党人从平等的价值观出发，主张国家应该重视结果的平等，通过对市场的干预，确保经济公正和收入均等，使每一个公民都可以享受到经济发展的成果。对此，英国工党指出：社会主义就是要"实现更大程度的社会平等，消除贫困，并在收入和财富方面实行大规模的重新分配。"② 德国社会民主党人清醒地看到，"我们时代的一个特征是特权阶层的私人奢侈生活毫无限制地发展，与此同时，重要的公共任务……却以与一个文明民族不相称的方式受到忽视"。"市场经济并不能自动地保障公正的收入分配和财富分配。为此需要一种目标明确的收入政策和财产政策。"③

社会民主党人从自由的价值观出发，强调国家对个人的责任。德国社会民主党认为，自由意味着摆脱任何有损于人的尊严的依赖关系，并有可能在公正和相助的要求所规定的限度内，自由地发展自己的个性。它认为，人是具有自由的才能的。人在伦理学意义上即便处于不符合尊严的环境下，也依然是自由的。然而，能否得到自由是有前提条件的。"只有当一个人感到自己在物质上和社会上得到充分保障的时候，他才能恰当地利用享有自由的机会。为了自由，我们要求平等的生活机会和全面的社会保障。"④ 1959 年，德国社会民主党在《哥德斯堡纲领》中提出："社会民主党经济政策的目标是不断增长的富裕，使所有人公正地分享国民经济的成果，享受一种没有使人丧失尊严的依附性和不受剥削的自由的生活。"⑤

---

① 高锋等：《瑞典社会民主主义模式——述评与文献》，中央编译出版社 2009 年版，第 190 页。

② 高放：《当代世界社会主义文献选编》，中国人民大学出版社 1990 年版，第 386 页。

③ 张世鹏：《德国社会民主党纲领汇编》，北京大学出版社 2005 年版，第 76—77 页。

④ 高放：《当代世界社会主义文献选编》，中国人民大学出版社 1990 年版，第 369 页。

⑤ 张世鹏：《德国社会民主党纲领汇编》，北京大学出版社 2005 年版，第 74 页。

社会民主党人从团结互助的价值观出发，主张国家对公民的关怀。瑞典社会民主党指出："对生活在困境中的人们，团结是对其争取公平努力的支持。不管其自身力量大小，团结都是社会保障和社会共同体的前提。"① 德国社会民主党强调："不允许把导致个人和社会陷入危难的社会状况当作不可避免和无法改变的事实而加以容忍。社会保障制度必须符合具有自我责任感的人的尊严。""任何公民在年老、丧失职业工作能力、或者赡养者去世的时候都有资格获得国家提供的最低养老金。""每个人在患病的时候，无论他的经济状况如何，都绝对有资格享受一切与目前医疗科学水平相符的医疗措施。"②

社会民主党在这种思想的指导下，通过上台执政，推动立法，采取措施，把在第二次世界大战之前带有救贫性质的社会福利措施，发展成为涉及生、老、病、死、伤、残、孤寡、失业、教育等各个方面的、范围广泛的社会福利制度。

（二）社会民主党传统"管治"政策的失灵

在西欧的战后重建和经济繁荣时期，社会民主党的传统"管治"政策曾取得巨大成功。和谐的劳资社会伙伴关系和完善的社会保障网不仅促进了经济发展，而且保障了社会安定。各国社会民主党的力量和影响也因此达到了高峰。"当人们回顾社会民主党的纲领和政策取得很大成就的这一段时间"往往把它称为"社会民主党的黄金时代"。③

但是，随着 70 年代中期西欧爆发战后第一次经济危机，社会民主党的传统政策面临挑战。其主要表现为：

1. 凯恩斯主义失灵

在资本主义的经济生活中，二战以前，经济停滞、生产下降通常是与通货紧缩、物价下降相伴随的，但二战以后却开始呈现经济停滞

---

① 高锋等：《瑞典社会民主主义模式——述评与文献》，中央编译出版社 2009 年版，第 227 页。

② 张世鹏：《德国社会民主党纲领汇编》，北京大学出版社 2005 年版，第 78—79 页。

③ ［德］托玛斯·迈尔：《社会民主主义的转型：走向 21 世纪的社会民主党》，殷叙彝译，北京大学出版社 2001 年版，第 41 页。

与通货膨胀并存的情况。面对经济的"滞胀"现象，凯恩斯主义却拿不出应对良策。事实上，"滞胀"现象出现的主要原因就是因为凯恩斯主义的扩大社会有效需求的理论政策，在一定时期内促进经济高速增长的同时，又为尔后出现滞胀埋下了伏笔。这是因为凯恩斯主义调节经济所采取的两大举措，即扩大政府财政支出搞赤字财政和增加投资搞债务经济，具有使财政赤字不断增加、债务日益扩大、货币供应量超过商品流通需要，从而促使通货膨胀发生的副作用；而生产能力逐步超过消费需求，生产过剩与社会需求相对缩小之间的矛盾，在资本主义社会中通常是通过经济危机周期性地来暂时缓解生产和消费之间的矛盾，而在凯恩斯主义的指导下，政府的反危机政策却压抑了经济危机的这种机制的充分展开，致使上述矛盾不断积累，使生产能力过剩经常化从而导致经济停滞。

2. 福利国家的危机

作为二战以后国家垄断资本主义的重要内容，西欧福利国家设计精良，制度完善，福利设施发达，曾经有效地增加了社会"有效需求"，扩大了社会就业，平抑了社会收入的差距。西欧福利国家制度的推行，一定程度上缓和了资本主义经济和社会的矛盾，为战后资本主义发展开拓了新的空间。福利国家制度也成为二战以后西方资本主义"文明化"的重要标志。但是到了 20 世纪 70 年代，福利国家制度首先遭遇到实践的挑战。

一是社会福利支出费用增加，各国财政不堪重负。1979 年，英国社会福利开支（包括卫生保健开支）占政府开支的 41.2%；1981年，瑞典、法国、联邦德国的社会福利开支分别占到政府开支的48.4%、58.7% 和 68.8%。[1] 政府开支的迅速扩大造成各国政府的巨额财政赤字和巨额国债。例如，1981 年，瑞典、英国、法国和联邦德国的财政赤字分别占其国内生产总值的 9.3%、4.8%、3% 和4.6%。[2] 为弥补巨额财政赤字，各国政府不得不举债度日。瑞典国债总额（包括中央占政府的内债和外债）从 1973 年年底的 360 亿瑞

① 国际货币基金组织：《政府财政统计年鉴》第 8 卷，1984 年，第 46、48 页。
② 同上书，第 60 页。

典克朗增加到 1982 年年底的 2728 亿瑞典克朗；英国国债总额从 1973 年年底的 375 亿英镑增加到 1981 年年底的 1108 亿英镑；联邦德国国债总额从 1975 年年底的 1033 亿马克增加到 1983 年年底的 3414 亿马克。①

二是税收加重了企业负担，影响了企业生产效率的提高。政府扩张性财政开支必然导致税负的加重。例如，1973 年，西欧国家税收（包括直接税、间接税和社会保险税）占国内生产总值的比重分别为：瑞典 39.18%、英国 31.36%、联邦德国 37.19%，这一数字呈逐年上升趋势，到 1981 年这一数字分别增加到 45.96%、36.61%、40.15%。② 过高的税负不利于企业资本积累、技术进步和设备更新，直接影响到企业产品的竞争力。这种情况又会反过来加重失业压力，导致社会保障开支上升，同时失业者的增加还减少了社会保障税的征收额，形成恶性循环。

当社会民主党传统"管治"方式陷入危机的时候，新自由主义经济思潮东山再起。新自由主义者对社会民主主义的传统"管治"理论与政策进行了尖锐批评和责难。这些批评主要集中在三个方面：

第一，认为经济危机不是经济自由的结果，而是由于国家干预过多造成的。尽管新自由主义者并不完全拒绝利用国家干预来稳定现代市场经济运行，但强调经济运行和经济活动中的国家调控与干预越少越好。在新自由主义者看来，只有充分发挥市场机制作用，才能提供为技术进步所需的多样性、复杂性和灵活性，而国家的宏观管理和干预恰恰阻碍了技术进步。国家对经济的全面干预是完全没有必要的，它只会妨碍市场机制作用的发挥，使人们对政府形成依赖、产生懒惰，失去自由竞争、创新的精神。

第二，主张私有制，反对公有制。新自由主义经济学家都是私有制的积极拥护者。他们认为在私有制经济中，市场可以充分发挥其调节资源配置的作用，在市场这只"看不见的手"的调节作用下，私

---

① 国际货币基金组织：《政府财政统计年鉴》第 8 卷，1984 年，第 712、780 页；1983 年联邦德国国债数字见《国际金融统计》，1984 年 10 月号。

② 国际货币基金组织：《政府财政统计年鉴》第 7 卷，1983 年，第 57 页。

有制可以自动地使经济实现稳定和均衡。

新自由主义拥护私有制经济的另一个重要原因，是认为私有制经济的最大好处在于它保证了个人的自由。并且私有制不仅是有产者个人自由的最重要保证，而且也是无产者个人自由的最重要保证。这是因为，穷人通过个人努力就可能致富，而且穷人致富的努力不会受到任何人的阻碍。包括穷人在内的任何人，都有选择职业的自由，都能够施展自己的才华通过努力工作而致富。因此，虽然在私有制社会里，富人在机会方面受到的限制要比穷人少得多，从而人们收入可能不均等，但每个人致富的机会是均等的。因此，无论对于有产者来说，还是对于无产者来说，私有制都是最好的制度。

新自由主义在主张私有制的同时，却极力反对公有制，认为公有制不仅会导致资源配置的低效率和资源的浪费，而且还会导致独裁或极权主义，因为生产资料归国家所有，个人就不得不服从拥有极大垄断权力的国家管理机构的管理和支配。正如哈耶克所说："如果所有的生产资料都落在一个人手里，不管它在名义上是属于整个社会，或是属于独裁者，谁操有这个管理权，谁就有全权管制我们。"①

第三，主张福利个人化，反对福利国家。新自由主义认为，社会福利是国家控制和干涉个人自由的一种隐蔽手段。通过福利的供给，国家逐步转变成一个无所不能的控制者；通过福利的获得，个人却在不知不觉中丧失了自己的独立与自由。

新自由主义者公开反对社会公平和分配正义。他们认为真正的公平没有确切的内涵，假使由政府强制推行社会平等，使得每一个个体在社会生活的各个方面都具有同等的待遇，那么这种追求平等的过程就会引致新的不平等。新自由主义的代表人物哈耶克认为，"只有在一般性法律规则和一般性行为规则下的平等，才是有助于自由的唯一平等，也是我们能够在不摧毁自由的同时所确保的唯一一种平等"。②在哈耶克看来，平等并非是抽象的平等，而是在法律、道德和习俗约

①　［英］哈耶克：《通往奴役之路》，王明毅等译，中国社会科学出版社1997年版，第101页。

②　［英］哈耶克：《自由秩序原理》，邓正来译，生活·读书·新知三联书店1997年版，第102页。

束下的平等，是一种过程和形式而非结果和实质的平等，而且这种平等不能以损害自由为前提。

哈耶克对福利国家的三大内容即养老、健康和失业保险制度提出了自己的观点。他反对实行由国家垄断的养老金制度，认为这将给个人责任意识的发展带来不利的影响，并会为此付出高昂的代价。他也坚决反对实行单一的国家健康保险制度，认为这往往是政府出于政治因素的考虑。而失业保险制度是为工会开脱了由其政策而引起的失业责任，并把失业保险负担转嫁到国家身上。[①]

新自由主义的理论主张以 1979 年撒切尔夫人担任英国首相和 1980 年里根担任美国总统为标志，开始在西方世界大行其道。在政策实践上，新自由主义提出了一系列与社会民主党针锋相对的措施，如推行国有企业私有化，削减社会福利支出，调整高额累进所得税政策，放慢或停止工人工资的增长，通过立法等手段限制工人和工会的活动，等等。

（三）社会民主党"治理"政策的出台

冷战结束和日益加速的全球化浪潮，迫使西欧社会民主党人审视传统的执政方式。无论是传统的社会民主主义还是新自由主义，都未能很好地解决资本主义国家的经济和社会问题。传统社会民主主义管治国家的政策已经失灵，新自由主义虽然一度促进了资本主义经济的繁荣，但其政策实践也产生了许多消极后果，如消费需求不足，经济增长乏力；泡沫经济严重，潜伏严重危机；两极分化严重，社会问题丛生，等等。社会民主党人试图超越"左"与"右"的传统分野，在"经济效率"与"社会公正"之间、"过度的市场自由"与"过度的政府干预"之间、"社会主义"与"个人主义"之间寻求新的平衡。于是，一种替代"管治"的"治理"方式应运而生。

"治理"是 20 世纪 90 年代以来，在西方政治学中流行的一个术

---

① 何雪梅：《试论西方反福利思潮》，《西南民族大学学报》2008 年第 1 期，第 124 页。

语。"治理"的基本含义是指"官方的或民间的公共管理组织在一个既定的范围内运用公共权威维持秩序，满足公众的需要。治理的目的是指在各种不同的制度关系中运用权力去引导、控制和规范公民的各种活动，以最大限度地增进公共利益"，① 治理是一个过程，它"涉及公、私部门，是以调和而不是支配为基础建立起来的，有赖于正式制度和非正式制度持续的相互作用"。② 参与、谈判和协调构成治理的主要内容，项目规划、伙伴关系、意见一致是治理的关键词——这些治理的内涵与传统的"管治"是有很大区别的。而区分管治与治理的概念是正确理解治理的前提条件，"治理从头起便须区别于传统的政府统治概念"。③

治理与管治的最大不同在于，治理需要的权威并非是政府机关，而管治的权威一定是政府。管治的机构一定是社会的公共机构，其权力来自于政府授权，而治理的机构既可以是公共机构，也可以是私人机构，还可以是公共机构和私人机构的合作。治理是国家与公民社会的合作、政府与非政府的合作、公共机构与私人机构的合作、强制与自愿的合作。④ 社会民主党接受了治理的理念，认为政府在经济领域中的某些干预是必要的，但必须改变干预的方式，由直接的"管治"变为间接的"治理"和服务。英国前首相布莱尔和德国前总理施罗德发表的《共同声明》指出："这一适应今天世界的经济框架是现代化的，其中政府尽其所能帮助企业而从不认为自己能替代企业。要以政治行动来补充和改善而不是阻碍市场的基本功能。我们支持的是市场经济而不是市场社会。"⑤

社会民主党的"治理"方式主要体现在以下几个方面：

---

① 俞可平：《全球化：全球治理》，社会科学文献出版社 2003 年版，第 6 页。
② 唐贤兴：《全球化与全球治理：一个"治理社会"的来临》，《世界经济与政治》2001 年第 1 期，第 27 页。
③ ［法］让—彼埃尔·戈丹：《现代的治理，昨天和今天：借重法国政府政策得以明确的几点认识》，《国际社会科学杂志》1999 年第 1 期，第 49 页。
④ 裘援平等：《当代社会民主主义与"第三条道路"》，当代世界出版社 2004 年版，第 241 页。
⑤ 陈林等：《第三条道路——世纪之交的西方政治变革》，当代世界出版社 2000 年版，第 36—37 页。

1. 新型混合经济

20 世纪 90 年代以来，面对全球化的挑战和传统的凯恩斯主义理论的失灵，社会民主党提出了新型混合经济的主张，以区别于传统的混合经济。伦敦经济政治学院院长，被看作工党前领袖布莱尔精神导师的安东尼·吉登斯指出："老式的混合经济有两种不同的版本。一种涉及国家与私人领域的划分，但仍有许多企业掌握在政府手中。另一种在过去和现在都是一种社会市场。在两种情况下，市场都在很大程度上受制于政府。新型的混合经济则试图在公共部门和私人部门之间建立一种协调机制，在最大限度地利用市场的动力机制的同时，把公共利益作为一项重要的因素加以考虑。它既涉及国际、国家和地方各层次上的控制与非控制之间的平衡，也涉及社会生活中经济因素与非经济因素之间的平衡。第二种平衡至少与第一种平衡同样重要，但它可以在第一种平衡得到实现的过程中获得部分的实现。"① 吉登斯的话表明，新的混合经济的突出特点就是超越公与私的对立，重点集中于经济管理。关于这一点，吉登斯在《左派瘫痪之后》一文中讲得更清楚。他说："与旧的混合经济不同的是，新的混合经济主要不是指在国有企业与私有企业之间达成平衡的关系。它指的是实现管制与解除管制、社会生活的经济方面与非经济方面之间的平衡。"② 德国前总理施罗德也认为："在一个变化越来越快的经济和社会中没有永远生效的行动准则……我发现，长期以来，引起人们愤怒的不是什么左的或右的经济政策，而只能说是一种正确的或错误的经济政策。"③ 正如德国社会民主党理论家托玛斯·迈尔所指出的："问题的关键已不是不受约束的私人所有制还是社会所有制，而是对私人所有制约束的程度、形式和对社会所有制的民主监督。"④ 总之，以自由

---

① ［英］安东尼·吉登斯：《第三条道路——社会民主主义的复兴》，郑戈译，北京大学出版社 2000 年版，第 103—104 页。

② 杨雪东等：《"第三条道路"与新的理论》，社会科学文献出版社 2000 年版，第 63—64 页。

③ 罗云力：《西方国家的一种新治理方式——社会民主主义第三条道路研究》，重庆出版社 2003 年版，第 80 页。

④ 陈林：《第三条道路——世纪之交的西方政治变革》，当代世界出版社 2000 版，第 75 页。

竞争、生产资料私有制为基础，以在某些地方、某些领域实行必要的公有制为补充，就成为社会民主党新的经济理念。

2. 国家是划船者不是掌舵人

在 20 世纪 70 年代末 80 年代初，新自由主义经济学击败凯恩斯主义经济学，成为西方思想界理论界的主流学说。受这种学说的影响，有关全球化条件下民族国家已经走向终结，国家和政府无须对经济生活进行干预的声音不绝于耳。

社会民主党对新自由主义的主张给予了批评。在他看来，单纯依靠市场本身，无法解决经济发展的秩序问题。新自由主义借口市场秩序的自发性，反对政府对经济和市场进行干预。然而，市场秩序的形成，离开政府颁布相应的法律和法规，是不可能自发地形成的。同时，在全球化时代，仅仅依靠企业自身的力量，很难抵御全球市场的巨大风险。因此，政府有必要对经济进行适当干预。吉登斯指出："和在其他领域中一样，国家在经济生活中继续扮演着一个根本性的角色，它不能取代市场，也不能取代市场社会，但却需要对两者进行干预。"① 布莱尔认为："为了保护弱者，保证所有的人都能从经济发展中受益，政府的干预是必要的。这就是我们为什么要坚持实现最低的工资和工作条件标准，为什么我们要改革福利国家以使失业者能够工作，以及为什么我们要开始一场提高学校教育水平的运动（它通过教育制度史上最严格的目标和最大财力投资而得到支持）。进入劳动市场的有效途径是个人成功的关键。使人民具备能够在工作中最大限度地发挥才能所需的个人工具，这是政府必须履行的责任，围绕这一责任，新工党正在组织政府相应的服务，包括福利以及教育方面的。"②

社会民主党在新的历史条件下主张对经济进行干预，并不等于要像过去那样，由国家和政府对企业经营进行直接干预和包办，而是要对国家的经济职能进行调整，力求在国家与市场、社会公正与经济效

---

① 杨雪东等：《"第三条道路"与新的理论》，社会科学文献出版社 2000 年版，第 73 页。

② 陈林等：《第三条道路——世纪之交的西方政治变革》，当代世界出版社 2000 年版，第 17 页。

率之间寻求一个平衡点。它们强调"国家不是划船人，而应成为掌舵者，即不应过多地进行控制"（布莱尔语）；"政府要为经济提供条件而不是指挥经济，并要利用市场的力量服务于公共利益"（布莱尔语）；"国家是不能代替经济的"（施罗德语）；"政府要尽其所能帮助企业而从不认为自己能替代企业"（布莱尔语）；"我们的态度是：在可能的地方实行竞争，在必需的地方实行调控"（布莱尔、施罗德语）；"有了正确的政策，市场机制就是实现社会目标的关键，企业家的热情能够促进社会公正，而新的技术代表的是一种机会而不是一种威胁"（布莱尔语）；"应把资本主义（市场经济）视为一种有效的进程，而把社会（民主）主义看作是对存在局限、矛盾和不平衡的资本主义历史进程的不断改革"（意大利奥凯托语）；"大政府意味着更好的政府的时代已经过去"（布莱尔语）；"我们支持的是市场经济而不是市场社会"（布莱尔、施罗德语）。[①] 所以，社会民主党在国家与市场关系上的基本立场是既不迷信政府的作用，也不过分夸大市场的作用，既不是放任自流，也不是僵化的国家干涉主义。

　　政府究竟应该发挥哪些经济职能呢？对此，吉登斯在《左派瘫痪之后》一文中列举了政府应该具有的如下几项职能：当垄断威胁到经济竞争时维护竞争；控制自然垄断（某些产业只有采取垄断才能有效运行，如两条独立系统的铁路或者两条独立运转的电力网就是浪费性重复建设）；创造和维护市场的制度基础；使公共产品、政治或文化品避免市场的恶意侵扰（职业信念、利他性服务、社群情感和道德义务以及其他非经济品中的东西都需要保护，以避开市场交易的干扰破坏）；利用市场实现中长期目标（市场常常优先考虑短期收益而不是长期利益）；在微观或宏观层次上平抑市场波动；保障工人的物质条件和劳动合同；对天灾（包括市场引发的灾难性后果）及时反应并解决。[②] 这八个方面，从总体上来讲，就是强调国家和政府在经济方面的主要职能，就是为市场的运行和经济的发展创造良好的

---

　　① 王振华等：《挑战与选择：中外学者论"第三条道路"》，中国社会科学出版社2001年版，第60—61页。
　　② 杨雪东等：《"第三条道路"与新的理论》，社会科学文献出版社2000年版，第64—65页。

外部条件。对此，布莱尔指出："政府在现代经济中所起的作用既有限又至关重要。它应提供一个低通胀率的环境，促进长期投资，保证企业家可以雇用到受过良好教育的职员，保证运转良好的一流基础设施，同企业界进行合作，推动地区发展和小型企业的壮大，为我们的货物打开国际市场，缔造一个强大、富有凝聚力的社会。消除失业和福利等社会成本对经济的负担。如果政府成功地进行了这些努力，就是对经济增长的主要贡献。"①

3. 建立积极的福利制度

传统福利国家引起的一系列社会问题违背了创立福利国家的初衷。对此，安东尼·吉登斯在《第三条道路：社会民主主义的复兴》中明确提出，应当以"积极的"或"主动的"福利政策代替传统的福利模式，使传统福利国家现代化。在吉登斯看来，传统的福利制度是一种消极的福利制度，其所侧重关注的风险，比如匮乏、疾病、无知、肮脏、懒惰等等，几乎完全是否定的方面。这种福利制度已完全不能适应经济社会的新变化，必须代之以"积极福利"。在吉登斯看来，"被理解为'积极福利'的福利开支将不再是完全由政府来创造和分配，而是由政府和其他机构（包括企业）一起通过合作来提供。这里的福利社会不仅是国家，它还延伸到国家之上和国家之下。……在积极的福利社会中，个人与政府之间的契约发生了转变，因为自主与自我发展——这些都是扩大个人责任范围的中介——将成为重中之重。这种基本意义上的福利不仅关注富人，而且也关注穷人。"②

积极的福利观强调没有责任就没有权利。传统的福利国家体制是建立在"公民权利"和"国家责任"的基础之上。这种单向的责任机制一方面导致国家权力的扩大和国家负担的加重；另一方面导致公民责任意识的弱化和福利依赖的加强。布莱尔指出："长期以来，向国家要求权利是与公民的义务以及个人和社会公共机构之间的相互的

---

① ［英］托尼·布莱尔：《新英国——我对一个年轻国家的展望》，曹振寰译，世界知识出版社 1998 年版，第 132—133 页。

② ［英］安东尼·吉登斯：《第三条道路——社会民主主义的复兴》，郑戈等译，北京大学出版社 2000 年版，第 132 页。

责任分离的。"① 这种局面必须改变，"在福利方面，我们不希望人民依靠国家救济生活，而是应该创建一种促进全民族工作而不依靠救济的现代福利体系。"② 吉登斯主张在"个人主义不断扩张的同时，个人义务也应当延伸……作为一项伦理原则，'无责任即无权利'必须不仅仅适用于福利的受益者，而且也适用于每一个人"。③ 这意味着福利既是每个人的权利也是每个人的义务和责任；在福利不断增加的同时，个人的责任和义务也应当不断地延伸。比如，一个失业的人，在领取失业救济金的同时，应当履行主动寻找工作的义务。

积极的福利观主张福利主体的多元化。在传统的福利制度下，国家是社会福利投资的主体，承担着社会保障资金的主要部分，这正是造成政府财政压力的主要原因。而积极的福利倡导在坚持国家主导社会福利的前提下，尽量发挥个人、家庭和民间社会组织的责任和作用，确立国家和家庭、企业、社区以及志愿机构在社会福利方面的合作关系，而不是以往的替代关系。吉登斯指出："社会民主主义者必须改变福利国家所蕴涵的风险与安全之间的关系，以形成这样一个社会：在政府、企业和劳动力市场中的人是'负责任的风险共担者'。"④ 布莱尔指出："第二代福利不会通过高高在上的政府来发号施令，而是鼓励地方决策，鼓励公共或私人开展合作，鼓励地方人民的革新措施。"⑤

积极的福利观注重人力投资。它主张改革帮助人们的方式，"在可能的情况下尽量在人力资本上投资，而最好不要直接提供经济资助"。⑥ 对于失业者而言，资金支持的重点不再是简单地发放救济金，

---

① 陈林等：《第三条道路——世纪之交的西方政治变革》，当代世界出版社 2000 年版，第 9 页。

② ［英］托尼·布莱尔：《新英国——我对一个年轻国家的展望》，曹振寰等译，世界知识出版社 1998 年版，第 40 页。

③ ［英］安东尼·吉登斯：《第三条道路——社会民主主义的复兴》，郑戈等译，北京大学出版社 2000 年版，第 68 页。

④ 同上书，第 104 页。

⑤ ［英］托尼·布莱尔：《新英国——我对一个年轻国家的展望》，曹振寰等译，世界知识出版社 1998 年版，第 165 页。

⑥ ［英］安东尼·吉登斯：《第三条道路——社会民主主义的复兴》，郑戈等译，北京大学出版社 2000 年版，第 122 页。

提供失业保障，而是促使当事人通过培训掌握新技能，提高就业能力，为接受新工作或冒险进行新创业做好准备。对于大众而言，就是要为他们创造尽可能好的学习条件，通过教育提高他们的素质。这既是经济特别是新经济发展对人才的要求，也是人们提高自由塑造自己生活能力的强烈的新个人主义时代性要求，而且有助于消除因知识多寡产生的新的不平等，有助于社会环境、社会风气的转变。①

三　执政主体的变革图新：从传统走向现代

世界政党发展史表明，任何政党要维持生存和发展，都必须不断适应时代变化的要求对自身进行变革。"尽管政党作为大型的组织有着天然抗拒变革的惰性和倾向，但是历史表明，政党确实是在不断发生变革，而且政党是政治体制中最经常发生变化的部分，正是政党不断的变革与调整才维持了政治框架和体制的相对稳定。"② 政党组织作为一个利益集合体，虽然本质上具有拒绝变革的保守性特点，但是当来自各方面的挑战与压力与日俱增的时候，政党如果不及时对自身进行适应性调整就可能被其他政党超越，甚至有被社会边缘化的危险。在各种挑战面前，政党只有不断对自身进行变革，才能保持旺盛的生命力。

西欧社会民主党的领袖们充分认识到政党变革的重要性。英国工党前领袖布莱尔指出："如果世界改变了，而我们没有改革，那么我们对世界没有意义。我们的原则将不再是原则而只是僵化为教条，不进行变革的政党将会死亡，我们的政党是生机勃勃的政党，而非一座历史纪念碑。"③ 他甚至把社会民主主义定位为"永恒的修正主义"。德国社会民主党前主席施罗德也说："如果社民党拒绝承担现代化的

---

① 罗云力：《建立社会投资型国家——欧洲社会民主党第三条道路对福利国家制度的变革》，《国际论坛》2002 年第 3 期，第 72 页。

② 王勇兵：《西方政党变革与转型的理论初探》，《经济社会体制比较》2004 年第 6 期，第 111 页。

③ ［英］托尼·布莱尔：《新英国——我对一个年轻国家的期望》，曹振寰等译，世界知识出版社 1998 年版，第 59 页。

使命，如果人们不再相信社民党有决心和有能力应对新的挑战，社民党就可能将政治领地拱手让给市场自由主义的卫道士或民粹主义的吹鼓手们。"① 在当代世界政党政治的变革中，西欧社会民主党是把"党的改革"或"党的现代化"的口号喊得最响，心情最迫切、行动最积极的政党。

（一）扩大党的选民基础

二战后，随着时代主题的变化和社会阶级结构的日益多元化、复杂化，西方国家阶级、阶层和利益群体重新分化组合，传统政党据以划分的阶级界限和依靠的社会力量被打乱，政党赖以存在的社会基础也随之发生变化。

纵观西欧多数国家，社会民主党的选民基础基本上由两大支柱构成，即工人阶级和工薪阶层。但这样的社会结构正在发生变化，社会民主党的传统选民——工人阶级显著减少，中间阶级选民逐渐上升。从西欧各国社会民主党选民的社会分层来看：在英国，1975 年工人的比例是 70.8%，职员的比例是 25.5%，到 1990 年时工人的比重下降到 44%，而职员的比例上升到 45%；在法国，1975 年工人所占的比重为 32.9%，职员的比例是 52.8%，到了 1990 年，工人的比重下降到 27.1%，而职员的比重上升到 64.4%；在德国，1975 年工人的比例是 52.7%，职员的比例是 40.3%，到 1990 年时，工人的比例下降为 34.4%，职员的比例大幅度上升到 58.1%。② 在西欧其他国家的情况也大体类似。

传统工人阶级不仅在衰落，而且政治支持倾向似乎也在发生转变，从左翼政党的坚定支持者转而支持其他政党，甚至支持新崛起的右翼民粹主义政党。像法国的国民阵线、奥地利的自由党、丹麦以及挪威的极右翼政党，它们从工人阶级获得的选票逐渐上升。例如，2002 年法国总统第一轮选举，投国民阵线领导人勒庞票的工人竟占

---

① 周荣美：《革新是我们的传统》，《当代世界》2003 年第 8 期，第 12 页。
② ［德］托玛斯·迈尔：《社会民主主义的转型：走向 21 世纪的社会民主党》，殷叙彝译，北京大学出版社 2001 年版，第 62 页。

了工人总数的 30%。① 同样，英国工党在 20 世纪 80 年代期间，所谓
"有理想追求的"工人支持者在下降。②

"由于这种新形式的社会政治不能以传统的由政党和组织采取行
动的途径得到实现，这就要求社会民主主义政党改变党的工作，要求
它们向社会开放，还要求发展新的工作形式以及政党和社会的政治倡
议之间实行新的分工。不仅社会民主党的政治内容，而且它的形式，
都需要转变。"③ 西欧各国社会民主党为了自身的存在与发展，不得
不以争取中间阶层这一多数群体作为奋斗目标，并把中间阶层的利益
要求作为调整政策的出发点。只有这样"它才有在已经改变的条件
下也继续成为有能力、令人信服的左翼改良替代力量的现实机会。"④

1. 从工人党向人民党转变

传统上，西欧社会民主党是以工人阶级的代言人出现于政治舞台
上的。第二次世界大战以后，西欧社会民主党开始了从阶级党向人民
党或大众党的转变。

二战后的几次选举失败引起了德国社会民主党关于党的改革的大
讨论，讨论的结果是在 1959 年召开的哥德斯堡特别党代表大会上通
过了一个新的原则纲领。该纲领最引起人们关注的内容是它抛弃了一
切马克思主义的词语和论证，并且公开声明："社会民主党已经从一
个工人阶级政党变成了一个人民政党。"⑤ 1971 年 12 月通过并沿用至
今的德国社会民主党组织章程正式确认了党的转型，它明确宣布：
"德国社会民主党是一个民主的人民党。它联合具有各种不同信仰和
思想倾向的人们，只要他们承认和平、自由、公正和团结，承认男女
之间的社会平等和保护自然环境。"⑥ 该党从不同角度阐释了"全民

---

① http：//news. china. com/zh-cn/international/1000/20020424/10250214. html.

② Dennis Kavanagh, *Election Campaigning. The New Marketing of Politics*, Oxford：Wiley-
Blackwell Publisher, 1995, p. 23.

③ ［德］托玛斯·迈尔：《社会民主主义的转型：走向 21 世纪的社会民主党》，殷叙
彝译，北京大学出版社 2001 年版，第 90 页。

④ 同上书，第 62—63 页。

⑤ 张世鹏：《德国社会民主党纲领汇编》，北京大学出版社 2005 年版，第 84 页。

⑥ 王学东：《评德国社会民主党的转型》，《当代世界社会主义问题》2002 年第 1 期，
第 10 页。

党"的含义。其一是指党员的构成不再局限于工人成分，而是来自更多的社会阶层，特别是来自"新中间阶层"。二是党员有保留各种信仰和世界观的自由，党向一切拥护社会民主主义目标的人开放，不对其思想渊源和世界观作任何限制。三是指党代表更多的社会阶层的利益，不再仅仅为工人阶级谋福利，而是使各个社会阶层"普遍富裕"。① 1998 年，它在联邦议会竞选纲领中再次强调了这一点。竞选纲领指出："我们要填平我们社会中的社会鸿沟，最终完成我们国家内部统一。我们把自己看作是强者和弱者团结互助的共同体。我们依靠我们社会中创造效益的人们，依靠高度熟练技术的、积极进取的雇员，依靠在家庭和社会中为我们的子女的教育承担责任的男子和妇女，依靠富于远见、投身事业的经理和企业主，依靠具有革新精神的、灵活的中产阶级、手工业者、自由职业者，依靠勇敢的创业者，依靠出色的、具有很高文化素质的信息工作者、医生和工程师，依靠从事大量发明创造的技师和科学家，依靠具有责任感的德国工会。"② 在 1983 年、1987 年大选中失败后，社会民主党开始把自己定位于中间党派，主张从纲领党转变为选举党。2003 年 1 月 6 日至 7 日，社会民主党主席团在威斯巴登举行的非公开会议通过了 2003 年度的具体纲领和威斯巴登声明，宣布了一个全面的中产阶级纲领。纲领明确提出，"中产阶级是德国经济和就业的发动机"，"要把支持中产阶级作为未来经济政策的重点"，要"采取措施达到经济框架条件的进一步改善，以支持中产阶级"。③

英国工党是工人运动的产儿，它是打着劳工主义的旗号，以工人阶级代言人的身份走上并活跃于英国的政治舞台的，是典型的"阶级党"。随着英国步入后工业社会，工业化时期的那种以传统的劳资对抗为核心的社会分野界限开始模糊，以往界限分明的社会群体的集体认同也趋于淡化。在这种情况下，工党开始摒弃阶级政治，寻求一种跨阶级的更广泛的社会支持，目标就是使工党从阶级党向"全民

---

① 中共中央对外联络部：《各国社会党手册》，人民出版社 1992 年版，第 162 页。

② 张世鹏：《历史比较中的欧洲"第三条道路"》，《欧洲》1999 年第 2 期，第 10 页。

③ 张文红：《德国社会民主党的新中产阶级纲领》，《当代世界与社会主义》2003 年第 2 期，第 34、35 页。

党"（或称"人民党"）转变。工党前任领导人金诺克、史密斯等人从20世纪80年代开始就力主对工党进行改造。布莱尔接任工党领袖后，对党进行了大幅度的革新。他极力淡化工党的阶级性质，强化工党的"人民党"形象，力主"使工党成为其成员中有个体户和失业者、小企业主和他们的顾客、经理和工人、房屋所有者、补贴住房租用者、技术工程师，还有熟练的医生和教师的党"。① 在1997年的大选中，布莱尔呼吁跨阶级合作，自称是为全体人民利益说话。他取得竞选胜利后，其内阁班子中就吸纳了许多实业界人士为政策顾问。这一做法既可以保持传统左翼选民的支持，又可争取到中间阶层，从而确保其执政地位，所以，有人称布莱尔这种跨阶级合作为"人民党主义"。② 布莱尔的改革，使英国工党从"一个钢铁工人、造船工人、煤矿工人、汽车工人的政党，变成了白领工人的政党，郊区居住者、管理者、整洁的大城市居住者的政党"。③

　　法国社会党认为，随着近几十年来资本主义的新发展，虽然法国的社会仍旧是由阶级构成的，"但是它们之间的界限常常不很清楚而且变动不定"。1999年10月法国社会党向社会党国际巴黎代表大会提出了一个题为《走向一个更加公正的社会》的提案，其中写道："我们的社会仍旧是由不同的社会群体组成的。目前，中产阶级已成为我们社会的核心，他们对经济增长起着特殊的作用。但持续20年的大规模失业也导致了'被社会排斥群体'的产生。大众阶级尽管已发生变化，但并没有消失。因此，社会民主党人应同时考虑被社会排斥者、大众阶级和中产阶级的利益和愿望。"这一文件把这称为"新联盟"。1999年8月29日若斯潘在社会党暑期大学发表题为"新联盟"的演说，论述"我们要把我们的政策建立在新联盟的基础上"。他在回答《社会主义评论》时说："法国社会党是一个跨阶级的政党。我们的社会基础既不是清一色的，也不是狭窄的，它是经历

---

　　① ［英］托尼·布莱尔：《新英国——我对一个年轻国家的展望》，曹振寰等译，世界知识出版社1998年版，第26页。
　　② 顾俊礼：《欧洲政党执政经验研究》，经济管理出版社2005年版，第93—94页。
　　③ 王凤鸣：《"新工党"新在何处》，《当代世界与社会主义》2002年第5期，第35页。

过更新和发展的。正因如此，我们应当在各个阶层之间进行最恰当的仲裁。"①

　　瑞典社会民主党也存在类似情况。20 世纪六七十年代以来，伴随传统工人人数减少，中间阶级人数不断增长，1974 年党的前主席帕尔梅就指出："我们的党是由工人、职员和知识分子组成的，可以深信不疑地说，它是由中间阶层的代表所组成，并维护他们的利益。"② 这反映了瑞典社会民主党为了获得广泛的支持，必须扩大社会基础的愿望，开始了由工人党向全体劳动人民的代表者的方向演变。20 世纪 90 年代以来，经历了执政危机的社会民主党提出了更加新颖的主张，声称它是一个"环境党""女权主义的党"。③ 2005 年党的第三十五次代表大会通过的新党章进一步把党定位于"一个以民主为基础的人民运动"。④

　　2. 拉开与工会的距离

　　西欧社会民主党大多是从工人运动中产生、发展并壮大起来的，工会是西欧社会民主党重要的选民基础，也是其执政后的主要依靠力量。工会也通过支持社会民主党执政来维护自己的利益，双方在长期的合作中形成了组织上相互渗透、政治上相互协商的密切关系。例如，英国工会在工党创建过程中起了决定性作用，并在很大程度上支配着工党。首先，在组织上，工会以集体名义入党。在 1918 年以前，工党不吸收个人党员。工党党员在 70 年代时有 680 万，其中集体党员（绝大多数是工会会员）就占 610 万。其次，工会的资助是工党经费的主要来源，工党中央约五分之四和全党约一半的财政收入来自工会。再次，在选举上，工党也依靠工会的帮助，工党一半以上的议员由工会赞助，一大部分选票来自工会。最后，在工党的各项重大事

---

　　① 殷叙彝：《法国社会党近年来关于社会主义的论述》，《国际政治研究》2002 年第 4 期，第 63 页。

　　② 袁群：《瑞典社会民主党的历史、理论与实践》，云南人民出版社 2009 年版，第 196 页。

　　③ 《瑞典社会民主工人党党纲——2001 年 11 月 6 日威斯特罗斯代表大会通过》，《当代世界社会主义问题》2003 年第 1 期，第 28、29 页。

　　④ 高峰等：《瑞典社会民主主义模式——述评与文献》，中央编译出版社 2009 年版，第 348 页。

务中，工会都发挥着直接的作用。在 1993 年以前，工会在工党的各个机构中的作用如下：（1）在工党年会的选举事务中，几个大工会的票数约占总票数的三分之二以上；（2）在工党全国执委会委员中，工会代表占相当大的比例，1993 年全国执委会有 28 名成员，其中工会代表就有 12 人；（3）在选举工党领袖和副领袖的选举团中，工会占 40％ 的票数；（4）在选举议会候选人的选区一级选举团中，工会也占 40％ 的票数。①

但是第二次世界大战以后，尤其是 20 世纪后期以来，随着全球化和科技革命浪潮的到来，西方的传统产业结构受到了很大冲击。一些传统的老工业行业，在国民经济中所占比重日益下降，新兴的高科技产业和服务行业对国民经济增长的贡献率越来越大。与此相联系，传统产业工人的数量正在不断下降。据统计，从 20 世纪 70 年代到 90 年代，制造业工人数量除西班牙、葡萄牙、希腊保持不变外，其他西欧国家都在减少，制造业工人占劳动人口的比例从 25％—37％ 之间降到 20％ 以下。钢铁业工人衰落更为严重，90 年代的人数不及 70 年代的一半。② 除了数量上的减少外，更引人注目的是工人阶级本身的分化，它的阶级特征正在逐渐淡化。首先，在现代条件下，工人的要求日益多样化。由于摆脱劳动的解放已经不再是日常话题，就业意味着社会认可和个人发展的前提，那么劳动解放的意义的确只能如马克思所说，"在劳动中"去寻找。追求在劳动岗位上的个人发展，要求参与决定，提高"生活质量"，拥有更多的用于个人发展的业余时间，成为当代发达国家产业工人的基本要求。但在每一个人身上，由于心理需求、知识水平不同，争取个人发展的要求也不一致。一些劳动者要求生产过程体现自己的创造，而更多的劳动者只是要求不被限于某种技术操作上，或者要求维持现有的生产状况以便保住自己的工作岗位，等等。可以说，不同背景、不同职业、不同工种的工人的要求多种多样，利益也不尽一致。其次，从整体上讲，由于消费主义

---

① 刘建飞：《英国工党与工会的特殊关系》，《当代世界与社会主义》1996 年第 4 期，第 65 页。

② Donald Sassoon, *One Hundred Years of Socialism: The West European Left in the Twentieth Century*, I. B. Tauris Publishers, 1996, p. 682.

的侵蚀，工人的阶级意识弱化，阶级认同感降低，进而对社会民主主义的认同也每况愈下。例如，支持社会民主党的工人在选民中的比重，联邦德国由 1967 年的 60% 降为 1976 年的 45%，丹麦由 1966 年的 72% 降为 1978 年的 50%。英国 1979 年大选时，不仅出现了工人对集体主义性质的公有制、工会权力和社会福利三大制度支持热情的严重低落，而且出现了保守党比工党更多地博得他们欢心的怪现象。许多原为工党选民的工人群众把票投给了撒切尔夫人，使工党在工人中的得票率跌到半数以下，仅为 45%，如把其他未投票的工人都算上，则不超过 37%。[①]　显然，社会民主党传统的政治基础面临坍塌的危险。

与此同时，社区、社会和个人服务业劳动者人数却大幅度增加，从 70 年代的 14%—27% 之间上升到 90 年代初的 20%—37% 之间。如果再加上金融界和企业界中各类技术人员和管理人员，整个第三产业的就业人数已超过 70%。这些新兴的服务业从业人员的工作特点和利益要求与产业工人大为不同，对加入工会也不像产业工人那样感兴趣，致使工会的力量严重衰退，只在工矿业、运输业和码头业等有限的部门保持一定的影响。[②]　在这种情况下，如果不调整社会民主党与工会的传统关系，或者由工会左右党的大政方针，势必影响党在选民中的地位。为适应形势的发展，西欧多数国家的社会民主党都相应调整了与工会的关系。其中英国与工会关系的转变最为典型。

从 80 年代开始，工党的前任领导人——从金诺克到史密斯，就一直设法削弱工会的势力和影响，加强党的领袖和议会党团的权力，扩大个人党员的权力和作用。1993 年年会通过的决议，修改了党的领袖选举规则，将选举团的比例改为工会、选区工党和议会党团各占三分之一（以前工会占 40%，选区工党和议会党团各占 30%），同时取消了工会在选举中的集体投票制，采用"一人一票制"，规定工会政治基金的交纳者（即工党的集体党员）只有在成为个人党员之

---

① 罗云力：《西方国家的一种新治理方式——社会民主主义第三条道路研究》，重庆出版社 2003 年版，第 7 页。

② 刘东国：《冷战结束后西欧左翼政党的变化特点》，《当代世界社会主义问题》1999 年第 3 期，第 57 页。

后才有在选区工党参加投票的资格。布莱尔继任工党领袖后，进一步拉开与工会的距离，1995 年 5 月工党通过决议，规定工会在工党年会上的投票权由原来的 70% 减少至 50% ,① 还取消了工会在决策和人事方面的特权，最终打破了一个世纪以来的工党以工会为主体的权力结构。正如布莱尔所说："工党是一个工商党，那种认为保守党是工商党，而工党是工会党的看法是完全过时了。"②

适当调整与工会的关系也是德国社会民主党面对的一个问题。现实中，工会的代表性与其实际影响力远不相称。工会实际代表着不到 20% 的就业人口，但其影响尤其是对社会民主党的影响却远非这一数字所能表达，相当多的社会民主党议员是工会的代表。事实上，工会本身已经官僚化了，成为既得利益（就业者）的代表。社会民主党认为必须削弱工会对劳动市场的影响力。③ 2003 年，前总理施罗德决定结束始于 1996 年的劳动联盟。施罗德宣称，他将在不与其他团体协商的情况下进行必要的改革。2003 年 3 月 14 日，施罗德在议会宣布了题为"2010 议程"的改革方案，基本内容是减少企业税收，降低劳动成本，提高企业竞争力，营造宽松的投资环境，吸引外资，扩大经济规模，以此来增加就业机会和提高劳动者的收入水平。此举显然是向资方利益倾斜，以吸引更多新中间阶级乃至企业界的支持。该方案首先遭遇工会的抗议浪潮，也在党内引起极大分歧，但施罗德以辞职相要挟，促使社会民主党在 6 月 1 日召开的特别党代会通过"2010 议程"，此举表明施罗德在改革中摆脱工会牵制的决心。

在西欧其他国家，同样的一幕也在上演。正如一位欧洲学者所说："在工人运动中曾经被看作是同一运动的政治与经济两翼的党与工会之间的关系，已经毫无例外地被削弱，被侵蚀了。"④

---

① 金重远：《战后西欧社会党》，上海人民出版社 1997 年版，第 40 页。
② 钱乘旦等：《日落斜阳》，华东师范大学出版社 1999 年版，第 95 页。
③ 裘援平等：《当代社会民主主义与"第三条道路"》，当代世界出版社 2004 年版，第 203 页。
④ Taylor, "Trade unions and the politics of Social Democratic renewal", *West European Politics*, 16, 2003.

（二）加强党的民主建设

西欧社会民主党向来强调党的民主的重要性，强调党的工作要以争取多数人为目标，党内事务和社会的改变只有在绝大多数人同意时才能实现，因而"在社会内部和自己组织内部实行民主的绝对必要性成为社会民主党人的具有决定意义的论据"。① 社会民主党的意识形态"民主社会主义（社会民主主义）非常强调"民主"之于"社会主义"的不可或缺性。为了以"民主政党"的形象展现在世人面前，社会民主党非常重视并加强党的民主建设，并把它作为党走向现代化的重要途径。

1. 扩大党内民主

党内民主是指党员和党组织的意愿、主张的充分表达和积极性、创造性的充分发挥。党内民主在本质上是全体党员在有关本党的一切问题上有最终决策的权利以及为此而进行的制度安排。为了防范德国政治社会学家米歇尔斯提出的"寡头统治铁律"（即党的领袖对党内事务在事实上的垄断），社会民主党注意采取多种措施发展党内民主。

一是分散党的领导权力。各国社会民主党早期为从事工人运动，党内组织体制和领导体制都比较严密，权力比较集中。二战后，各国社会民主党都对此进行了调整，加强集体领导。为了改变权力过于集中于党主席的状况，德国社会民主党于1999年新设立了总书记一职，协助党主席管理全党。瑞典社会民主党增设了两位副总书记，分管党的组织和宣传事务，分散总书记过大的权力。英国工党也在20世纪90年代增设党主席一职，协助党的领袖管理党务，加强对党组织的管理。

二是实行党的领袖直选制。1981年以前英国工党领袖的选举权完全由党的下院议员所控制，这样就把议会外党组织和广大党员排除在外。1981年，工党进行领袖选举制度改革，规定党的领袖由议会

① 中央编译局世界社会主义研究所：《当代国外社会主义：理论与模式》，中央编译出版社1998年版，第230页。

外党组织和议会党团组成的选举团选出，其中，工会代表占 40%，议会党团和选区组织代表各占 30%。1993 年，这个比例又调整为三者各占 1/3。1993 年，工党又把过去的集体投票制①改为普通党员的"一人一票制"来选举产生党的主要领导人和国家公职候选人，从而扩大普通党员的民主权利。1997 年，法国社会党改革党的第一书记的产生办法，把过去由党的执委会选举改由全体党员直接投票选举。同时党的各级议员候选人也把过去由上层指定的做法，改为由地方党组织通过选举产生。2000 年，德国社会民主党总书记明特费林在八点改革建议中，提出由全体党员而不止是由党代会代表投票决定党的总理候选人的主张，普通党员在党的总理候选人的选举中有了发言权。丹麦社会民主党在 2005 年的特别代表大会上修改党章，改变党主席原由党代会选举产生的办法，改由全党的 5.4 万名党员直接选举产生。

三是重大事务进行公决。英国工党前领袖布莱尔对公决制情有独钟。早在 20 世纪 90 年代初就倡导就党的重大决策进行公决。1995 年，布莱尔提出将党章修改问题及其他党内重要问题提交全体党员表决，1996 年布莱尔正式把全民公决模式引入党内。1997 年，布莱尔还将竞选宣言提交全体党员投票表决，这是普通党员就党的重大事项进行决策参与的重要措施。1993 年，德国社会民主党对党的章程进行了两个重要修改：一是在具体问题上可以进行决策性的党员公决，进行公决的提议可以是上层领导，也可以是基层群众；二是对竞选总理的候选人以党员公决的形式进行初选。此外，各州和各区县的党组织的最高领导人都得到了授权，也可以以党员公决的形式，对其党组织最高职位的候选人进行初选。② 瑞典社会民主党也引进了党内公决机制。只要有 5% 以上党员要求，党的理事会就必须组织对某问题进行党内公决。2003 年，在关于是否加入欧元的全国民间测验中，该党在党内分歧严重的情况下干脆让党员自行决定立场，也是该党把民

---

① 一个特定的附属组织的所有代表都必须投票支持同一个候选人的制度。
② 龚加成：《西欧社会党党内民主建设发展趋势》，《中国党政干部论坛》2003 年第 8 期，第 58 页。

主作为党内生活最高原则的一个例证。①

2. 加强基层民主

基层组织是党的基本活动细胞，是党吸纳和训练党员、组织民众参与党的各项活动的基本单位，是组织选举、服务社会的主要力量。在政治民主化浪潮之下，政党基层组织作用的发挥对发展党内民主也具有重要意义，一方面民主化带来民众对参与的重视，个人意识不断增强；另一方面组织向分权化方向发展，必须保证党内层级组织之间的有机互动，基层的自主与自由行动能力越来越重要。发展党内民主，重视基层组织的作用，将党向基层和普通党员开放，引导它们参与党内决策、遴选党的领导成员，有助于增强政党的合法性根基，克服代表性危机。② 德国社民党前主席明特费林强调"在变得更加复杂的世界上，小的、地方的单位的重要性增加了"。③ 法国社会党总书记奥朗德在第戎代表大会上讲道："关键是作为细胞的基层党组织的扩大。基层党组织的扩大必须以某些变革为前提，甚至包括代表大会的实践的变革。过去仅仅要党员去阅读提案，但是我们应当让他们更多地参与到争论中来。"④ 丹麦社民党在 1961 年就做出决定，把党的主要权力下放给基层组织，在 20 世纪 70 年代末又开始进行体制改革，重大问题都要提交基层组织讨论。荷兰工党在 20 世纪 60—70 年代就着力推进基层民主，给予地方党组织更多的权力和更大的独立性。党代表大会的大多数代表由地方组织选出，党的地区委员会接管了对议员的提名权，吸收新党员也由地方负责，党的执委会无权过问。⑤

（三）应对媒体社会挑战

在西方发达国家，大众传媒被称为同立法、行政、司法并列的

---

① 高峰等：《瑞典社会民主主义模式——述评与文献》，中央编译出版社 2009 年版，第 112 页。

② 周敬青等：《德国社民党和基民盟党内民主建设研究》，《上海行政学院学报》2008 年第 4 期，第 23 页。

③ 荣敬本等：《政党比较研究资料》，中央编译出版社 2002 年版，第 105 页。

④ 陈露：《西欧社会党的组织体制改革及政党现代化进程》，《当代世界与社会主义》2004 年第 1 期，第 20 页。

⑤ 秦德占：《西方发达国家社会党党内民主实践评析》，《新视野》2007 年第 6 期，第 89 页。

"第四种权力"。传统上，大众传媒包括报纸、广播、电视等，20 世纪 90 年代中后期随着互联网的兴起，网络已成为第四大媒体。大众传媒以其强大的舆论力量，在西欧政治、经济、社会、文化中的影响和作用越来越大，也给当代政党政治带来强大冲击。

在信息社会，公众基本上是以大众媒体为媒介感知政治的，越来越多的人趋向于把大众传媒作为获取政治信息、参与政治讨论、施加政治影响的载体。在这种情况下，西欧传统政党组织日趋松散，基层组织以及党员个人作用不断弱化，传统的宣传方式影响式微，党的基本纲领对公众的感召力急速下降。德国社会民主党前主席拉封丹指出："我们的社会已成为一个媒体社会，因此，是认真思考媒体社会给政治带来影响的时候了。"[①] 库泼鲁斯对此也进行了经验总结："社会民主主义在 80 年代选举中成功日少，这一现象不能仅仅从社会变化加快、不投票和无党派倾向的选民的人数不断增加、竞选纲领许诺多而实际兑现少来解释。问题还在于社会民主党人低估了"说服艺术"的革命，特别是视听媒体的决定性影响。"[②]

必须指出，社会民主党并非不注重大众传媒，只是低估了大众传媒在当代的决定性影响。事实上，早期社会民主党都非常重视媒体的舆论宣传作用。例如德国社会民主党在 1876 年就创办了自己的报纸《前进报》，反社会民主党人法废除后，社民党的舆论阵地更是获得显著发展，"到 1913 年，社民党的报刊从业人员已达 11000 多人。魏玛共和国时期，它组建了'社民党印刷出版集团股份公司'，到 1928 年，其控制的日报已达 204 份，构建成一个无处不在、遍布德意志的报业网络。1945 年后，社民党被纳粹摧毁的出版机构和报业又一次兴旺起来，到 1948 年货币改革前社民党拥有的报纸印数达到 266 万份。只是到 50—60 年代，社民党的传统报业才日渐衰微"。[③] 除了德国社会民主党，西欧其他国家的社会民主党也都很重

---

① ［德］奥斯卡·拉封丹：《心在左边跳动》，周惠译，社会科学文献出版社 2001 年版，第 244 页。

② ［荷］安勒·库泼鲁斯等：《社会民主主义的复兴与变革》，《当代世界与社会主义》1999 年第 2 期，第 25 页。

③ 罗云力：《西欧政党的传媒党化》，《新闻与传播研究》2008 年第 1 期，第 65 页。

视传媒的作用。

西欧大部分国家的传媒都经历过一个传媒政党化时期。这一时期，传媒为政党所控制，经济上受政党资助，报道的内容和形式具有很强的政党党派倾向。多数政党通过资助报纸或自己办报使媒体成为政党工具，政治家同时兼任报人的现象很普遍。

传媒对政党的这种依附关系随着传媒走向大众化、经济上获得独立有所减弱。自 20 世纪 20 年代开始，一批在新闻报道中标榜"客观""公正"，宣称无党无派的报刊就开始出现了。50 年代随着电视机的不断普及，媒体对政党的依附已经明显减弱，不再表现出明显的政党化倾向，新闻媒体逐渐演化成大众媒体。但是，党报党刊和大众化传媒并存的局面一直延续到 20 世纪 70 年代。

随着大众传媒的日益发展，传媒与政党之间的关系发生了巨大的变化。在大众传媒商业化、私有化浪潮冲击下，党报党刊的吸引力急剧下降，最后绝大部分政党放弃了对它的直接控制。由于报刊、电视和网络由私人或垄断集团控制，传媒所有权和媒体经营方式改变，政党对媒体的直接影响大幅度下降，而媒体的社会综合影响力日益凸显。[1] 现代媒体已经部分地承担起了本来由政党承担的国家和公众之间的桥梁和中介作用，特别是西欧各社会民主党在组织上有结构严密、层次较多的特点，过去在动员党员和选民方面存在巨大的优势，现在也因决策程序长、信息传递速度慢而变成了劣势。社会民主党擅长使用的发动党员和群众通过政党来参与政治的模式显得与媒体时代不相适应。[2] 正像德国学者迈尔所说的那样，政党逻辑与媒体逻辑斗争的结果，是"媒体逻辑"打败了"政党逻辑"，政党的利益表达功能和政治社会化功能在媒体的冲击下受到了削弱。另一方面，政党对媒体的冲击采取了积极的应对策略，争做"媒体的操纵者"，使媒体成为政党竞选的有力工具。在此过程中，政党的纲领、选举策略乃至组织结构都发生了变化，这种现象被称为"政

---

① 　宋黎明：《论媒体时代的政党传媒化》，《党政干部论坛》2006 年第 5 期，第 11 页。

② 　何科君：《信息化背景下西欧社会党新媒体战略探析》，《上海党史与党建》2008 年第 3 期，第 59 页。

党运作的媒体化"。① 面对大众媒体的挑战,从 20 世纪 90 年代开始,西欧社会民主党将应对媒体社会挑战作为政党的重要课题,探索并实施了新媒体战略,较好地协调和处理了政党与媒体之间的相互关系,扩大了政党的政治影响力。

1. 由"纲领党"向"选举党"转变

从纲领组织型政党向选举型政党的转变是 20 世纪社民党变化的一个基本方向。"所谓纲领党就是说,这个被大多数人所认可的党应制定一个纲领,说明如何有计划地改变、改组社会,使得改组后的社会能更符合党所代表的社会群体的愿望。"② 英国工党、德国社会民主党、法国社会党、瑞典社会民主党等一些老牌政党都是典型的"纲领党",具有重视意识形态的传统,致力于通过长久的、坚持不懈的宣传教育使党的改良纲领获得足够多的支持。但是,在媒体化社会,社会民主党越发感到依靠自上而下的宣传机制和政党传统媒体战略的做法已经不能适应时代发展的需要,"1989 年以前,因为冷战的缘故,意识形态在欧洲还是比较重要的,人们提出和执行的一些政策还是以意识形态为依据的,但 1989 年以后就不重要了。现在的逻辑不同了,今天在政治生活中有四种力量在起作用:一是经常在媒体露面的政党的高层领导人;二是独立于政党之外的媒体讨论;三是民意测验;四是政党。但政党实际作用不大"。③ 为了不使自己处于被动地位,必须迎合媒体,按媒体规律办事。"往往社会党的候选人根据媒体需要变更他的主张,以达到理想的选举竞争效果,党的纲领也要以能按照传媒规律以最佳方式得到传播支持为准则而加以修饰和增删"④,而不管当选后的施政纲领是否与竞选时的宣传相符。各政党还根据媒体宣传的需要,改革以前具有浓厚意识形态色彩的宣传用

---

① 金英君:《20 世纪 60 年代以来西方政党运行环境的变化》,《当代世界与社会主义》2007 年第 1 期,第 65—66 页。

② [德]托马斯·迈尔等:《热话题与冷思考(十六)——关于媒体社会中政党政治的对话》,《当代世界与社会主义》2000 年第 4 期,第 6 页。

③ 罗云力:《托马斯·迈尔教授访谈录》,《当代世界与社会主义》2003 年第 3 期,第 126 页。

④ 谢峰:《从时代变迁看西方政党的发展趋势》,《中共济南市委党校学报》2004 年第 4 期,第 89 页。

语。英国工党认识到："在赢得思想战胜利的过程中，语言通常是一个关键的决定因素。"为此，工党改变了过去一些容易让选民产生误解和迷惑的习惯性用语，如社会所有制、国家基础设施等，尽量做到："我们的信息必须简化，使之成为可记忆的词汇。我们的政策必须用群众可以理解的术语去解释——以确保我们的语言既不是傲慢自大，也不是超出我们潜在支持者的理解力之外。"① 在竞选中工党更多地强调了"现代化"、"全球化"、"社会责任"等中立性字眼。

2. 突出政治领袖的明星效应

自从电视和互联网成为现代传媒的主要载体以来，媒体在塑造西方世界政治人物中的作用不断提高。媒体通过主导西方政治竞选，决定政治人物前途，通过政治信息的传播和政治形象的塑造，"制造"政治领袖。"如果将现代西方主流媒体对政治的主导作用看作政治传播的实施过程，那么，发生在该系统的所有政治行为都是对这种传播过程的直接或间接的反应。而这种反应最集中的体现就在政治领袖个体身上。在西方科层制度背景下，媒体必须打破群体性的政党和政府官僚机构带来的复杂性和讳莫如深，将人情味的价值取向，赋予到政治领袖的个体身上。"② 媒体报道政治生活，特别注重展现政治领袖个体的人格魅力，而较少强调抽象的意识形态。英国学者针对法国 1988 年的密特朗大选指出，密特朗总统竞选的成功完全是个人的成功，他是一位大众爱戴的、父亲般的现职总统……高尚到了一个几乎是无党派的程度。密特朗的电视广告突出他那种"平静的力量"，而没有提及他的社会党或者任何意识形态或计划。③ 在媒体时代，在施政纲领优劣难分上下的时候，候选人的媒体形象就成了决定性因素，选民往往根据对候选人媒体形象的好恶来决定投票倾向。因此，政党领袖的选拔标准，候选人除了具备良好的政

---

① 焦凤梅：《挑战与应对——西欧社会民主主义变革论析》，中国社会出版社 2009 年版，第 96 页。

② 唐海江：《政治媒体化——当代西方媒体与政治关系的形态分析》，《求索》2003 年第 1 期，第 91 页。

③ D. S. bell and Byron Cridle, "No Majority for the President: the French Legislative Elections of June 1998", *Parliamentary Affairs* (London) *42* (January 1989), p. 1.

治才能、个人学识和品质，还必须具有良好的外在形象、熟知媒体的运作规律，具有驾驭媒体的能力。这样一来，那些善于利用媒体兜售自己形象的政治家备受青睐。1997 年年末至 1998 年年初，德国社会民主党在关于总理人选的取舍上，虽然党主席拉封丹更能代表党的纲领，并且得到了党内多数人的支持，但为了提高赢得大选的可能性，最后还是决定由媒体形象更佳的施罗德作为本党的总理候选人。德国学者迈尔对此评价说，这样做主要是出于对媒体和政治间的辩证关系的考虑。党的领导层认为，在媒体时代，党的首席代表不仅要懂得党纲，更应懂得媒体的要求。只有选一个能够在媒体中很好地推销自己的人，社民党才有更大的希望得到多数人的支持，才能赢得大选，也才能有实现其纲领的机会。① 布莱尔的新工党赢得 1997 年选举胜利被看作是政党领袖通过完美的媒体形象成功进行政治推销的一个经典例证。其竞选过程中每一次活动，从形式到内容，从场所到参加者，都经过媒体专家的精心设计。"他不仅能以他个人的形象来体现并且表述他的政治信息，从而给人们深刻的印象，而且也善于巧妙和成功地设计、策划和利用自己在媒体上出场时的战略语境。他很少让一个事件的报道听凭媒体意志的操纵，却按照他自己的判断力并且根据专业行家的劝告来策划自己发出信息的时机、场所和展示方式。"② 当年保守党领袖梅杰在媒体中曾尽力展现"诚实的约翰"的形象，布莱尔则突出其年轻充满活力的一面，代表了工党求新求变的决心，也更好地迎合了广大选民要"改变"的心态。托玛斯·迈尔在对 1997 年英国工党胜利的原因进行分析时，就将布莱尔的个人品格看作是四大要素之一。③

3. 行为模式从"新闻报道的对象"转为"影响新闻报道的主体"

现代大众传媒对政治的影响力越来越大，这是公认的事实。但是

---

① ［德］托马斯·迈尔等：《热话题与冷思考（十六）——关于媒体社会中政党政治的对话》，载《当代世界与社会主义》2000 年第 4 期，第 5 页。

② ［德］托玛斯·迈尔：《社会民主主义的转型：走向 21 世纪的社会民主党》，殷叙彝译，北京大学出版社 2001 年版，第 149 页。

③ 同上书，第 148 页。

这并不等于说，政党在媒体化时代沦为媒体的奴隶，只能处于被动挨打的地位。"为了维护和塑造党的媒体形象，争取民众对其政党的支持，西方各大政党都增设了一些专门机构来与传媒打交道，或是延聘相关的专家进行这方面的指导，在政党的工作部署中增加了对传媒进行反应的培训和训练。"① 社会民主党当然也不例外。

德国社会民主党较早地意识到现代大众媒体对于党的活动的重要影响，高度重视利用媒体来塑造党的良好形象，引导舆论为本党服务。1999 年的党代会还把依法运作媒体作为一个议题，提出了尽快使党从"新闻报道的对象"变成"影响新闻报道的主体"的战略目标。

法国社会党的前总书记若斯潘也特别重视与媒体的交往。他要求全国书记处的书记都要有各自定向联系的记者，通过这一渠道及时与选民进行沟通，还经常让党的各级领导人与党的同情者进行网上交流，上网直接回答选民关心的问题。

英国工党在 20 世纪 80 年代中期就成立了"选举运动和联络委员会"和影子联络机构，专门负责与媒体打交道。到了布莱尔时期，工党力图成为媒体的"操纵者"。在英国，"新闻媒体需要独立地对政党的活动提出疑问。工党的目标却明显不同，它要通过有力的宣传成功地'推销'自己。……它的信息交流目标是减少新闻媒体在报道时的自主性，同时加强它突出自身受公众欢迎的特色的自主性"。"工党的基本目标是限制媒体的自主性并使它们的批判能力变得迟钝。"在工党所有的公共信息交流方式中，它一直将重点放在统一信息上，用全国性的、专业化的、集中的媒体运作代替了所有的地方运动。与以前政治信息交流战略受领导集团的影响相比，现在它实际上已完全由领导集团控制。政治信息交流现代形式的出现是与政党内部权力和权威的集中化相伴而行的。②

---

① 宋黎明：《论媒体时代的政党传媒化》，《党政干部论坛》2006 年第 5 期，第 12 页。

② ［英］理查德·赫弗南：《媒体操纵：英国工党的政治信息交流策略》，《当代世界与社会主义》2002 年第 2 期，第 24、25 页。

参考文献

一　中文文献

1.《马克思恩格斯选集》第 1 卷，人民出版社 1995 年版。
2.《马克思恩格斯选集》第 4 卷，人民出版社 1995 年版。
3.《马克思恩格斯全集》第 7 卷，人民出版社 1959 年版。
4.《马克思恩格斯全集》第 16 卷，人民出版社 1964 年版。
5.《马克思恩格斯全集》第 17 卷，人民出版社 1963 年版。
6.《马克思恩格斯全集》第 19 卷，人民出版社 1963 年版。
7.《马克思恩格斯全集》第 21 卷，人民出版社 1965 年版。
8.《马克思恩格斯全集》第 22 卷，人民出版社 1965 年版。
9.《马克思恩格斯全集》第 35 卷，人民出版社 1971 年版。
10.《马克思恩格斯全集》第 39 卷，人民出版社 1974 年版。
11.《恩格斯和倍倍尔通信集》，人民出版社 1985 年版。
12.《列宁选集》第 2 卷，人民出版社 1995 年版。
13.《列宁选集》第 3 卷，人民出版社 1995 年版。
14.《列宁全集》第 12 卷，人民出版社 1987 年版。
15.《列宁全集》第 23 卷，人民出版社 1990 年版。
16.《列宁全集》第 24 卷，人民出版社 1990 年版。
17.《列宁全集》第 32 卷，人民出版社 1985 年版。
18.《列宁全集》第 39 卷，人民出版社 1986 年版。
19.《毛泽东选集》第 5 卷，人民出版社 1977 年版。
20.《毛泽东著作选读》下册，人民出版社 1986 年版。
21.《周恩来选集》下卷，人民出版社 1984 年版。

22. 《刘少奇论党的建设》，中央文献出版社 1991 年版。

23. 《邓小平文选》第 3 卷，人民出版社 1993 年版。

24. 《江泽民论有中国特色社会主义》，中央文献出版社 2002 年版。

25. 《各国社会党重要文件汇编》第 2 辑，世界知识出版社 1962 年版。

26. 《社会党重要文件选编》，中共中央党校科研办公室 1985 年印行。

27. 《社会党国际文件集（1951—1987）》，黑龙江人民出版社 1989 年版。

28. 《社会党国际和社会党重要文件选编》，中共中央党校出版社 1993 年版。

29. 《社会党国际重要文件选编》，当代世界出版社 2005 年版。

30. 中共中央对外联络部：《各国社会党手册》，人民出版社 1992 年版。

31. 中央编译局世界社会主义研究所：《当代国外社会主义：理论与模式》，中央编译出版社 1998 年版。

32. 张世鹏：《德国社会民主党纲领汇编》，北京大学出版社 2005 年版。

33. 高锋等：《瑞典社会民主主义模式——述评与文献》，中央编译出版社 2009 年版。

34. 高放：《当代世界社会主义文献选编》，中国人民大学出版社 1990 年版。

35. 何宝骥：《世界社会主义通鉴》，人民出版社 1996 年版。

36. 殷叙彝：《当代西欧社会党人物传》，黑龙江人民出版社 1988 年版。

37. 殷叙彝等：《第二国际研究》，中央编译出版社 1998 年版。

38. 刘佩弦等：《第二国际若干人物的思想研究》，中国人民大学出版社 1994 年版。

39. 中央编译局：《米勒兰事件》，生活·读书·新知三联书店 1980 年版。

40. 杨光斌：《政治学导论》，中国人民大学出版社 2000 年版。

41. 王韶兴：《政党政治论》，山东人民出版社 2011 年版。

42. 王长江：《现代政党执政方式比较研究》，上海人民出版社 2002 年版。

43. 周淑真：《政党和政党制度比较研究》，人民出版社 2001 年版。

44. 胡盛仪等：《中外选举制度比较》，商务印书馆 2005 年版。

45. 梁琴等：《中外政党制度比较》，商务印书馆 2004 年版。

46. 赵晓呼：《政党论》，天津人民出版社 2002 年版。

47. 高鹏怀：《比较政党与政党政治》，知识产权出版社 2008 年版。

48. 刘红凛：《政党政治与政党规范》，上海人民出版社 2010 年版。

49. 雷飞龙：《政党与政党制度之研究》，韦伯文化国际出版有限公司 2002 年版。

50. 赵宬斐：《政党政治与政治现代性》，中央编译出版社 2010 年版。

51. 郭定平：《政党与政府》，浙江人民出版社 1998 年版。

52. 陈其人等：《美国两党制剖析》，商务印书馆 1984 年版。

53. 权伟太：《执政党论》，中共党史出版社 2004 年版。

54. 李景治：《当代资本主义政党制度》，福建人民出版社 1983 年版。

55. 赵震江：《分权制度和分权理论》，四川人民出版社 1988 年版。

56. 李道揆：《美国政府和美国政治》上册，商务印书馆 2004 年版。

57. 张契尼、潘琪昌：《当代西欧社会民主党》，东方出版社 1987 年版。

58. 李兴耕：《当代西欧社会党的理论与实践》，黑龙江人民出版社 1988 年版。

59. 王捷、杨祖功：《欧洲民主社会主义》，社会科学文献出版社 1996 年版。

60. 金重远：《战后西欧社会党》，上海人民出版社 1997 年版。

61. 刘成等：《欧洲社会民主主义的缘起与演进》，重庆出版社 2006 年版。

62. 李宏：《另一种选择：欧洲民主社会主义研究》，法律出版社 2003 年版。

63. 顾俊礼：《欧洲政党执政经验研究》，经济管理出版社 2005 年版。

64. 曹长盛：《两次世界大战之间的德国社会民主党》，北京大学出版社 1988 年版。

65. 张光明：《布尔什维克主义与社会民主主义的历史分野》，中央编译出版社 1999 年版。

66. 林建华等：《当代西欧社会民主党论纲》，中国工人出版社 1995 年版。

67. 焦凤梅：《挑战与应对——西欧社会民主主义变革论析》，中国社会出版社 2009 年版。

68. 林建华等：《冷战后欧盟诸国社会民主党政坛沉浮研究》，人民出版社 2010 年版。

69. 田保国等：《世界共产党与社会民主党关系论纲》，社会科学文献出版社 2011 年版。

70. 罗云力：《西方国家的一种新治理模式——社会民主主义第三条道路研究》，重庆出版社 2003 年版。

71. 裴援平等：《当代社会民主主义与"第三条道路"》，当代世界出版社 2004 年版。

72. 杨雪东等：《"第三条道路"与新的理论》，社会科学文献出版社 2000 年版。

73. 王振华等：《挑战与选择：中外学者论"第三条道路"》，中国社会科学出版社 2001 年版。

74. 俞可平：《全球化：全球治理》，社会科学文献出版社 2003 年版。

75. 刘成：《理想与现实——英国工党与公有制》，江苏人民出版社 2003 年版。

76. 陈林等：《第三条道路——世纪之交的西方政治变革》，当代世界出版社 2000 年版。

77. 向文华：《斯堪的纳维亚民主社会主义研究》，中央编译出版社 1999 年版。

78. 黄安淼、张小劲：《瑞典模式初探》，黑龙江人民出版社 1989 年版。

79. 袁群：《瑞典社会民主党的历史、理论与实践》，云南人民出版社 2009 年版。

80. 王海霞：《奥地利社会民主党研究》，北京广播学院出版社 2003

年版。

81. 孙娴：《法兰西第二共和国史》，社会科学文献出版社 1995 年版。

82. 吴家振：《世界近代史》，河南人民出版社 1988 年版。

83. 吴于廑等：《世界史·近代史》下卷，高等教育出版社 2011 年版。

84. 朱庭光：《法西斯体制研究》，上海人民出版社 1995 年版。

85. 张芝联：《法国通史》，北京大学出版社 1989 年版。

86. 沈炼之等：《法国通史简编》，人民出版社 1990 年版。

87. 沈坚：《当代法国》，贵州人民出版社 2000 年版。

88. 楼均信：《法兰西第三共和国兴衰史》，人民出版社 1996 年版。

89. 吴国庆：《战后法国政治史（1945—2002）》，社会科学文献出版社 2004 年版。

90. 黄宗良等：《冷战后的世界社会主义运动》，北京大学出版社 2003 年版。

91. 吴法友：《德国现当代史》，武汉大学出版社 2007 年版。

92. 朱忠武等：《德国现代史（1918—1945）》，山东大学出版社 1986 年版。

93. 丁建定：《瑞典社会福利制度的发展》，中国劳动出版社 2004 年版。

94. 钱乘旦等：《日落斜阳》，华东师范大学出版社 1999 年版。

95. ［英］戴维·米勒等：《布莱克维尔政治学百科全书》，邓正来等译，中国政法大学出版社 1992 年版。

96. ［英］戴维·米勒等：《布莱克维尔政治学百科全书》修订版，邓正来等译，中国政法大学出版社 2002 年版。

97. ［苏］伊·布拉斯拉夫斯基：《第一国际第二国际历史资料（第二国际）》，中国人民大学编译室译，生活·读书·新知三联书店 1964 年版。

98. ［意］G. 萨托利等：《政党与政党体制》，王明进译，商务印书馆 2006 年版。

99. ［美］哈罗德·F. 戈斯内尔等：《美国政党和选举》，复旦大学国际政治系译，上海译文出版社 1980 年版。

100. ［英］维尔：《美国政治》，王合等译，商务印书馆 1981 年版。

101. ［法］维拉尔：《法国社会主义简史》，曹松豪译，中共中央党校出版社 1992 年版。

102. ［德］爱德华·伯恩施坦：《什么是社会主义》，生活·读书·新知三联书店 1963 年版。

103. ［法］米歇尔·博德：《资本主义史（1500—1980）》，吴艾美等译，东方出版社 1986 年版。

104. ［英］威廉·佩特森等：《西欧社会民主党》，林幼琪译，上海译文出版社 1982 年版。

105. ［德］托玛斯·迈尔：《社会民主主义导论》，殷叙彝译，中央编译出版社 1996 年版。

106. ［德］托玛斯·迈尔：《社会民主主义的转型：走向 21 世纪的社会民主党》，殷叙彝译，北京大学出版社 2001 年版。

107. ［德］爱德华·伯恩施坦：《伯恩施坦文选》，殷叙彝编，人民出版社 2008 年版。

108. ［德］奥斯卡·拉封丹：《心在左边跳动》，周惠译，社会科学文献出版社 2001 年版。

109. ［英］肖伯纳：《费边论丛》，袁续藩等译，生活·读书·新知三联书店 1958 年版。

110. ［苏］Н. Г. 西比列夫：《社会党国际》，姜汉章等译，中国社会科学出版社 1983 年版。

111. ［奥］尤利乌斯·布劳恩塔尔：《国际史》第二卷，杨寿国等译，上海译文出版社 1986 年版。

112. ［奥］尤利乌斯·布劳恩塔尔：《国际史》第三卷，杨寿国等译，上海译文出版社 1992 年版。

113. ［苏］伊·布拉斯拉夫斯基：《第一国际第二国际历史资料（第二国际）》，中国人民大学编译室译，生活·读书·新知三联书店 1964 年版。

114. ［匈］贝拉·库恩：《共产国际文件汇编》第一册，中国人民大学编译室译，生活·读书·新知三联书店 1965 年版。

115. ［英］珍妮·德格拉斯：《共产国际文件》第一卷，北京编译社译，世界知识出版社 1963 年版。

116.〔法〕里昂耐尔·理查尔：《魏玛共和国时期的德国（1919—1933）》，李末译，山东画报出版社 2005 年版。

117.〔美〕哈里·杜鲁门：《杜鲁门回忆录》第二卷，李石译，生活·读书·新知三联书店 1974 年版。

118.〔美〕丹尼尔·贝尔：《工业社会的来临——对社会预测的一项探索》，高铦等译，商务印书馆 1984 年版。

119.〔美〕卡尔·兰道尔：《欧洲社会主义思想与运动史》上卷，群立译，商务印书馆 1994 年版。

120.〔美〕卡尔·兰道尔：《欧洲社会主义思想与运动史》下卷，群立译，商务印书馆 1994 年版。

121.〔英〕艾德礼：《英国的展望》，吴德芬等译，商务印书馆 1961 年版。

122.〔英〕亨利·佩林：《英国工党简史》，江南造船厂业余学校英语翻译小组译，上海人民出版社 1976 年版。

123.〔英〕阿伦·斯克德等：《战后英国政治史》，王子珍等译，世界知识出版社 1985 年版。

124.〔英〕安东尼·吉登斯：《第三条道路——社会民主主义的复兴》，郑戈译，北京大学出版社 2000 年版。

125.〔英〕安东尼·吉登斯：《失控的世界——全球化如何重塑我们的生活》，周红云译，江西人民出版社 2001 年版。

126.〔英〕安东尼·吉登斯：《第三条道路及其批评》，孙相东译，中共中央党校出版社 2002 年版。

127.〔英〕托尼·布莱尔：《新英国——我对一个年轻国家的展望》，曹振寰译，世界知识出版社 1998 年版。

128.〔英〕唐纳德·萨松：《欧洲社会主义百年史》上册，姜辉等译，社会科学文献出版社 2008 年版。

129.〔英〕哈耶克：《通往奴役之路》，王明毅等译，中国社会科学出版社 1997 年版。

130.〔英〕哈耶克：《自由秩序原理》，邓正来译，生活·读书·新知三联书店 1997 年版。

131. ［法］克洛德·维拉尔：《法国社会主义简史》，曹松豪译，中共中央党校出版社 1992 年版。

132. ［德］赫尔穆特·施密特：《均势战略》，上海外国语学院英语系等译，上海人民出版社 1975 年版。

133. ［德］维利·勃兰特等：《社会民主与未来》，丁冬红等译，重庆出版社 1990 年版。

134. ［丹麦］考斯塔·艾斯平—安德森：《转变中的福利国家》，周晓亮译，重庆出版社 2003 年版。

135. ［波兰］维克多·奥辛廷斯基：《未来启示录——苏美思想家谈未来》，徐元译，上海译文出版社 1988 年版。

136. 张恒山：《中国共产党的领导与执政辨析》，《中国社会科学》2004 年第 1 期。

137. 张世鹏：《历史比较中的欧洲"第三条道路"》，《欧洲》1999 年第 2 期。

138. 金日：《从中立主义到后中立主义：瑞典外交政策之嬗变》，《欧洲研究》2003 年第 1 期。

139. 林德山：《欧洲社会民主党转型中的趋势与问题》，《欧洲研究》2003 年第 6 期。

140. 唐贤兴：《全球化与全球治理：一个"治理社会"的来临?》，《世界经济与政治》2001 年第 1 期。

141. 陈新丽等：《奥朗德的困境——试析当前的法国政治生活》，《法国研究》2013 年第 4 期。

142. 殷叙彝：《法国社会党对社会民主主义理论革新的贡献》，《当代世界与社会主义》2001 年第 3 期。

143. 王学东：《评德国社会民主党的转型》，《当代世界社会主义问题》2002 年第 1 期。

144. 刘建飞：《英国工党与工会的特殊关系》，《当代世界与社会主义》1996 年第 4 期。

145. 刘东国：《冷战结束后西欧左翼政党的变化特点》，《当代世界社会主义问题》1999 年第 3 期。

146. 陈露：《西欧社会党的组织体制改革及政党现代化进程》，《当代世界与社会主义》2004 年第 1 期。

147. 张文红：《德国社会民主党的新中产阶级纲领》，《当代世界与社会主义》2003 年第 2 期。

148. 王凤鸣：《"新工党"新在何处》，《当代世界与社会主义》2002 年第 5 期。

149. 罗云力：《托马斯·迈尔教授访谈录》，《当代世界与社会主义》2003 年第 3 期。

150. 金英君：《20 世纪 60 年代以来西方政党运行环境的变化》，《当代世界与社会主义》2007 年第 1 期。

151. 宋惠昌：《德国议会民主政治的权力制约机制》，《中共中央党校学报》1998 年第 3 期。

152. 韩立宏等：《当代西方国家市场经济的成功经验及其对我国的启示》，《理论观察》2001 年第 2 期。

153. 李军等：《借鉴西方政党执政经验：加强党执政能力建设的又一视角》，《理论探讨》2005 年第 4 期。

154. 张世鹏：《社会民主党与社会民主主义起源探究》，《科学社会主义》2008 年第 3 期。

155. 殷叙彝：《法国社会党近年来关于社会主义的论述》，《国际政治研究》2002 年第 4 期。

156. 何强：《二战后欧洲社会党经济政策的演变》，《燕山大学学报》2008 年第 1 期。

157. 吕雅范：《西欧社会党执政历史分析》，《中共天津市委党校学报》2004 年第 3 期。

158. 史志钦：《欧洲社会民主党的转型与困境》，《人民论坛》2013 年第 34 期。

159. 李兴耕：《法国共产党和社会党的第二次合作（1944—1947）》，《国际共运史研究资料》1986 年第 1 期。

160. 陈昇：《汉森"人民之家"思想述析》，《贵州社会科学》2011 年第 1 期。

161. 吴必康：《变革与稳定：英国经济政策的四次重大变革》，载《江海学刊》2014 年第 1 期。

162. 何雪梅：《试论西方反福利思潮》，《西南民族大学学报》2008年第1期。

163. 罗云力：《建立社会投资型国家——欧洲社会民主党第三条道路对福利国家制度的变革》，《国际论坛》2002年第3期。

164. 罗云力：《西欧政党的传媒党化》，《新闻与传播研究》2008年第1期。

165. 王勇兵：《西方政党变革与转型的理论初探》，《经济社会体制比较》2004年第6期。

166. 周荣美：《革新是我们的传统》，《当代世界》2003年第8期。

167. 龚加成：《西欧社会党党内民主建设发展趋势》，《中国党政干部论坛》2003年第8期。

168. 宋黎明：《论媒体时代的政党传媒化》，《党政干部论坛》2006年第5期。

169. 唐海江：《政治媒体化——当代西方媒体与政治关系的形态分析》，《求索》2003年第1期。

170. 周敬青等：《德国社民党和基民盟党内民主建设研究》，《上海行政学院学报》2008年第4期。

171. 秦德占：《西方发达国家社会党党内民主实践评析》，《新视野》2007年第6期。

172. 何科君：《信息化背景下西欧社会党新媒体战略探析》，《上海党史与党建》2008年第3期。

173. 谢峰：《从时代变迁看西方政党的发展趋势》，《中共济南市委党校学报》2004年第4期。

174. ［荷］安勒·库泼鲁斯等：《社会民主主义的复兴与变革》，《当代世界与社会主义》1999年第2期。

175. ［德］托马斯·迈尔等：《热话题与冷思考（十六）——关于媒体社会中政党政治的对话》，《当代世界与社会主义》2000年第4期。

176. ［苏］莫斯克维切夫：《"非意识形态化"理论的产生》，《现代外国哲学社会科学文摘》1984年第2期。

177. ［法］让—彼埃尔·戈丹：《现代的治理，昨天和今天：借重法国政府政策得以明确的几点认识》,《国际社会科学杂志》1999 年第 1 期。

二　外文文献

178. *International Encyclopedia of the Social Sciences* Vol. 11 , New York: The Macmillan Company & The Free Press, 1968.

179. *Webster Third New International Dictionary*, Massachusetts: G & C. Merriam Company, Publishers, 1971.

180. Leon Epstein, *Political Parties in West Democracies*, New York: Praeger, 1967.

181. Sartori G, *Parties and Party systems: A Framework for Analysis*, Cambridge University Press, 1976.

182. Anthony Crosland, *The Future of Socialism*, Constable & Robinson Ltd. , 2006.

183. Tim Tilton, *The Political Theory of Swedish Social Democracy: Through the Welfare State to Socialism*, Oxford: Clarendon Press, 1990.

184. Anthony Giddens, *The Politics of Climate change*, London: Polity Press, 2009.

185. Ingvar Carlsson, Shridath Ramphal, *Our Global Neighborhood: the Report of the Commission on Global Governance*, Oxford University Press, 1995.

186. Max-Stephan Schulze, *Western Europe: Economic and Social Change since 1945*, Longman, London, 1999.

187. Paul Adelman, *The Rise of the Labour Party, 1880 – 1945*, London: Pearson Education Press, 1996.

188. S. H. Beer, *Modern Britain Political*, London: Faber, 1982.

189. Martin Powell, *New Labour, New Welfare State*, London: The Policy Press, 1999.

190. Herbert Tint, *France since 1918*, New York: St. Martin's Press, 1980.

191. Maurice Larkin, *France since the Popular Front: Government and Peo-*

ple, 1936 – 1986, Oxford: Clarendon Press, 1988.

192. R. Gerwart, ed. , *Twisted Paths: Europe, 1914 – 1945*, Oxford: Oxford University Press, 2007.

193. Henry Pelling & Alaslair J. Reid, *A Short History of the Labor Party*, Macmillan Press Ltd. , 1996.

194. Dennis Kavanagh, *Election Campaigning—The New Marketing of Politics*, Oxford: Wiley-Blackwell Publishers, 1995.

195. Donald Sassoon, *One Hundred Years of Socialism: The West European Left in the Twentieth Century*, I. B. Tauris Publishers, 1998.

196. *Socialist Affairs*, Issue 3 – 4, Volume 48.

197. N. Kinnock, "Who Can We Trust?", *New Ground*, No. 1. 1983.

198. Tudor Jones, *Remarking the Labour Party From Caitskell to Blair*, Routledge Press, 1996.

199. Taylor, "Trade unions and the politics of Social Democratic renewal", *West European Politics*, 16, 2003.

200. D. S. bell and Byron Cridle, "No Majority for the President: the French Legislative Elections of June 1998", *Parliamentary Affairs* (London) 42 (January 1989), 1.